Helen E. Waite

Öffne mir das Tor zur Welt!

Helen E. Waite

Öffne mir das Tor zur Welt!

Das Leben der taubblinden Helen Keller und ihrer Lehrerin Anne Sullivan

Verlag Freies Geistesleben

Aus dem Amerikanischen
von Sabine Gabert

4., durchgesehene und verbesserte Auflage 1999
Verlag Freies Geistesleben
Landhausstraße 82, 70190 Stuttgart
Internet: www.geistesleben.com

ISBN 3-7725-1850-8

Die amerikanische Originalausgabe erschien 1959

Gesetzt nach der neuen Rechtschreibung
Frontispiz: Helen Keller betrachtet eine Nike-Statuette
Einbandgestaltung: Thomas Neuerer
Druck: Clausen & Bosse, Leck

Inhalt

Buchhandlung Schmitz
Wetterauer Str. 6
42897 Remscheid
Tel.:02191/668255
Fax.:02191/665806

1	1	28.08.2004

Waite,H.E.:öffne mirdas Tor zur Welt

3-7725-1850-8 11	1	15.50

ZW-SUMME EUR	15.50
Bar Euro	50.00
RUECKGELD	34.50

MWST-BRUTTOUMSATZ		15.50
7.00% MWST 1	1.01	
NETTOUMSATZ	14.49	

BON-NR	/ UHRZEIT /	KASSIERER
420	10:04	1

Es bediente Sie
Herr Bombosch

Vorbemerkung

Die Personen, Orte und Geschehnisse dieses Buches sind authentisch, die Gespräche basieren auf den Schriften von Helen Keller, Anne Sullivan Macy und anderen Quellen aus erster Hand.

Alle Berichte und Briefe, die sich auf Mr. Gilmans Versuch beziehen, Annie Sullivan von ihrer Schülerin zu trennen, wurden von Dr. Alexander Graham Bell aufbewahrt und befinden sich bei den Akten im Bell Room der National Geographic Society, Washington, D.C.

Die Verfasserin dankt Miss Helen Keller für ihre freundliche Genehmigung, diese Biografie zu schreiben; Mr. Nelson Coon, Bibliothekar der Perkins-Blindenschule, und seiner Assistentin, Miss Florence J. Worth für ihre herzliche Gastfreundschaft und großzügige Unterstützung; Mr. Daniel J. Burns, Vorsitzender des Taub-Blinden-Departments, sowie seinen Mitarbeitern für die Möglichkeit, die heutigen Unterrichtsmethoden für taub-blinde Kinder kennen zu lernen; Miss Gayle Sabonatis für einen persönlichen Einblick in das tägliche Leben eines taub-blinden Mädchens; vor allem aber Miss Helen M. Vreeland für ihre unschätzbare Hilfe während unseres Aufenthaltes in der Perkins-Schule.

Ein Tag des Triumphs

«Nur noch eine ganze Kleinigkeit, und dann bist du fertig.» Sanft zupfte Mrs. Hopkins ihr ein letztes Löckchen zurecht und trat einen Schritt zurück, um ihr Werk mit kritischen Augen zu betrachten, dann nickte sie zufrieden. «Mr. Anagnos hat Recht – du siehst wirklich genauso aus wie Miss Frances Fulsom!»

Annie warf einen kurzen Blick in den Spiegel über Mrs. Hopkins' Kommode, und ein freudiger Schauer überrieselte sie. Es erschien ihr immer noch wie ein Wunder, dass sie, die die ersten sechzehn Jahre ihres Lebens so gut wie blind gewesen war, sich tatsächlich selbst im Spiegel sehen konnte! Ja, sie konnte selber sehen, dass sie Frances Fulsom ähnelte, dem Mädchen, das die Braut von Präsident Cleveland war! Mrs. Hopkins hatte Annies dunkles Haar hoch über dem Kopf aufgetürmt festgesteckt, ihr über der Stirn mit ihrem eigenen Brenneisen Löckchen gelegt, und in ihrem hübschen Musselinkleid mit den halblangen Ärmeln und den drei mit Spitzen besetzten Rüschen hätte man Annie tatsächlich für eine Braut halten können. Flüchtig überlegte sie, ob die Braut im Weißen Haus wohl noch aufgeregter war als Annie Sullivan in diesem Augenblick.

«Nun», sagte Mrs. Hopkins und wandte sich einer geheimnisvollen Schachtel zu, die auf dem Bett lag. Annie stockte der Atem, als aus den vielen Lagen von Seidenpapier eine breite Schärpe aus glänzendem rosa Satin hervorkam. Die

Finger der älteren Frau streichelten darüber hin, ehe sie Annie anblickte. «Sie gehörte Florence», sagte sie ruhig. «Sie trug die Schärpe zu ihrer Examensfeier. Ich möchte, dass du sie heute trägst.»

Das war wie ein Ritterschlag, denn Annie wusste, wie hoch in Ehren Mrs. Hopkins alles hielt, was ihrer Tochter gehört hatte, deren Leben so kurz gewesen war.

«Und nun habe ich wieder ein Mädchen, das seinen Abschluss feiert!» Mrs. Hopkins strich noch ein letztes Mal über die Schärpe und nickte zufrieden. «Du siehst reizend aus! Nun geh! Mr. Anagnos würde es sicher nicht gefallen, wenn die Festrednerin zu spät käme.»

Das Gefühl der Unwirklichkeit, das Annie den ganzen Tag über empfunden hatte, verstärkte sich, als sie Tremont Temple erreichte, wo die Schulabschlussfeiern des Perkins-Institutes, der Massachusetts-Blindenschule, abgehalten wurden. War das wirklich wahr, dass sie, Annie Sullivan, tatsächlich die Festrede für die Abschlussklasse des Jahrgangs 1886 halten sollte? Vor den Stufen zum Podium lächelte ihre Lieblingslehrerin, Miss Mary Moore, sie an, als diese ihr ein Bukett rosafarbener Rosen an den Gürtel heftete, deren Duft sie sanft betäubte. Dann ergriff Mr. Anagnos, der Direktor von Perkins, ihre Hand und führte sie zu ihrem Platz; er flüsterte ihr ein paar ermutigende Worte zu, die sie vor lauter Aufregung kaum vernahm. Wieder schauderte sie, aber diesmal nicht vor Freude!

Das Publikum! Wie konnte sie dem nur gegenübertreten! So viele Menschen! Und dann noch so berühmte wie Mrs. Julia Ward Howe, die Verfasserin von «Battle Hymn of the Republic» und Mrs. Livermore, eine begeisterte Frauenrechtlerin, sowie der Gouverneur von Massachusetts. Wie im Traum hörte sie die Musik, die Ansprachen – sie fühlte, wie ihr eiskalte Schauer den Rücken herunterrieselten, ihre Kehle sich von Minute zu Minute mehr zusammenschnürte, und plötzlich war sie an der Reihe. Mit einer freundlichen Bewegung wandte sich der Gouverneur ihr zu und kündigte an: «Die Festrede – von Miss Annie Mansfield Sullivan!» Es gelang Annie sich zu erheben, aber ihre Knie zitterten derart, dass sie das Gefühl hatte, sie würden unter ihr nachgeben! Sie zögerte so lange, bis der Gouverneur ihren Namen noch einmal rief. Und dann nahm sie all ihren Mut zusammen und schritt zur Mitte des Podiums. Der gütige Mann begann höflich Beifall zu klatschen, und nach einem leisen «Meine Damen und Herren –» bemerkte Annie erstaunt und erleichtert, wie ihre Stimme ihr gehorchte und sie klar und deutlich die kleine Ansprache vortrug, die sie niedergeschrieben und so oft geprobt hatte. Die Umgebung nahm wieder die gewohnten Umrisse an und sie vermochte die freundlichen, interessierten Blicke der Zuhörer vertrauensvoll zu erwidern. Von freudiger Erregung ergriffen, kam sie zum Schluss und verbeugte sich dankend, als wiederum geklatscht wurde – ganz spontan diesmal und nicht aus bloßer Höflichkeit. Wie herrlich aufregend!

Was sich nach der Beendigung des Programms abspielte, davon blieben ihr nur wirre und flüchtige Eindrücke. Sie konnte sich erinnern, dass Dr. Samuel Eliot, einer der Treuhänder von Perkins, ihre Ansprache lobte und dass Mr. Anagnos abwechselnd strahlte und sich die Nase putzte. «Du hast Perkins Ehre gemacht, meine liebe Annie, große Ehre. Und wenn ich daran denke, wie du vor sechs Jahren zu uns kamst.»

Miss Moore konnte ihr nur einen flüchtigen Kuss geben, während Mrs. Hopkins in dem Gedränge nicht einmal das gelang. Aber ihre Klassenkameradinnen und andere Perkins-Schülerinnen scharten sich um sie, gratulierten ihr und wollten sie «sehen». Mit dem Verständnis, das aus der Zeit ihrer eigenen Blindheit her rührte, ließ sie ihnen genügend Zeit, ihre forschenden Finger über ihr Kleid und ihre modische Frisur gleiten zu lassen, während sie lachend auf ihre Bemerkungen und ihr Lob einging. Selbst Laura Bridgman, die berühmte taubstumme und blinde ehemalige Schülerin des

Instituts, war anwesend, wie immer bei bedeutenden Veranstaltungen von Perkins.

Und dann war endlich alles vorbei, und sie befand sich wieder in ihrem kleinen Zimmer in der Schule. Leise schloss sie die Tür hinter sich. Die anderen Mädchen schwelgten noch in Erinnerungen an die aufregenden Ereignisse der Feier, aber sie musste erst einmal allein sein, um das Wunder und die Herrlichkeit dieses unglaublichen Tages noch einmal voll auskosten zu können.

Ganz langsam löste sie die Rosen aus ihrem Gürtel und stellte sie in ein Glas mit Wasser. Zögernd nahm sie die Schärpe ab, legte sie auf das Bett und strich mit liebevollen Fingern darüber hin: Ob sie sie wohl jemals wieder tragen würde? Aber wenigstens das Kleid gehörte ihr. Wie gut doch Mrs. Hopkins gewesen war, es für sie zu nähen, obgleich sie mit ihren Pflichten als Hausmutter von Annies Gruppe so viel zu tun hatte! Sie saß auf der Kante ihres Bettes, streichelte die winzigen Knöpfe, als ob es echte Perlen seien, und liebkoste die Rüschen und die Spitze. Und um die weißen Seidenschuhe auszuziehen, bedurfte es ihrer ganzen Willenskraft – sie, Annie Sullivan, besaß weiße Seidenschuhe! Plötzlich verdunkelten sich ihre Augen. Sie dachte an die Annie Sullivan, die vor sechs Jahren in das Perkins-Institut gekommen war, vierzehn Jahre alt und nahezu blind. Sie war wohl das am meisten verwahrloste, ungebildetste und widerspenstigste Geschöpf gewesen, das Perkins je aufgenommen hatte. Die einzige Kleidung, die sie besaß, bestand aus zwei groben Hemden und zwei Baumwollkleidern.

«Annie», ungeduldig riefen die Mädchen nach ihr. «An-nie!» Annie tat so, als ob sie nichts hörte. Diesen Augenblick konnte sie mit niemandem teilen.

Sie ließ ihre Erinnerungen weiter wandern. Wie bitter war ihr erster Tag in der Schule gewesen. Die Lehrerin, der sie als erster begegnete, fragte sie nach ihrem Namen und Alter. Das konnte sie gerade noch beantworten, aber als die Lehrerin sie aufforderte, ein Wort zu buchstabieren, vermochte sie nur zu murmeln: «Ich kann nicht, ich kann überhaupt nicht buchstabieren!»

«Vierzehn Jahre alt – und kann nicht buchstabieren!» So etwas war der Lehrerin noch nie vorgekommen. Das sprach sie auch aus und Annie spürte ihre Verachtung. Doch es sollte noch schlimmer kommen. Die blinden Mädchen scharten sich um die Neue, tasteten nach ihren Habseligkeiten und fragten erstaunt:

«Wo sind denn deine Kleider und deine übrigen Sachen?»

Annie musste den Kopf schütteln und voller Scham zugeben, dass sie nichts weiteres besaß. Die Mädchen der Gruppe, in die sie eingewiesen war, waren noch nie jemandem begegnet, der keinen Mantel hatte, keinen Hut, kein zweites Paar Schuhe, nicht einmal eine Zahnbürste. Das sagten sie auch und lachten sie aus. Und Annie hatte sie alle gehasst.

«Warum hat dir denn deine Mutter nicht ein paar Sachen genäht?» «Meine Mutter ist tot», hatte Annie kurz geantwortet, «mein kleiner Bruder auch. Und das ist alles.»

Ja, das war alles, was sie über ihre Familie zu sagen bereit war. Sie hatte natürlich einen Vater. Sie hatte auch eine Schwester. Aber nichts und niemand würde sie je dazu bringen, zuzugeben, dass ihr unzuverlässiger, hilfloser Vater seine Familie im Stich gelassen hatte, als die Mutter vor vier Jahren gestorben war. Eine Tante hatte das liebenswerte kleine Schwesterchen zu sich genommen, aber keiner der Verwandten war gewillt, sich mit einem nahezu blinden Mädchen zu belasten und einem kleinen Jungen mit einer tuberkulösen Hüfte. So waren sie in das Tewksbury Armenhaus abgeschoben worden, eine der schlimmsten Anstalten dieser Art im ganzen Land. Durch die Zustände dort war Jimmie innerhalb von zwei Monaten gestorben; sie selbst, Annie, hatte vier elende Jahre dort verbracht, bis das staatliche Wohlfahrtsamt Frank B. Sanborn beauftragte, das Heim zu inspizieren.

Annie erinnerte sich, wie sie an dem Tag seiner Besichtigung weinend durch die Säle gelaufen war: «Mr. Sanborn! Mr. Sanborn!», und als eine Männerstimme ihr antwortete, verzweifelt ausgerufen hatte, «ich kann nicht gut sehen, und ich möchte in eine Schule gehen!»

Auf diese Weise war sie Tewksbury entkommen. Eine alte Frau, die immer freundlich zu ihr gewesen war, warnte sie beim Abschied: «Sag' nie nich' keinem, dass du aus dem Armenhaus kommst», und Annie hatte leidenschaftlich ausgerufen: «Nie!»

Die Lehrer und das Verwaltungspersonal wussten natürlich Bescheid, aber Annie wäre lieber gestorben, als dass sie das den Schülerinnen gegenüber zugegeben hätte.

Ihre Ausstattung war so kümmerlich, dass die Hausmutter ihrer Gruppe an jenem ersten Abend ein Nachthemd für sie ausborgen musste, und die arme Annie, so verbissen stolz und dennoch ausgehungert nach freundschaftlicher Zuwendung, hatte sich an jenem Abend in den Schlaf geweint – ja, und nicht nur an jenem einen Abend.

Als sie das Perkins-Institut betrat, war es fast, als wäre sie auf einen anderen Planeten versetzt worden. Sie musste nicht nur ihren Schulunterricht in der ersten Klasse beginnen, sie musste auch eine vollkommen andere Art des Lebens lernen, von der sie bisher nichts geahnt hatte. Die Sullivans waren immer bitter arm gewesen, ihre Mutter war ständig krank und das Leben in Tewksbury hart und grausam. Ihre Schulkameradinnen hier bei Perkins waren trotz ihrer Blindheit glückliche Kinder; Kinder von Ärzten, Kaufleuten, Rechtsanwälten und wohlhabenden Gutsbesitzern. Die Mädchen in Annies Gruppe waren zufriedene, behütete Mädchen, während Annie durch ihre bisherigen Erfahrungen nicht gelernt hatte, wie man ein glückliches und behütetes Leben führt.

Kein Wunder, dass sie verwirrt, schwierig und trotzig war. Wäre sie weniger zäh gewesen, so hätte sie das erste Jahr im

Perkins-Institut nicht durchgestanden – aber Annie war ein Mensch, der nie klein beigeben würde. Sie war zu Perkins gekommen, um zu lernen, und das tat sie. Sie setzte alles daran, schnell voranzukommen, um endlich an der Seite ihrer Altersgenossen auf der Schulbank sitzen zu können. Darüber hinaus aber lernte sie bei Perkins, Schönheit zu empfinden und nach Wahrheit und Gerechtigkeit zu streben.

Man war gut zu ihr gewesen. Die meisten ihrer Lehrerinnen waren freundlich. Sie versorgten sie mit Kleidung, gaben ihr zusätzlichen Unterricht und stellten sich schützend vor sie, wenn eine Rückkehr nach Tewksbury drohte, wenn ihre Widerspenstigkeit die Geduld der Behörden allzu sehr strapaziert hatte. Sie versorgten sie mit freien Eintrittskarten für Vorträge und Konzerte. Aber wofür sie ihr Leben lang zutiefst dankbar sein würde, war die Tatsache, dass einmal jemand, der der Meinung war, für ihre Augen bestünde vielleicht noch Hoffnung, dafür gesorgt hatte, dass man sie zur Augenklinik brachte, in der an gewissen Tagen die Patienten unentgeltlich behandelt wurden. Daraufhin erfolgten zwei Operationen, die erste, als sie fünfzehn war, die zweite genau ein Jahr später, und danach konnte Annie sehen! Oh, keineswegs vollkommen – Dr. Bradford hatte sie darauf aufmerksam gemacht, dass das niemals der Fall sein würde und dass sie ihre Augen niemals überanstrengen dürfte, aber – sie konnte sehen! Sie konnte Gedrucktes lesen lernen, die einzelnen Ziegel in einem Gebäude jenseits des Flusses erkennen! Und als sie eines Tages entdeckte, dass sie eine Nadel ohne Hilfsmittel einfädeln konnte, brach ihr die Freude fast das Herz.

Auch nachdem ihr Augenlicht wieder hergestellt war, blieb sie im Institut, weil sie sonst nirgendwo hin konnte. Ihren Lebensunterhalt verdiente sie sich dadurch, dass sie beim Unterricht und der Betreuung der kleineren Kinder half – aber jetzt, was sollte sie nun tun? Sie wusste nur zu gut, dass diese Überlegung ihre Freunde seit Wochen beunruhigte. Würde sie

– würde sie schließlich doch noch nach Tewksbury zurückkehren müssen? Bei diesem Gedanken stockte ihr vor Angst der Atem.

Entschlossen erhob sie sich und begann, ihre Kostbarkeiten wegzupacken. Die Glocke zum Abendessen läutete. Annie nahm all ihren Mut zusammen. Sie wollte jetzt hinuntergehen und ebenso fröhlich und lebhaft sein wie die anderen Mädchen; heute abend sollte niemand auf den Gedanken kommen, dass sie nicht das glücklichste Mädchen in ganz Boston war.

Einen Menschen jedoch gab es, der Bescheid wusste. Niemand würde vermutet haben, dass die so nüchtern und spröde erscheinende Witwe Mrs. Hopkins, eine typische Neu-Engländerin, gleichen Geistes Kind war wie die unruhige, temperamentvolle Annie Sullivan – aber Zeit ihres Lebens sollte eine geheimnisvolle Verbindung tiefen gegenseitigen Verständnisses zwischen ihnen bestehen. Als nun das Mädchen die Treppe herunterkam, hielt die Hausmutter in ihrer Geschäftigkeit inne und schenkte Annie ein stolzes Lächeln.

«Du hast dich wunderbar gehalten, Liebes», sagte sie, «genau wie ich es von dir erwartet hatte.»

«Es bedurfte des Mutes von tausend irischen Häuptlingen», bekannte Annie kläglich. «Ich schämte mich so, dass der Gouverneur meinen Namen ein zweites Mal aufrufen musste.»

Vom anderen Ende der langen Tafel, wo sie ihre kleinen Schützlinge geschickt hinsetzte, lächelte Miss Moore ihr zu. «Wir waren alle sehr stolz auf dich, Annie.» Von Miss Moore ausgesprochen, hatten diese Worte eine besondere Bedeutung, und Annie war zutiefst dankbar. Miss Moore war diejenige Lehrerin, die außergewöhnlich viel Zeit und Geduld aufgebracht hatte, das eigenwillige, unwissende, launenhafte Kind, das Annie gewesen war, zu zähmen und zu erziehen. Manchmal vermutete Annie, Miss Moore habe es besser als jeder andere verstanden, sie «unter ihre Fuchtel» zu bringen, aber vielleicht gerade deswegen verehrte sie sie tief.

«Setz dich neben mich, Annie!» – «Nein, heute Abend bei mir!» «O Annie, komm und setz dich zu uns!», riefen die kleineren Mädchen im Chor, und begierige kleine Hände streckten sich flehentlich aus, aber Annie entzog sich ihnen sachte.

«Heute abend werde ich bei Laura sitzen», erklärte sie und trat zu einer steif aufrecht sitzenden, schweigsamen Frau, deren seltsam starrer Gesichtsausdruck einen etwas unheimlichen Eindruck inmitten dieser lebhaften Gruppe machte. Bei der Berührung von Annies Hand leuchtete ihr Gesicht auf und erweckte bei jedem, der das sehen konnte, den Eindruck einer gekräuselten Wasserfläche, auf der plötzlich Sonnenstrahlen aufglänzen. Ihre Hände flatterten leicht und schnell wie Schmetterlinge in der Luft und Annie erwiderte, in Lauras Hand buchstabierend, mit der gleichen Fingersprache, denn für die taubstumme und blinde Laura Bridgman war die einzige Verständigungsmöglichkeit mit anderen Menschen das von den Taubstummen benützte Fingeralphabet. Alle Lehrer, Hausmütter und Schülerinnen konnten sich seiner bedienen, denn Laura lebte seit ihrem siebenten Jahr im Perkins-Institut, es war ihr Zuhause. Irgendwie hatte Annie besondere Geschicklichkeit darin erworben, und sie gehörte zu Lauras Lieblingen.

Als sie jetzt beim Abendessen neben ihr saß, begann Laura schnelle, kurze Fragen zu buchstabieren, und Annie antwortete mit fliegenden Fingern, beschrieb, was am Tisch um sie herum vor sich ging, und versprach, später in Lauras Zimmer zu kommen, um ihr von der Schlussfeier zu berichten.

Die Abschlussfeier war wirklich ein Erfolg gewesen. Selbst die Bostoner Zeitungen schrieben schmeichelhafte Berichte über die Festrednerin – Berichte, die zwar sehr erfreulich zu lesen waren, aber nicht die Frage beantworten konnten, die das Gemüt eben dieser Festrednerin ständig beunruhigte: Was sollte sie jetzt tun; was konnte denn überhaupt ein Mädchen tun, dem es vom Schicksal bestimmt war, mit mangelhaftem

Sehvermögen und einer schmerzhaften Augenkrankheit durch das Leben zu gehen?

Als Perkins seine Tore für die Sommerferien schloss, hatte noch niemand eine befriedigende Lösung gefunden, und obwohl Annie lächelte und mit irischer Unbekümmertheit ihren Kopf hochhielt, war ihre Besorgnis zu einer Furcht angewachsen, die ständig im Hintergrund ihres Bewusstseins lauerte und manchmal in unerwarteter Weise hervorbrach, um sich Luft zu machen.

«Du kommst natürlich mit mir nach Brewster, wie immer», hatte Mrs. Hopkins mit Entschiedenheit gesagt, «und wenn irgendetwas Aussichtsreiches auftauchen sollte, kann man dir nach Brewster genauso leicht Bescheid geben, wie wenn du in Boston bliebest.» Mr. Anagnos war einverstanden. «Sie hat recht, liebe Annie, ganz recht. Alle Lehrer, ebenso wie ich, haben dein Problem im Bewusstsein. Wir benachrichtigen dich sofort, keine Sorge.» Beruhigend tätschelte er ihre Hand. «Nun geh und genieß deinen Sommer, meine Liebe.»

Annies Lippen fühlten sich steif an, als sie ihm dankte, und nur mit Mühe brachte sie ein Lächeln zustande.

Sie nahm Mrs. Hopkins' Einladung voller Dank an, war sich aber klar darüber, dass das nur einen Notbehelf bedeutete, eine Tatsache, die sie durchaus nüchtern ins Auge fasste. Als die Tür des Hauses, dem die gute Dame als Hausmutter vorstand (es gab mehrere Häuser auf dem Perkinsschen Gelände), hinter ihnen zufiel, dröhnte das in Annies Ohren wie ein Weltuntergang. Das Perkins-Institut, die Massachusetts-Blindenschule, war der einzige Ort, den sie «zu Hause» nennen konnte. Schloss sich diese Tür für immer hinter ihr?

Ein Ruf aus Alabama

Die Atmosphäre des Dörfchens Brewster am Cape Cod hatte etwas, das Annies natürliche Spannkraft bald wieder herstellte, genau wie Mrs. Hopkins es erhofft hatte. Sophia Hopkins kannte und verstand das Mädchen besser, als Annie ahnte, und wahrscheinlich kam ihr nie wirklich zum Bewusstsein, wie tiefgehend die Hausmutter sie beeinflusst hatte.

Sophia Hopkins war in das Perkins-Institut gekommen, weil es ihr größter Wunsch gewesen war, sich ganz und gar für einen Menschen oder eine Sache einzusetzen, etwas zu tun, wozu sie wirklich gebraucht wurde. Ihr Mann, ein Schiffskapitän, war vor Jahren auf einer seiner Fahrten ums Leben gekommen, und ihre geliebte einzige Tochter war vor kurzem gestorben. Ihre sehr selbstständige und unabhängige Mutter lebte lieber für sich allein, und Sophia war nicht der Mensch, der ein inhaltloses Leben führen konnte. Eines Tages, als sie einige blinde Knaben beobachtete, die am Strand spielten, durchfuhr sie der Gedanke: Hier ist die Aufgabe für mich! Auf ihre Bewerbung hin wurde sie sofort als Gruppenmutter für das Haus engagiert, in dem Annie bereits seit drei Jahren lebte.

In ihren Studien hatte Annie inzwischen gute Fortschritte gemacht, aber in Bezug auf ihr Gefühlsleben lag noch alles im Argen, sie liebte niemanden und niemand liebte sie. Mrs. Hopkins behandelte alle ihre Mädchen mit gleicher Güte, was mit der Grund gewesen sein mag, dass einige von ihnen sich zu außergewöhnlichen Persönlichkeiten entwickelten. Die kleine

Lydia Hayes zum Beispiel wurde Vorsitzende der New Jersey Kommission für die Blinden. Mrs. Hopkins erkannte sofort, dass sie in Annie Sullivan jemanden gefunden hatte, der sie wirklich brauchte, und so nahm sie das Mädchen unter ihre Fittiche, umsorgte sie liebevoll und wirkte besänftigend auf sie ein, ohne Annies Widerstreben und Eigensinn Beachtung zu schenken. Instinktiv begriff die ältere Frau, dass Annies Ungebärdigkeit und all ihre finsteren Stimmungen nur der Schutzwall waren, den eine verwirrte, verstörte und verschreckte Kinderseele um sich herum errichtete, um keine weiteren Verletzungen zu erleiden; und dass unter all diesen Schichten ein charaktervolles, feinfühliges Wesen darauf wartete, erlöst zu werden. Gerade zu jenem Zeitpunkt war es fraglich, welche Richtung Annies Entwicklung nehmen würde: Würde sie durch ihre Erlebnisse in Tewksbury und die erste schwere Zeit im Perkins-Institut verbittert und seelisch verkrüppelt werden, oder würde sie gerade wegen dieser Erfahrungen ein vertieftes Verständnis für alle jene erlangen, die behindert oder krank waren?

«Sie hat die Möglichkeit in sich, eines Tages Großartiges zu leisten», hatte Mrs. Hopkins erklärt, als sie Annie einmal einer Lehrerin gegenüber in Schutz nahm, die über deren unverschämtes Benehmen an einem «Tag der offenen Tür» äußerst aufgebracht war. «Tage der offenen Tür» gehörten zu den Gepflogenheiten des Instituts, Tage, an denen die Schule für Besucher geöffnet war, die nach Belieben durch die Klassenräume wandern und den Unterrichtsbetrieb miterleben konnten. Annie pflegte bei solchen Gelegenheiten häufig aufgerufen zu werden, da ihre raschen, intelligenten Antworten die Wirksamkeit der Perkinsschen Unterrichtsmethode unter Beweis stellten. Aber als an jenem bewussten Tag die Lehrerin fragte: «Was war das Beste, das König Johann getan hat?» war Annies lausbübische Antwort: «Das habe ich bisher noch nicht entscheiden können!», und sie weigerte sich hartnäckig, auch nur ein weiteres Wort hinzuzufügen! Kein Wunder, dass die Lehrerin skeptisch war, doch Mrs. Hopkins ließ sich in ihrer Überzeugung nicht beirren.

«Sie hat die Möglichkeit in sich, etwas Großartiges zu leisten», wiederholte sie, «und starke Liebeskräfte – wenn es uns gelingt, an ihr Herz zu rühren.»

So aufsässig und eigenwillig Annie auch war, niemals, ihr ganzes Leben hindurch nicht, war sie unzugänglich gegenüber echter Güte und Zuneigung, und die besaß Mrs. Hopkins in reichem Maß. Noch nie zuvor war Annie geliebt worden, es war eine eigenartige, neue Erfahrung für sie, aber sie freute sich darüber und begann bald selbst, Versuche in dieser Richtung zu machen. Sie führte die kleineren blinden Mädchen spazieren, geleitete sie sonntags zur Kirche, half ihnen bei ihren Hausaufgaben und tröstete die Heimwehkranken und Einsamen. Einsamkeit war ja für Annie nichts Unbekanntes! Vielleicht war es in jener Zeit, dass ihre Freundschaft mit Laura Bridgman begann.

Als die Schule im Sommer 1884 ihre Tore schloss, lud Mrs. Hopkins Annie zum ersten Mal ein, die Ferien bei ihr und ihrer Mutter in deren Haus in Brewster zu verbringen. Nie vergaß Annie die jähe, überwältigende Freude, von der sie ergriffen wurde. Bisher hatte man sie im Sommer irgendwo hingeschickt, wo sie für ihren Unterhalt arbeiten musste; und nun eine richtige Einladung – jemand, der sie wirklich bei sich haben wollte!

Und dann Brewster! Bereits in den ersten zwei Wochen verliebte sie sich in den Ort. Der weit geschwungene Horizont; die heimeligen hübschen Häuser, so anders als die massigen, düster aussehenden Gebäude in Boston; die schmalen, gewundenen sandbedeckten Wege; die duftenden, weiten Felder; die langen goldenen Sandstrände, auf denen hie und da kleine Büschel steifen Strandhafers wuchsen; alles das ließ Brewster zu einem Ort werden, der Annies leidenschaftliches Sehnen nach Schönheit befriedigte.

Und die Menschen – auch sie stillten eine Sehnsucht in ihr, diese Menschen mit ihrem ruhigen Selbstvertrauen, ihrer tatkräftigen Einstellung zum Leben und ihrem oft unerwarteten, verborgenen Humor. Nie zuvor hatte sie unter völlig normalen Menschen gelebt, die sie ganz selbstverständlich in ihrer Mitte aufnahmen, und so wurde jeder Tag, den sie in Brewster verbrachte, zu einer Quelle reinster Freude für sie.

Auch das Haus Crocker trug zu ihrem Entzücken bei. Mrs. Hopkins' Vater war, wie schon ihr Mann, Schiffskapitän gewesen, und das ganze kleine Haus, vor allem aber das Wohnzimmer, waren zum Bersten angefüllt mit Andenken, die er von seinen Reisen mitgebracht hatte. Staubwischen zählte nie zu Annies Lieblingsbeschäftigungen, aber in diesem Wohnzimmer abzustauben, dazu war sie jederzeit nur zu gern bereit. Jede Möglichkeit, das Crockersche Wohnzimmer zu betreten, war eine Belohnung für sich!

Annie fühlte jedes Mal eine leise Scheu, wenn sie über die Schwelle dieses Zimmers trat. Zunächst überquerte sie sorgsam und vorsichtig den kostbaren Teppich (Teppiche oder Läufer gab es in der Schule nicht), ging zum Fenster, um einige Schlitze des Fensterladens zu öffnen, dann aber geradewegs zu der Etagere, die ihre Lieblingsschätze enthielt: chinesische Porzellanfiguren, zierliche Spieluhren und Elefanten aus glatt poliertem Elfenbein. Von alledem war sie wie verzaubert. An einer anderen Stelle des Zimmers befand sich ein Meer von blauem Porzellan aus Holland, auf dessen einzelnen Teilen man Abbildungen eines Hafens und einer Stadt betrachten konnte, und vorzüglich gearbeitete silberne Kelche aus Portugal sowie ein wunderbarer Kronleuchter. Annies allerliebste Stücke aber standen auf dem Kaminsims: zwei zierliche Porzellanpuppen, deren jede einen mit Früchten und Blumen gefüllten Korb trug. Jedes andere Mädchen hätte von Tante Crocker ermahnt werden müssen, diese Kostbarkeiten nicht unachtsam oder unnötig zu berühren, aber für Annie Sullivan war das bloße Sehenkönnen noch ein solches Wunder, dass es ihr völlig genügte, nur dazustehen und ihre Augen an diesen Schätzen zu weiden. Und wenn sie sie tatsächlich abstaubte, dann berührte sie sie mit der Behutsamkeit eines blinden Kindes, das sie einst gewesen war. Ihre Eigenwilligkeit aber verlor Annie auch in Brewster nicht. Kurz nach ihrer Ankunft hatte Mrs. Hopkins ihr einen gewissen schmalen Pfad gezeigt und ihr gesagt, dass er zu einer schmutzigen Höhle führe, in der ein verrückter alter Einsiedler hause. Diese Ermahnung hätte genügt, um jedes andere fügsame und wohlerzogene Mädchen von Perkins von jenem Pfad fern zu halten, aber Fügsamkeit und Vorsicht waren Annies Stärke nicht. «Von Neugier wie verhext» folgte sie sobald als möglich diesem Pfad, der sich durch hohes, stacheliges Gras wand, bis er schließlich am glatten Strand einer weit geschwungenen Bucht endete. Dort erblickte sie einen sonderbaren Holzschuppen und einen alten, sehr gepflegten Mann, der sie an Rip van Winkle erinnerte. «Hallo», sagte Annie so lässig wie möglich. Aus seinem Dösen aufgeschreckt, war der Alte nicht gerade von überschwänglicher Herzlichkeit. Er warf ihr einen finsteren Blick zu und erklärte, dass er keinen Besuch brauche und Gesellschaft verabscheue – besonders «Weibervolk». Aber vielleicht spürte er ihre unkomplizierte, aufrichtige Unerschrockenheit, denn er brummte etwas vor sich hin und forderte sie schließlich auf, sich zu setzen. Unter seinen struppigen, grauen Augenbrauen betrachtete er sie neugierig.

«Hast du denn keine Angst vor mir?»

Annie schüttelte den Kopf. «Nein, jetzt nicht mehr, nur zuerst. Aber Sie sind ja gar nicht verrückt.»

«Na so was, besten Dank!» Der Alte machte eine Verbeugung. «Ich weiß zwar nicht, woher du das wissen willst, aber es stimmt schon. Du hast mehr Grips als die anderen. Du bist wohl nicht aus Brewster?»

Annie bekannte, dass das nicht der Fall sei, und der Alte kicherte befriedigt. «'türlich nich'! Hast zu viel Grips!»

Er bot einen malerischen Anblick in seinem verblichenen blauen Overall, mit einem Kranz feiner Falten um seine blauen Augen, dem schneeweißen Bart und nackten, braun gebrannten Füßen. Annies freimütige Bemerkung schien ihn für sie eingenommen zu haben, denn als sie sich verabschiedete, forderte er sie geradezu herzlich auf, wiederzukommen.

Und das tat sie. Irgendwie gelang es ihr, Mrs. Hopkins zu überzeugen, dass der Alte zweifellos ein Einsiedler und etwas sonderbar, aber ganz gewiss nicht verrückt sei.

Also durfte Annie, trotz Tante Crockers klar und deutlich geäußerter Missbilligung den «Einsiedler von Brewster» besuchen, und nicht nur einmal, sondern viele Male während dieses und des nächsten Sommers. Dadurch wurde eine Freundschaft begründet, an die Annie ihr ganzes Leben dachte – eine Freundschaft zwischen dem jungen Mädchen und dem alten Mann, der wahrscheinlich einsamer war, als er zugeben mochte. Er erzählte ihr Geschichten aus den Tagen seines abenteuerlichen Lebens als Seemann, doch der Frage nach seinem Namen wich er immer aus. Schließlich nannte Annie ihn «Captain Dad», und er sagte «Tochter» zu ihr. Er erwies ihr die Ehre, sie in seinem kleinen Boot mit hinaus aufs Meer zu nehmen, entweder zum Fischen oder um die Felsenhöhlen der Steilküste zu erforschen. Aber das Bild, das am lebhaftesten in ihrer Erinnerung fortlebte, war das von Captain Dad mit seinen «Freunden».

Sie war neugierig, warum jemand, der so intelligent, wach und humorvoll war wie Captain Dad, durchaus als Einsiedler leben wollte. Das fragte sie ihn eines Tages ganz offen. Captain Dad brummte. «Zu viel Geschwätz überall. Zu viel Leute. Weibervolk!» Angewidert stieß er das letzte Wort hervor.

«Aber fühlen Sie sich denn nie einsam?», bohrte das Mädchen weiter. «Brauchen Sie denn nie Freunde?»

«Hab Freunde. Viele. Die haben Federn. Und sind nich' unzuverlässig wie die menschlichen Freunde. Sind sie nich', danke! Kommen immer, wenn ich's will. Brauch' nur rufen – und sie kommen.»

Annie fühlte, wie ihr Herz vor Aufregung heftig klopfte. Sie ahnte, dass das etwas Einzigartiges sein musste. Eifrig beugte sie sich vor. «Oh, bitte, ich möchte sie sehen, Captain Dad! Können Sie sie nicht mal rufen, wenn ich hier bin?»

Mit Entschiedenheit schüttelte der Alte seinen weißen Kopf. «Nein, sie würden sich vor dir fürchten! Sie sind nich' an Besuch gewöhnt, vor allem nich' an Weibervolk. Sie würden sich vor dir zu Tode fürchten!»

«Woher wollen Sie das denn wissen?», fuhr Annie auf, «die haben mich doch noch nie gesehen?»

Captain Dad zog an seiner Pfeife und blickte sie grimmig an. Dann blinzelte er nachdenklich zum Himmel und lachte leise. Wahrscheinlich imponierte ihm ihre Beherztheit, und sie war so ein reizendes kleines Ding, wie sie da auf dem Sand saß mit ihrem vor Eifer leuchtenden Gesicht. Er klopfte seine Pfeife an der hölzernen Bank aus und stand auf.

«Bleib ganz still sitzen, hörst du, was auch immer geschieht. So wie wenn wir fischen!» Annie nickte stumm, ihr Kinn auf die Hände gestützt. Der Alte verschwand in seinem Schuppen und tauchte mit einem Eimer auf, in dem, wie er sagte, «Leckerbissen für seine Freunde» waren, und die bestanden aus Seetang, grobem Mehl und Fisch. Annie erzählte später, wie er dann «seltsam gurrende Laute von sich gab, erstaunlich laut, aber nicht misstönend». Captain Dad brauchte nicht zu befürchten, dass sie sich bewegen würde, denn Annie saß da wie gebannt und beobachtete fasziniert, wie schon beim ersten Laut Tausende von Möwen aus allen Richtungen erschienen, wie sie über ihm ihre Kreise zogen, sich drehten und wendeten, herabstießen und ihm mit ihrem hohen, schrillen Geschrei antworteten; immer weitere kamen herbei, sie ließen sich auf seinem Kopf, seinen Händen, seinen Schultern nieder und suchten seine Aufmerksamkeit zu erringen.

«Wie viele mögen das wohl sein?», flüsterte Annie vor sich hin. Es schien, als seien es viele Tausende. Der ganze Strand war dunkel von ihnen. Captain Dad redete mit ihnen, schalt sie, wenn sie zu gierig waren und ermunterte die kleineren und schwächeren Möwen, bis schließlich das ausgestreute Futter aufgepickt war und auch die letzte Möwe zögernd ihre Schwingen ausbreitete und über das Meer davonflog.

Noch einige Male danach war es Annie vergönnt, dies Schauspiel zu sehen, und jedes Mal war sie ergriffen von der Schönheit und Majestät dieses Anblicks.

Wie Glanzlichter hoben sich die Nachmittage, die Annie mit Captain Dad verbrachte, aus Annies Ferien heraus, obwohl alles, was mit Brewster zusammenhing, sich tief in ihr Herz geprägt hatte.

Und dies war nun ihr dritter (vielleicht letzter!) Sommer am Cape. Als sie eines Nachmittags im August nach ihrem einsamen Bad eilig den Strand entlanglief, wurde sich Annie klar darüber, dass ihr gerade in diesem Jahr der Aufenthalt hier besonders gut getan hatte. Brewster war ein sehr heilsamer Ort für jemanden, dessen Gemüt ein einziges wirres Knäuel aus Fragen und Zweifeln, Furcht und Ehrgeiz darstellte. Nicht dass sie eine Antwort gefunden hätte auf die Frage, was sie tun könnte, um ihren Lebensunterhalt zu verdienen, aber ihre Gedanken wirbelten nicht mehr wie in einem Kaleidoskop herum; es fiel ihr leichter, Mut zu fassen und ihre Gedanken in den Griff zu bekommen, besonders hier am Meeresstrand.

Das Meer! Sie fühlte sich dieser Naturgewalt verwandt, die immer in Bewegung war, immer ruhelos, immer von neuem schön. Sie blickte auf das Gekräusel der Brandungswellen mit ihrem ständig aufgischtenden weißen Schaum und ließ ihren Blick über die weite grenzenlose Bläue schweifen. Das Meer in seinen Stimmungen war wie sie, manchmal fröhlich, manchmal sanft, und dann wieder grau und von erbarmungslosem

Zorn. Und wie herrlich war es, die Wogen an ihren Körper branden zu spüren! Das verlieh ihr wie sonst nichts ein Gefühl von Stärke und Selbstvertrauen.

Und starken Mut und Selbstvertrauen hatte sie jetzt nötig, wenn sie daran dachte, dass zwar das Ende des August in Sicht war, nicht aber eine Lösung für Annie Sullivans Zukunft!

Oh, sie hatte, wie Captain Dad es genannt haben würde, «verschiedene Fische am Köder»: Einer der Lehrer von Perkins hatte geschrieben, dass er von einer Dame gehört hätte, die vielleicht ein Kindermädchen für ihre zwei Kinder brauche, aber das war ganz unsicher. Jemand anderes hatte gehört, dass ein Bostoner Hotel eine Tellerwäscherin suche – im Gedanken daran schüttelte sich Annie! Miss Mary Moore schrieb, dass sie hoffte, Annie würde sich dazu entschließen können, Lehrerin an einer normalen Schule zu werden; und Mr. Anagnos hatte hinzugefügt, dass er versuchen wollte, für diese Ausbildung eine finanzielle Unterstützung zu bekommen. Annie verabscheute die Vorstellung, ihr ganzes Leben ABC-Schützen zu unterrichten, und der Gedanke, Geld borgen zu müssen, war ihr verhasst. Sie hatte schon daran gedacht, von Haus zu Haus zu gehen und Bücher zu verkaufen, aber eine ihrer Mitschülerinnen, die das versucht hatte, hatte sie davon überzeugt, dass dies das Schlimmste sei, was man tun könnte.

Es war ein sehr ernüchtertes Mädchen, das da durch den Garten auf Tante Crockers Haus zuging. Mrs. Hopkins rief ihr von der Küche her zu:

«Hier ist ein Brief für dich, Annie. Ich habe ihn auf den Schreibtisch gelegt. Von Mr. Anagnos.»

Ein Brief von Mr. Anagnos? Aus einem ihr nicht erklärlichen Grund zitterten ihre Hände, als sie den ungewöhnlich dicken Umschlag erblickte. Mit unbeholfenen Fingern öffnete sie den Brief. Zwei weitere Umschläge fielen heraus, die, wie sie sah, an Mr. Anagnos adressiert waren. Endlich gelang es ihr, den beigefügten einzelnen Bogen zu entfalten, aber vor Aufregung konnte sie nur verschwommen sehen, so dass ein paar Minuten vergingen, ehe sie in der Lage war, ihn zu lesen. Ihr Atem flog.

26. August 1886

«Meine liebe Annie,

bitte lies die beiden beiliegenden Briefe sehr sorgfältig und lass mich sobald wie möglich wissen, ob du geneigt bist, das Angebot der Familie Keller, als Erzieherin ihrer kleinen taubstummen und blinden Tochter zu kommen, wohlwollend in Erwägung zu ziehen. Über Ruf und Vertrauenswürdigkeit des Mannes ist mir nichts weiteres bekannt, als was er selbst von sich schreibt: Aber wenn du dich entschließen würdest, dich um diese Stellung zu bewerben, wird es ein Leichtes sein, nähere Einzelheiten in Erfahrung zu bringen.

Ich bin, liebe Annie, mit freundlichen Empfehlungen an Mrs. Hopkins,

und besten Grüßen,
M. Anagnos»

Annies Herz schlug wie ein Hammer. Ihre Finger fühlten sich taub an, als sie die beiden Briefe öffnete, die unterzeichnet waren mit «Arthur Keller, Tuscumbia, Alabama». Sie las sie zweimal. Und als sie sie wieder zurück in die Umschläge steckte, war die Last auf ihrem Herzen und die Ängste, die sie seit dem Juni niedergedrückt hatten, verschwunden. Annie hatte ihre Lebensaufgabe gefunden.

Hier kam etwas Neues auf sie zu, etwas Andersartiges, eine Herausforderung!

Aufgeregt wirbelte Annie durch das Haus, in die Küche und in die Arme von Mrs. Hopkins. Sie konnte nicht sprechen. Sie konnte nur den Brief von Mr. Anagnos vor Mrs. Hopkins' erstaunte Augen halten. Dann plötzlich lachten und weinten beide gleichzeitig, und Annie sagte immer wieder und wieder: «Das ist etwas, was ich tun kann. Ich weiß, dass ich das kann. Ich weiß es.»

Die Reise nach Tuscumbia

So angestrengt sie auch umherspähte, Annies kurzsichtige Augen konnten Mr. Anagnos' freundliches bärtiges Antlitz oder Mrs. Hopkins' flatterndes Taschentuch inmitten der vielen verschwimmenden Gesichter, die sich da auf dem schneebedeckten Bostoner Bahnsteig befanden, nicht ausmachen; aber sie wusste, dass sie noch da waren und warten würden, bis der Zug abfuhr. Fest umklammerte sie die Armlehnen ihres roten Plüschsitzes und wehrte sich mit aller Gewalt gegen den schier unwiderstehlichen Drang aufzuspringen, durch den Wagen zu eilen, die Trittbretter hinunterzuspringen und zu rufen: «Wartet! Wartet doch! Ich will nicht nach Alabama! Bitte helft mir doch, etwas in Boston zu finden!»

Und dann ruckte der Zug an, und der erste Abschnitt von Annies langer Reise, die sie ihrem Schicksal entgegentrug, hatte begonnen. Plötzlich erschauerte sie trotz ihrer dicken grauen Wollkleidung. Alle Mädchen ihrer Gruppe sowie die gesamte Lehrerschaft hatten sich heute morgen um sie gedrängt, hatten ihren Mut bewundert und das Abenteuer bestaunt, das vor ihr lag, ebenso wie das – wie Mr. Anagnos sagte – «großzügige Gehalt», das sie bekommen würde, ganze fünfundzwanzig Dollar im Monat! Und Annie hatte mitten unter ihnen gestanden, in ihren neuen grauen Kleidern, mit leuchtend roten Bändern an der grauen Haube, und hatte aufgeregt gelacht. Eine strahlende Vision schwebte vor ihr: Annie Sullivan, die tapfere junge Kreuzfahrerin, die auszieht, um ein scheues, ängstliches kleines Mädchen aus dem Kerker seines tauben und blinden Daseins, aus seiner Unwissenheit zu befreien. Und dieses strahlende Bild hatte sie weiter vor Augen, während Mrs. Hopkins sie zum Fahrkartenschalter begleitete, um ihr beim Kauf der verwirrend großen Anzahl von Fahrscheinen nach Tuscumbia, Alabama, zu helfen, und Mr. Anagnos den geheimnisvollen Vorgang der Gepäckaufgabe überwachte.

Diese Vision dauerte an, bis sie ihren Platz eingenommen hatte und der Augenblick des Abschieds von den beiden Menschen gekommen war, die Annie die erste Freundlichkeit erwiesen hatten, die ihr in dieser Welt widerfahren war. Dann aber begann Mrs. Hopkins zu weinen, als sie das Mädchen umarmte, und Mr. Anagnos' Stimme wurde plötzlich verdächtig heiser.

In diesem Moment erst kam ihr zu Bewusstsein, dass sie ja wegging! – über tausend Meilen weit weg von allem und jedem, das sie kannte, und dass sie darüber hinaus noch das kühne Versprechen gegeben hatte, etwas in Angriff zu nehmen, was bisher überhaupt nur ein oder zwei Mal gelungen war: das innere Wesen eines Kindes zu erreichen, ihm die Welt zu erschließen, von der es durch seine Augen und Ohren keine Eindrücke empfangen konnte. Wenn ihr in diesem Augenblick die Stimme gehorcht hätte, würde sie gefleht haben: «Lasst mich zurückkommen!», aber sie konnte kein Wort hervorbringen. Und Mrs. Hopkins und der Direktor waren verschwunden, noch ehe sie ihre Tränen zurückdrängen konnte. Jetzt blieb ihr nichts weiter übrig, als sich an dem steifen Plüsch festzuhalten und zuzusehen, wie die vertraute Stadt Boston an den Wagenfenstern vorbeiglitt.

Verschwunden war der Traum von einem glanzvollen Abenteuer, das sie in die Ferne lockte, verschwunden auch die hochfliegende Überzeugung, dass sie ihre wahre Aufgabe gefunden habe. An diese Überzeugung hatte sie sich geklammert seit jenem Augustnachmittag im letzten Sommer, an dem sie den

Brief von Mr. Anagnos erhalten hatte. Der Überschwang allerdings, mit dem sie ausgerufen hatte: «Ich weiß, ich kann das tun!», war so rasch verschwunden, wie er gekommen war. Annies scharfer Verstand ließ sie durchaus klar sehen, dass ihre Vertrautheit und Freundschaft mit Laura Bridgman, die ihr in vieler Hinsicht für ihre Aufgabe bei Kellers zugute kommen mochte, sie noch lange nicht dazu befähigten, ein Kind wie die kleine Helen Keller zu erziehen.

Schön und gut – sie konnte zwar Laura Bridgman in die Hand buchstabieren und ihre Fingersprache verstehen – wie aber musste man vorgehen bei einem Kind, das zunächst einmal in einer dunklen, lautlosen Welt gefangen war? Und doch hatte sie es nicht gewagt, diese Chance ungenützt verstreichen zu lassen. Annie dachte daran, wie sie in jener warmen Augustnacht wach gelegen und sich den Kopf zerbrochen hatte, auf welche Weise sie sich für diese Aufgabe vorbereiten könnte. Bis ihr plötzlich eingefallen war, wie ihre Lehrer voller Bewunderung von den erstaunlich genauen Berichten und Aufzeichnungen gesprochen hatten, die Dr. Samuel Howe und seine Assistenten über ihre Unterrichtserfahrungen bei den Schülern der Blindenschule, insbesondere bei Laura Bridgman, geführt hatten ... Die Berichte! Das war der Schlüssel! Aus ihnen würde sie bestimmt erfahren, was sie wissen müsste.

Annie hatte Mr. Anagnos in einem begeisterten Brief geantwortet – gewiss würde sie die Stellung bei Kellers gerne in Betracht ziehen, doch habe sie den Eindruck, für diese Aufgabe zur Zeit noch nicht genügend qualifiziert zu sein. Ob der Vorstand des Perkins-Instituts ihr wohl gestatten würde zurückzukommen, um sich durch das Studium der Berichte über Laura Bridgmans Unterricht auf ihre Arbeit vorzubereiten?

Der Vorstand des Instituts war einverstanden. So kehrte Annie im September noch einmal in das altvertraute Haus von Mrs. Hopkins zurück. Alle waren über diese Neuigkeit begeistert. Die Lehrer freuten sich mit ihr und waren sehr entgegenkommend. Ergreifend und schmerzlich zugleich war es, Laura Bridgman zu sehen, die vor Freude geradezu bebte und Annie immer wieder umarmte und küsste.

«Du musst dem lieben kleinen Mädchen vieles beibringen», buchstabierte sie eifrig, «vor allem aber, gut und gehorsam zu sein!»

Die Mädchen ihrer Gruppe waren begeistert. Ein echtes Abenteuer war das, und ihre Annie die Heldin darin – nach Alabama zu reisen, so weit weg! Und so eine hervorragende Stellung!

Annie selbst widmete sich ausschließlich dem Studium der Berichte und Aufzeichnungen von Dr. Howe und der anderen Lehrer, die Laura unterrichtet hatten. Sie versuchte, sich ein Bild zu machen von der Laura, die man 1837 in das Perkins-Institut gebracht hatte, «ein schlankes, zartes, bewegliches Kind», das in Verwirrung geraten war durch den raschen Wechsel seiner Umgebung: Aus einem kleinen, gemütlichen Farmhaus in New Hampshire in das weitläufige, große Gebäude, in dem die Schule zunächst untergebracht war. Sie versuchte, sich den eifrigen und schmächtigen jungen Dr. Howe, den ersten Direktor, vorzustellen, wie er geduldig mit dem Kind gearbeitet hatte – zunächst klebte er Schildchen mit erhaben geprägten Buchstaben (Laura hatte die Brailleschrift – die Blindenschrift, bestehend aus einem Zeichensystem von Punkten, die in dickes Papier geprägt werden und durch Abtasten gelesen werden können – nie gelernt) auf einzelne Gegenstände, wie z.B. einen Schlüssel, einen Löffel, ein Buch. Dann tat er die verschiedenen Schildchen in eine Schachtel und gab ihr einen Schlüssel, einen Löffel, ein Buch in die Hand. Sie musste nun die verschiedenen Gegenstände und die entsprechenden Schildchen befühlen. Das dauerte viele Wochen, aber schließlich blitzte der Gedanke in ihr auf, dass die Buchstaben «k–e–y» «key» (Schlüssel) und «b–o–o–k» «book» (Buch) bedeuteten, und dass dies auch für alles andere zutraf. Jedes Ding hatte seinen Namen. Endlich veranlasste Dr. Howe eine der Lehrerinnen, das Taubstummen-Alphabet zu lernen, das sie dann Laura beibrachte, indem sie dem Kind die Buchstaben in die Hand buchstabierte.

Das war nicht leicht – keiner dieser Lernschritte war leicht oder einfach – aber unmöglich war es nicht. Es bedeutete schwere, harte Arbeit, aber Annie Sullivan scheute keine harte Arbeit.

Allein das Lesen der Berichte war für Annie Sullivan mit großer Mühe verbunden. Ein anderer würde dieses Pensum vielleicht in einem Drittel der Zeit bewältigt haben. Annies Augen aber rächten sich, wenn sie ohne Pause so viel wie jemand mit normalen Augen las. Nach einem Tag konzentrierten Lesens schmerzten Augen und Kopf, und sie war erschöpft. Sie brauchte sechs Monate, um den Berichten alles das zu entnehmen, was sie zu benötigen glaubte. Während der Lesepausen, die sie einlegen musste, um ihre Augen zu schonen, versuchte sie, einen ungefähren Lehrplan für Helen zu entwerfen, und sammelte einiges Unterrichtsmaterial: drei Lesebücher mit erhabenen Buchstaben, eine Tafel in Brailleschrift, ein paar durchstochene Karten zum Sticken und einige Schachteln mit Holz- und Glasperlen.

Auch die kleineren Kinder der Gruppe wollten teilhaben an dem Abenteuer. «Lasst uns eine Puppe für Miss Annie kaufen, die sie Helen mitbringen kann!», schlug eines von ihnen vor.

«Und wir wollen Miss Laura bitten, Kleider für sie zu nähen!», fügte Lydia begeistert hinzu. Annie war fast zu Tränen gerührt, als die kleinen Mädchen – und Laura – sich um sie scharten und ihr voller Freude ihre Gabe darboten. Es war eine wirklich wunderschöne Puppe, erworben mit vielen einzelnen Pfennigen aus vielen kleinen Sparbüchsen, und sicher gab es keine Puppe mit einer großartigeren Garderobe! Denn Laura Bridgmans Handarbeiten waren Kunstwerke, und diese Puppenkleider hatte sie mit besonderer Liebe und Sorgfalt angefertigt.

«‹Puppe› ist bestimmt das erste Wort, das ich Helen vorbuchstabieren werde», hatte Annie ihnen versprochen.

Sie waren alle so gut zu ihr gewesen. Mr. Anagnos hatte ihr Geld für die Fahrkarte geliehen und ihr einen Granatring geschenkt, und die liebe Mrs. Hopkins hatte angeboten, ihre Kleider für sie zu richten und zu packen.

«Du brauchst dir wegen deiner Garderobe keine Sorgen zu machen, Liebes», hatte sie dem Mädchen versichert. «Ich habe das lavendelblaue Kleid, das ich selbst in deinem Alter trug, für dich geändert, du hast dein Festkleid von der Abschlussfeier – die genügen als Sonntagskleider im Sommer – und ich habe dafür gesorgt, dass alles andere aus gutem, warmem, solidem Wollzeug ist!»

Welche Garderobe für ein Mädchen, das sich im Frühling auf die Reise in den warmen Süden begibt!

Schließlich hatte man, nach schier endlosen letzten Erledigungen, die Kellers von ihrer Ankunft benachrichtigt, und nun saß eine von Panik geschüttelte Annie Sullivan in dem Zug, der sie an diesem Montagmorgen, am 1. März 1887, unerbittlich von Boston forttrug.

Das grelle Licht der Sonne auf dem weiß gleißenden Schnee sowie die rasch wechselnde Szenerie blendeten Annie derart, dass ihre Augen heftig zu schmerzen begannen und sie sie schließen musste. Das Kinn in die Hand gestützt, gab sie sich den Anschein, zum Fenster hinauszublicken – eine Dame konnte nicht gut am frühen Morgen den Eindruck erwecken zu schlafen! Wahrscheinlich rührten die Schmerzen daher, dass ihre Augen seit der letzten Operation noch nicht ganz verheilt waren. Sie hatte in der letzten Zeit solche Beschwerden mit den Augen gehabt, dass Mr. Anagnos darauf bestanden hatte, sie müsse vor ihrer Abreise in den Süden noch Dr. Bradford konsultieren, und so war sie erst vor wenigen Tagen noch einmal operiert worden. Vielleicht hätte sie die Abreise noch verschieben sollen, aber es hatte sich nur um eine kleinere Operation gehandelt, und die Kellers hatten nun schon so lange und geduldig auf sie gewartet.

Wie gut sie alle zu ihr gewesen waren – die Lehrer, Mr. Anagnos, die liebe Mrs. Hopkins, Dr. Bradford, die Kellers; und sie saß doch auch endlich in dem Zug, der sie ihrem ersehnten Ziel – einer gesicherten Stellung – entgegentrug: Warum nur schwanden ihr mit jeder Umdrehung der Räder mehr ihr Selbstvertrauen, ihr Mut, ihr Ehrgeiz?

Der Montag war ein entsetzlicher Tag, und in der Nacht fiel auch noch so viel Schnee, dass der Zug am nächsten Morgen mit zwei Stunden Verspätung in Philadelphia ankam. Steif und müde von der langen Fahrt, konnte sie an nichts Gefallen finden. «Philadelphia sieht wie ein riesiger Friedhof aus», schrieb sie an Mrs. Hopkins. Sie musste dort umsteigen, und als sie schließlich in Baltimore ankam, schien die Sonne, und das Wetter war so mild, dass ihre warme Kleidung eine einzige Qual bedeutete.

Auch am Dienstag und Mittwoch war sie in einer jämmerlichen Verfassung.

«Der Mann, der uns dieses Billett verkauft hat, sollte gehängt werden», beklagte sie sich in einem Brief an Mrs. Hopkins, «und ich wäre bereit, den Henker zu spielen. Ich musste viele Male umsteigen, in Lynchburg, Roanoke, Chattanooga und Knoxville.

Unsere erste Station war Lynchburg, ein schäbiger, schmutziger und abscheulicher Ort.»

Und was würde sie in Tuscumbia erwarten? Ob Helen Keller wohl ein hässliches Kind war? Annie verabscheute Hässlichkeit. Ob die Krankheit, durch die sie blind und taub geworden war, auch ihr Gehirn geschädigt hatte? Wie lange würde es dauern, bis das Kind überhaupt reagierte? Wie viel man ihm wohl beibringen konnte? Es waren keine freudigen Gedanken, die Annie Sullivan auf ihrer Reise bewegten. Schließlich verließ sie ihr Mut gänzlich und sie weinte so verzweifelt, dass ein gutmütiger Schaffner sie besorgt fragte, ob «ihre Leute» gestorben seien, und sie mit Butterbrot und Pfefferminztee zu trösten suchte.

Es war Mittwochabend um sechs Uhr dreißig, dass diese trostlose Reise ein Ende fand, und Annie mit steifen, verkrampften Gliedern und vor Müdigkeit zitternd auf dem kleinen ländlichen Bahnhof ausstieg. Das also war Tuscumbia, Alabama. Noch ehe ihre übermüdeten Augen irgend etwas erkennen konnten, trat ein junger Mann auf sie zu und nahm höflich den Hut ab.

«Miss Sullivan?», die gedehnte Sprechweise des Südstaatlers klang fremd in ihren Neu-England-Ohren. «Ich bin James Keller. Geben Sie mir bitte Ihren Koffer. Meine Stiefmutter wartet im Wagen. Wenn Sie so gut sein wollen, hier entlangzukommen ...»

Plötzlich schien sie keine Luft mehr zu bekommen und mechanisch ging sie neben ihm her; aber als sie der erstaunlich jungen Frau ansichtig wurde, die sich ihr gespannt entgegenneigte, «fiel ein großer Stein von meinem Herzen», bekannte Annie später, «so viel Herzensgüte und Vornehmheit strahlten von ihr aus.»

Sollte Kate Keller befremdet oder enttäuscht gewesen sein beim Anblick des hilflos aussehenden, verschwitzten jungen Mädchens mit den verschwollenen Augen, so ließ sie es sich nicht anmerken und erwähnte es nie. Mit herzgewinnendem Lächeln und echter Wärme hieß sie Annie willkommen.

«Wir sind so glücklich, dass Sie endlich bei uns sind, Miss Sullivan! Während der letzten beiden Tage sind wir zu jedem Zug gekommen.»

Als sie sich in die weichen Kissen zurücklehnte, fing Annies Spannung an nachzulassen. Die Landstraße, die sie entlangfuhren, war mit blühenden Obstbäumen gesäumt, und über den Feldern lag der kräftige Geruch frisch gepflügter Erde. Nach dem stickigen, schmutzigen Zug erschien Tuscumbia ihr wie der Himmel auf Erden – ein guter, ein wohltuender Ort, an dem sie ihre Lebensaufgabe beginnen konnte. Dieses Fahren durch die Dämmerung des Frühlingsabends besänftigte ihre Nerven, aber als Mrs. Keller auf ein Gebäude zeigte, das am Ende einer langen, schmalen, von Hecken gesäumten Zufahrt nur undeutlich zu erkennen war und dabei sagte: «Miss Sullivan, das ist unser Haus», wurde sie von einer derartigen Aufregung ergriffen, dass ihr Körper sich spannte wie eine zu straff angezogene Saite. Am liebsten wäre sie aus dem Wagen gesprungen, um das gemächlich dahintrottende Pferd anzutreiben. Wie konnte Mrs. Keller nur ein solch langsames Tier aushalten?

Captain Arthur Keller stand bereits wartend im Hof, half ihr aus dem Wagen und drückte ihr herzlich die Hand. «Willkommen – willkommen!»

Es war sicher recht unhöflich, aber Annies Gedanken waren allein auf einen einzigen Menschen konzentriert. «Wo ist Helen?», fragte sie atemlos.

Captain Keller deutete auf die in der Abenddämmerung liegende Veranda. «Dort. Sie weiß schon den ganzen Tag, dass wir jemanden erwarten.»

Annie schritt auf die Veranda zu. Sie konnte ihr Zittern kaum noch beherrschen. Ihr Atem kam in kurzen Stößen. Am Fuß der Treppe hielt sie inne und wagte nicht aufzuschauen. Bitte, lass sie nicht hässlich sein!, betete sie leidenschaftlich. Oh, bitte, lass sie nicht hässlich oder schwachsinnig sein! Und dann blickte sie auf.

Das Kind, das in der erleuchteten Tür stand, hatte ein schmutziges Hängerkleidchen an und wirres braunes Haar. Man sah sofort, dass es blind war. Hässlich war die kleine Helen keineswegs, und obwohl ihrem Gesicht etwas fehlte – Beweglichkeit, Seele –, merkte Annie doch sofort, dass sie intelligent war. Annie atmete tief aus und setzte ihren Fuß auf die unterste Treppenstufe. Als das Kind die Vibration wahrnahm, stürzte es sofort auf sie zu und würde Annie umgerissen haben, hätte Captain Keller sie nicht aufgefangen. Eifrig forschende Hände befühlten Annies Gesicht und Kleid und fanden schließlich ihre Handtasche. Annie überließ sie ihr, gespannt, ob sie wohl begriff, was sie da hatte. Das war offensichtlich der Fall, denn sie versuchte, die Tasche zu öffnen. Als sie merkte, dass sie verschlossen war, untersuchte sie sie sorgfältig, um herauszufinden, ob es ein Schlüsselloch gab, und nachdem sie dieses entdeckt hatte, zupfte sie an Annies Ärmel und deutete mit der Hand das Umdrehen eines Schlüssels an. Vor Freude und Erleichterung lachte Annie laut auf. Nein, Helen Keller war gewiss nicht schwachsinnig.

«Sie muss sehr intelligent sein! Das war sehr schlau von ihr.»

«Glauben Sie das wirklich?» Mrs. Kellers Stimme klang wehmütig. Sie griff nach der Tasche und versuchte, sie dem kleinen Mädchen zu entwinden. Sofort lief das Gesicht des Kindes dunkelrot an, es stampfte zornig mit den Füßen und wand und krümmte sich. Annie griff vermittelnd ein, hielt Helen ihre Uhr hin und lenkte dadurch ihre Aufmerksamkeit ab. Der Sturm legte sich. Annie hatte ihre erste Eroberung gemacht.

Zusammen betraten sie das Haus, und Mrs. Keller führte Annie die Treppen hinauf in ihr Zimmer, in dem die Lampen schon brannten. Es erschien dem übermüdeten Mädchen, als habe sie endlich einen sicheren Zufluchtsort gefunden, der Geborgenheit verhieß. Kate Keller, die am Fenster stand und die Vorhänge zuzog, hielt plötzlich inne und warf Annie einen ergreifenden Blick zu.

«Ich hoffe, Sie werden bei uns glücklich sein, Miss Sullivan, viele Jahre lang.»

Helen zerrte an ihrem Rock und bedeutete ihr mit ungeduldigen, herrischen Gebärden, dass sie die Tasche geöffnet haben wollte. Annie schloss die Tasche auf, ließ das Kind darin herumwühlen, beobachtete es dabei genau und begriff, dass es hoffte, etwas zu essen zu finden, wahrscheinlich Süßigkeiten. Ihr Koffer in der Halle fiel ihr ein. Sie ging mit Helen nach unten, legte die eine Hand des Kindes auf den Koffer, die andere auf ihr eigenes Gesicht und machte mit dem Mund die Bewegung des Kauens. Ob das Kind das wohl verstehen würde? Ihrem entzückten Gesichtsausdruck nach tat Helen das sehr wohl. Sie rannte zu ihrer Mutter und machte einige rasche Zeichen. Annie beobachtete sie mit wachsender Erregung.

«Sie glaubt», übersetzte Mrs. Keller, gleichsam um Entschuldigung bittend, «dass Sie in Ihrem Koffer Süßigkeiten für sie haben.» «Aber ja, das habe ich», rief Annie triumphierend aus. «Genau das versuchte ich ihr mitzuteilen! Und sie hat es verstanden! Sie hat es verstanden!»

Nun wusste sie plötzlich, dass sie an den rechten Ort gekommen war; dass sie und dieses Kind einander verstehen würden.

Annie Sullivan war bereit, der Welt entgegenzutreten.

Phantom in einer Nicht-Welt

Doch als Annie einige Tage später niedergeschlagen eine kalte Kompresse auf ihren blutenden Mund legte, begann sie einzusehen, dass es wahrscheinlich leichter sei, der ganzen Welt gegenüberzutreten, als einer einzigen kleinen Wilden, die eigenwillig und unbeherrscht war, die unberechenbare Wutanfälle bekam und gerade bewiesen hatte, dass sie jeden, der sich ihr widersetzte, ernsthaft zu verletzen vermochte. Annie hatte zwei Vorderzähne eingebüßt.

«Sie kann ein richtiger kleiner Teufel sein, wenn sie will!», sagte mitleidig das junge schwarze Mädchen, das ihr weiche Tücher und kaltes Wasser gebracht hatte, und schüttelte den Kopf.

Annie seufzte. Sie fühlte sich nicht in der Lage, das zu bestreiten. Die ganze Situation in ihrer Widersprüchlichkeit war ihr ein Rätsel. Das Haus der Kellers gefiel ihr. Zwar war es nicht das, was sie sich erträumt hatte, die malerische Südstaaten-Plantage mit prächtigen Treppen und Säulen und Ballsälen. Es war ein einfaches, solides Haus, gemütlich und bequem, umgeben von Scheunen, Gärten und Feldern, die die Familie reichlich mit Lebensmitteln von ausgezeichneter Qualität versorgten. Auch die Familie mochte sie gern. Captain Keller, ehemaliger Offizier der konföderierten Armee, verhielt sich ihr gegenüber äußerst liebenswürdig und gastfreundlich. Und für Mrs. Keller, eine junge Frau, die nicht viel älter war als Annie selbst, hatte sie von Anfang an eine tiefe Zuneigung empfunden, die sich mit der Zeit immer mehr festigen und ihrer beider Leben lang halten sollte. Die beiden Söhne aus Captain Kellers erster Ehe, James, Anfang zwanzig, und der um einige Jahre jüngere Simpson, hatten sie wenig beeindruckt. Aber das rosige Baby in seiner Wiege, die kleine Mildred, liebte sie bereits innig. Es war eindeutig eine angenehme, kultivierte Häuslichkeit, in die sie gekommen war; umso entsetzter war Annie, als sie bei ihrem ersten Frühstück mit den Kellers entdecken musste, dass man Helen erlaubte, die Teller, die herumgereicht wurden, an sich zu reißen, mit den Fingern darauf herumzusuchen und sich das zu nehmen, worauf sie gerade Lust hatte!

Darüber hinaus erfuhr Annie sowohl von Mrs. Keller wie von Viney, Helens schwarzer Kinderfrau mit dem weißen Turban auf dem Kopf, dass man bei Helen immer häufiger Gewalt anwenden musste, um ihr selbst bei den einfachsten Dingen, wie Haare kämmen oder Schuhe zuschnüren, helfen zu können. Auf Gewaltanwendung jedoch reagierte Helen mit Wutanfällen und tobte so lange, bis sie völlig erschöpft war. Nicht gerade eine vielversprechende Aussicht!

Und dennoch, wenn es gelang, ihr Interesse zu erregen und ihre Aufmerksamkeit zu gewinnen, war sie ein durchaus aufgeschlossenes und ansprechbares kleines Geschöpf. Während Annie ihren großen Koffer auspackte, half sie ihr dabei und ging sorgsam und geschickt mit den Sachen um. Und als sie die Puppe entdeckte, die die blinden Kinder ihr geschickt hatten, ging ein Strahlen über ihr Gesichtchen, das erste Lächeln, das Annie erblickte. Mit flinken, eifrigen Fingern befühlte sie die Puppe und drückte sie an sich. An ihr Versprechen denkend, legte Annie eine Hand auf die Puppe in des Kindes Arm und buchstabierte langsam «d–o–l–l» (Puppe) in seine rechte Hand. Ob sie den Zusammenhang erfasste? Um ganz sicher zu gehen, benützte sie das Zeichen, das Helen selbst gebrauchte, wenn sie etwas haben wollte: Sie deutete auf die Puppe und nickte mit dem Kopf.

Helen sah verblüfft aus. Sie betastete Annies geschmeidige Finger und bewegte sie sachte hin und her. Verlangte sie nach mehr? Annie wiederholte die Buchstaben. War es möglich, dass ein erstes ahnendes Begreifen in dem in Dunkelheit lebenden Geist aufdämmerte? Denn die kleinen Finger – Annie hielt den Atem an – versuchten zögernd und unbeholfen die Bewegungen «d–o–l–l» nachzuahmen. Helen Keller hatte ihr erstes Wort buchstabiert! Vergessen war der halb ausgepackte Koffer. Annie stand vor Freude ganz starr. Und dann beging sie vor lauter Aufregung einen Fehler. Sie nahm die Puppe an sich. Sofort lief Helens Gesicht rot an und sie bekam einen ihrer Wutausbrüche, weil sie sich ihres neuen Schatzes beraubt fühlte. Annie kämpfte mit dem Kind bis es erschöpft war, und plötzlich schämte sie sich ihrer Kurzsichtigkeit, selbst den Anlass zu diesem Ringkampf geliefert zu haben. Verzweifelt suchte sie nach einer Möglichkeit, diesen Fehler wieder gutzumachen.

Sie ließ das zornige Kind allein, eilte die Treppe hinunter und bat Viney um ein Stück Kuchen. Wieder zurück in ihrem Zimmer, versuchte sie Helens Aufmerksamkeit auf den Kuchen in ihrer einen Hand zu lenken, während sie mit der anderen «c–a–k–e» (Kuchen) buchstabierte. Helen wollte den Kuchen an sich reißen, aber Annie hielt ihn fest, während sie ermutigend ihre Hand streichelte. Und noch einmal schien etwas im Bewusstsein des Kindes aufzuleuchten. Rasch wiederholte sie die Buchstaben und aß den Kuchen hastig auf. Dann hielt Annie ihr die Puppe wieder hin und berührte ihre Finger. Was würde wohl jetzt geschehen? Was nun geschah, war ein Wunder. Helen runzelte die Stirn, langsam bewegten sich ihre Finger und begannen «d–o–l» zu buchstabieren. Annie fügte das zweite «l» hinzu und legte ihr die Puppe in den Arm. Helen wandte sich ab und ertastete sich den Weg aus dem Zimmer. Den ganzen restlichen Tag über aber wollte sie mit Annie nichts mehr zu tun haben.

Annie jedoch jubelte innerlich vor Freude, während sie zu Ende auspackte und sich in dem ersten Zimmer, das sie ihr eigen nennen konnte, einrichtete. Sie hatte die Schranken durchbrochen, sie war zu dem Bewusstsein des Kindes durchgestoßen! Mit Sicherheit wusste sie nun, dass Helen Keller nicht stumpf oder schwachsinnig, sondern ein eifrig bestrebtes Kind war.

Am nächsten Tag holte sie ihr Kindergartenmaterial hervor und brachte Helen bei, eine der kleinen durchlochten Karten zu besticken. Helen freute sich, als sie die kleinen Löcher fühlte und kreischte vor Wonne, als sie entdeckte, dass sie etwas zustande brachte, was sie ertasten konnte. Das Besticken der Karte gelang ihr erstaunlich gut, und Annie lobte sie, indem sie ihren Kopf streichelte. Dann beschloß sie, es mit einem weiteren Wort zu versuchen. Sie klopfte leicht auf die Karte und buchstabierte das Wort «card» in Helens Hand, wie sie es am Tag zuvor mit «doll» und «cake» getan hatte.

Helen ahmte das «c–a ...» nach, hielt inne und neigte den Kopf zur Seite. Dann machte sie ihr Zeichen für «essen», deutete auf die Treppe und stieß Annie zur Tür. Annie lachte, ergänzte die übrigen Buchstaben «k–e» und ging auf die Suche nach einem Stück Kuchen. Wie aufgeweckt doch das kleine Ding war! Den Aufzeichnungen Dr. Howes nach hatte es Wochen gedauert, ehe er die Gewissheit hatte, dass Laura Bridgman den Zusammenhang zwischen einzelnen Wörtern begriff.

Auch mit ihrer genialen Zeichensprache bewies Helen, dass sie ein außergewöhnliches Kind war. Gerade an jenem Morgen hatte Annie beobachtet, wie Helen an dem Kleid ihrer im Haushalt beschäftigten Mutter zerrte, und als sie merkte, dass sie deren Aufmerksamkeit auf sich gezogen hatte, machte sie in der Luft die Bewegung, als ob sie einen Griff drehte und schüttelte sich dann wie in einem Kälteschauer. Ihre Bewegungen waren so ausdrucksvoll, dass Annie auch ohne Mrs.

Kellers lachende Erklärung verstand: «Sie möchte Eiscreme zum Mittagessen!»

Und beim Abendessen hatte sie Brot und Butter verlangt, indem sie die vollkommen verständlichen Bewegungen des Brotschneidens und Butteraufstreichens machte.

Doch um beurteilen zu können, in welch erstaunlichem Maß es diesem tauben und blinden Kind gelungen war, in Verbindung mit seiner Umwelt zu treten, musste man es außerhalb des Hauses, im Freien beobachten, wie es sich langsam, aber gänzlich furchtlos, seinen Weg um Scheunen und Ställe, über den Hof und durch den Garten ertastete. Eifrig darauf bedacht, Helens Schlupfwinkel und Gewohnheiten kennen zu lernen, war Annie ihr am Tag nach ihrer Ankunft in den duftenden Frühlingsmorgen hinaus gefolgt. (Es war kaum zu glauben, dass sie vor nur vier Tagen im Zug nach Philadelphia fast im Schnee stecken geblieben war!) Und als sie die kleine Gestalt beobachtete, wie sie ihren Weg mit Hilfe von Hecken, Büschen und Bäumen fand, wurde ihr Erstaunen immer größer. Hin und wieder blieb Helen stehen, schnupperte in die Luft, nickte befriedigt mit dem Kopf und wanderte dann weiter. Mit Annie in ihrem Gefolge tastete sie sich zu der Stelle, wo die Kühe gemolken wurden. Offensichtlich war sie dort keine Unbekannte, denn die Melker zeigten sich nicht überrascht, selbst als sie ihre Hände über die ihr zunächst stehende Kuh gleiten ließ. Ärgerlich schlug das Tier mit dem Schwanz nach ihr, doch sie ließ es sich ruhig gefallen – zu Annies größter Verwunderung. Einer der Plantagenarbeiter nahm Helen bei der Hand und führte sie zum Pferdestall. Er hob sie hoch, und mit sichtlichem Entzücken liebkoste sie eines der Pferde.

Dann verließ sie den Stall und tastete sich an der Buchsbaumhecke entlang, bis sie in den Küchengarten gelangte. Dort machte sie ein anderes Persönchen ausfindig – auf welche Weise ihr das gelang, war ein Rätsel –, ein grinsendes, kleines schwarzes Mädchen mit krausen Korkenzieherlöckchen, das vielleicht ein oder zwei Jahre älter war. Mrs. Keller hatte Annie das Kind schon gezeigt, es war Martha Washington, die Tochter der Köchin, eines der wenigen Kinder, das keine Angst vor Helen hatte und ihre ständige Spielgefährtin war.

Helen warf die Arme um den Hals des kleinen Mädchens, zupfte dann an ihrem Ärmel, kauerte sich auf den Boden und vollführte mit beiden Händen seltsame Bewegungen. Martha Washington nickte heftig und grinste noch breiter.

«Was sagt sie?», fragte die verdutzte Annie, die vergeblich versucht hatte, den Bewegungen zu folgen.

«Sie sagt, sie will Perlhuhneier suchen gehen», erklärte Martha und machte einen Knicks. «Sie sehen? So ...», sie drückte ihre kleinen braunen zu Fäusten geballten Hände in das Gras. «Perlhuhn, es legen gern Eier in hohes Gras, und Helen, sie gern suchen nach ihnen. Ja, Schätzchen, wir gehen!» Instinktiv antwortete sie mit lauter Stimme auf Helens immer hartnäckigeres Zerren.

«Ihre Fäuste bedeuten die Eier im Gras», sagte Annie vor sich hin. «Das ist wirklich schlau.»

«Oh, ja, Madam!», stimmte Martha zu. «Helen ist sehr gescheit!» Sie ist mehr als gescheit, dachte Annie, als sie den beiden kleinen Mädchen durch das hohe Gras folgte. Helen besaß eine Fähigkeit, die den meisten blinden Kindern abgeht – einen unerschrockenen, furchtlosen Geist und einen unermüdlichen Tätigkeitsdrang. Viele blinde Kinder, besonders die Kleineren, sind unsicher, ängstlich und verharren gern an immer der gleichen Stelle. Manche blinde Babys haben große Schwierigkeiten, überhaupt laufen zu lernen. Annie hatte in der Schule blinde Kinder erlebt, denen man sogar das Spielen beibringen musste. Und hier hatte sich aus der dunklen, lautlosen Welt des Babys heraus eine kraftvolle kleine Seele entwickelt, die so tatendurstig und unermüdlich, so schelmisch war, wie jedes normale sechseinhalbjährige Kind.

Annie lächelte, als sie daran dachte, wie sie geglaubt hatte, «ein bleiches, zartes, schüchternes Kind» vorzufinden. In einem Brief an Mrs. Hopkins hatte sie geschrieben: «Helen ist keineswegs zart. Sie ist groß, stark und gesund und in ihren Bewegungen so ungezügelt wie ein junges Füllen.»

Dann plötzlich erblickte sie etwas, worüber sie laut auflachte. Die kleinen Mädchen hatten offensichtlich ein Nest mit Eiern entdeckt. Sie kreischten vor Entzücken und Annie bedurfte Marthas Erklärungen für Helens ausdrucksvolle Gesten nicht. Helen teilte nämlich Martha mit, dass sie, Helen, die Eier in ihrem Schürzchen heimtragen wolle. Martha könnte vielleicht stolpern und sie zerbrechen!

Nachdem sie die Eier heil im Haus abgeliefert hatten, setzten sich die beiden kleinen Mädchen auf die Stufen vor der Küchentür und fütterten die Truthühner, die sich laut kollernd um sie drängten. Annie sah, dass die Tiere die Körner direkt aus Helens Händen pickten, und wiederum staunte sie. Dieser Anblick war einfach unglaublich für jemanden, der mit blinden Kindern umgegangen und selbst eins gewesen war. Gewiss war Helen intelligent und furchtlos, aber es kam da noch etwas hinzu. Sie war im Schoße einer wunderbaren Familie aufgewachsen und hatte vor allem eine Mutter, die die Weisheit, Geduld und Stärke besaß, ihr kleines Kind frei herumlaufen, die Umwelt erforschen und durch Erfahrungen so lernen zu lassen, wie das jedes gesunde Kind tut; eine Mutter, die es nicht zurückhielt aus Angst, es könne sich verletzen.

Das sprach sie auch Mrs. Keller gegenüber aus, als die beiden zusammensaßen, nachdem Helen ins Bett gebracht worden war. Mrs. Keller schüttelte den Kopf und ihre Augen füllten sich mit Tränen. Sie hatte bisher, ehe Annie kam, niemals irgend jemandem gegenüber einzugestehen vermocht, wie schwer Helens Babyjahre gewesen waren.

«Sie war so ein schönes Kind, Miss Annie, und hatte solch scharfe Augen! Sie konnte eine Nadel entdecken, die niemand sonst sehen konnte. Und an dem Tag, als sie ein Jahr alt wurde, glitt sie von meinem Schoß herunter und rannte auf einen Sonnenstrahl zu. Sie fing auch an zu sprechen. Und dann, mit neunzehn Monaten, wurde sie krank. Noch heute wissen wir nicht, was es war. Die Ärzte nannten es eine ‹akute Unterleibs- und Gehirnentzündung›. Einmal als ich sie badete, entdeckte ich, dass sie blind war, und später wandte sie nicht einmal den Kopf, auch wenn wir laut schrien. Aber niemals konnte ich glauben, dass auch ihr Gehirn geschädigt wurde – glauben Sie das?»

Annie schüttelte rasch und nachdrücklich den Kopf. «Nein, Mrs. Keller, bestimmt nicht. Ich hatte mit Schwachsinnigen zu tun. Ich weiß es gewiss!»

«Einige unserer Verwandten sagten, sie sei geistig zurückgeblieben, und wir sollten sie in ein Heim geben. Aber eine Kusine von Captain Keller behauptete immer, sie habe mehr Verstand als jeder andere von den Kellers. Wenn es nur einen Weg gäbe, zu ihrem Geist vorzudringen.»

Annie schluckte. «Den gibt es, liebe Mrs. Keller. Das hat man schon einmal erreicht. Ich habe mit Laura Bridgman zusammen gelebt, und sie hat vielerlei Dinge studiert; sogar Geometrie und Naturwissenschaften. Sie ist ein ganz wunderbarer Mensch.»

«Ich habe über sie in Dickens' ‹Amerikanischen Skizzen› gelesen, und da schöpfte ich zum ersten Mal Hoffnung. Aber dann fiel mir ein, dass Dr. Howe gestorben ist, und mit ihm vielleicht auch seine Unterrichtsmethode! Dann wurde mein Mann von Präsident Cleveland zum Bundespolizeichef von Alabama ernannt, und sein erstes Gehalt benützte er dazu, Helen zu einem Augenarzt in Baltimore zu bringen, von dem wir gehört hatten.» Sie biss sich auf die Lippen. «Es war hoffnungslos, aber er war der Meinung, dass sie bildungsfähig sei und riet uns, Dr. Alexander Graham Bell in Washington zu konsultieren.»

«Dr. Alexander Graham Bell?», unterbrach Annie, «ich dachte – das Telefon – ich dachte, er sei ein Erfinder!»

Mrs. Keller nickte. «Das stimmt, aber zunächst hatte er Taube unterrichtet. Seine eigene Frau ist taub. Nun, wir fuhren nach Washington, und Dr. Bell – das ist der wunderbarste und gütigste Mann, den ich je getroffen habe.» Bei den letzten Worten versagte ihr die Stimme, und sie schaute weg. «Er setzte Helen auf seine Knie, und sie verstanden einander sofort. Er sagte, sie sei ein sehr aufgewecktes Kind, dass man sie selbstverständlich unterrichten könne und riet meinem Mann, sich an das Perkins-Institut zu wenden. Und, oh, Miss Annie, es war der glücklichste Tag unseres Lebens, als Mr. Anagnos schrieb, dass Sie zu uns kommen würden.»

Annie spürte, wie ihr die Kehle eng wurde. Die ganze Verzweiflung all dieser Monate und Jahre hilflosen Wartens und Hoffens sprach aus Kate Kellers Augen.

«Ich will mein Bestes für Sie und Helen tun», versprach sie nüchtern. «Ich habe sie jetzt schon ins Herz geschlossen, und sie lernt rasch.» Sie lachte leise. «Erinnern Sie sich an die ‹cake›-‹card›Angelegenheit, und wie geschickt sie mit den Nähkarten und Perlen umgeht?»

Helens Mutter erkundigte sich nun, wie Annie mit dem Unterricht vorgehen wolle. Und das war eine gute Frage, denn vorläufig waren Annies Pläne noch recht verschwommen und anfänglich. Sie setzte Mrs. Keller auseinander, dass es zunächst am wichtigsten sei, Helen begreiflich zu machen, dass jedes Ding einen Namen habe. Sie beabsichtigte, ihr Gegenstände wie den Kuchen zu geben, vertraute Dinge wie Karte, Puppe, Tasse, Löffel und ihr so lange die dazugehörigen Wörter in die Hand zu buchstabieren, bis Helen das Wort mit dem Gegenstand verbinden und selbst richtig benützen konnte. Sie erklärte, dass die Tauben jeden Buchstaben des Alphabets durch Fingerbewegungen bezeichnen konnten und demonstrierte das, indem sie den Namen Helen Keller buchstabierte.

Dieses Alphabet könne jeder leicht erlernen, sagte Annie. Später solle Helen die Brailleschrift lesen und schreiben lernen, und auch mit Bleistift müsse sie schreiben lernen. In Braille könne sie rechnen und überhaupt alles lernen.

Kate Keller ließ das winzige Jäckchen für Mildred in ihren Schoß sinken. Hoffnung leuchtete in ihrem Gesicht auf, Hoffnung, die sie fünf Jahre lang begraben hatte.

«Und das alles können Sie wirklich erreichen, Miss Annie? Ich werde wirklich mit meinem kleinen Mädchen sprechen und erfahren können, was sie denkt? Was denkt sie denn?»

Was wohl waren in jener Zeit die Gedanken der kleinen Helen Keller? Sie selbst kann es nicht sagen. Gedanken ohne Worte zu bilden, ist schwer. Und Worte hat Helen Keller nicht. Erfahrungen sind es, die in ihrem Gedächtnis leben. Sie erinnert sich, wie sie durch eine Unmenge Papier watet und auf ihren Vater – er ist der Herausgeber einer Zeitung – trifft, der etwas vor sein Gesicht hält, was ihr rätselhaft ist. Sie versuchte, das Ding vor ihr eigenes Gesicht zu halten, und setzte sich sogar seine Brille auf, aber das Rätsel löste sich dadurch nicht. Sie erinnert sich, wie sie und Martha Washington einen frisch mit Zuckerguss überzogenen Kuchen stahlen und ihn, bei den Holzstapeln versteckt, aufaßen. Sie erinnert sich, dass sie wütend wurde, als sie ihr kleines Schwesterchen schlafend in der Wiege fand, die sie für ihre Puppe benützte, und dass sie versuchte, die Wiege umzustürzen. Sie erinnert sich, ihre Mutter in der Speisekammer eingeschlossen zu haben, und wie sie ihre Schürze in Flammen setzte, indem sie sie über ein offenes Feuer hielt. Und sehr lebhaft erinnert sie sich an die Reise nach Baltimore zu dem Augenarzt und dann weiter nach Washington.

Die Leute in den Zügen waren alle sehr freundlich zu ihr. Eine der Mitreisenden gab ihr zum Spielen eine Schachtel voller Muscheln, die ihr Vater durchbohrte, so dass sie sie zu einer Kette auffädeln konnte. Sie durfte sich an den Rockschößen des Schaffners festhalten, wenn er durch den Wagen ging, um die Fahrkarten zu kontrollieren. Danach gab er ihr sogar seine Lochzange zum Spielen. Das Erstaunlichste auf dieser Reise aber ereignete sich, als ihre Tante ihr eine Stoffpuppe aus Taschentüchern machte – ein ulkiges, schlaffes, formloses Ding. Seltsamerweise waren es nun die nicht vorhandenen Augen, die Helens Aufmerksamkeit erregten. Immer wieder deutete sie auf das Gesicht der Puppe und dann auf ihre eigenen Augen, aber niemandem fiel ein, wie man die Puppe mit Augen versehen könnte. Schließlich leuchtete Helens Gesichtchen auf, sie kletterte von ihrem Platz herunter und tastete sich zu ihrer Tante, unter deren Sitz sie herumsuchte, bis sie den Mantel fand, den die Tante während der Reise getragen hatte. Dieser Mantel hatte einen Besatz aus großen Perlen. Helens kräftige kleine Finger rissen zwei Perlen ab und zeigten dann auf das Gesicht der Puppe. Und als man sie aufgenäht hatte, hüpfte sie vor Freude auf und ab.

Sie konnte von Dr. Chisholms Urteilsspruch nichts wissen, auch ahnte sie nicht, welch schweren Herzens ihre Eltern mit ihr nach Washington fuhren. Aber als sie auf Dr. Bells Knien saß, wusste sie, dass da jemand war, der sie verstand. Und abgesehen von ihrer Familie, war dies der erste Mensch, mit dem sie sich verbunden fühlte. Später bezeichnete sie ihn als «meinen ältesten Freund».

Welcher Art waren ihre Gedanken während dieser fünf Jahre vollständiger Isolation? Jahre später sagte sie, dass sie «wie ein Schiff in dichtem Nebel war, das seinen Weg ohne Kompass, ohne Lot suchen musste». Und dass sie sich «ihrer selbst innerhalb eines Nichts bewusst war. Ich wusste nicht, dass ich nichts wusste, dass ich lebte, handelte. Ich hatte weder Willen noch Verstand ... Ich hatte kein Denkvermögen.» Sie bezeichnete sich auch als «ein Phantom in einer Nicht-Welt».

Was für Gedanken auch immer sie gehabt haben mochte, sie waren schattenhaft und ohne Kontur. Doch sie war sich vieler Dinge bewusst, vor allem wusste sie ganz genau, dass sie anders war als die übrigen Menschen, die keine Zeichen und Gebärden benützten wie sie. Oft stellte sie sich zwischen zwei

Personen, die sich miteinander unterhielten, berührte mit den Fingern deren Lippen und bewegte dann ihre eigenen, in dem vergeblichen Versuch, ebenso zu sein wie jene.

Dieses dringende Bedürfnis, andere Menschen zu verstehen, sich mit ihnen zu verständigen, muss der Grund für die heftigen Ausbrüche gewesen sein, von denen sie zu der Zeit, als Annie Sullivan nach Tuscumbia kam, so häufig ergriffen wurde. Wahrscheinlich handelte es sich gar nicht um die Zornausbrüche eines ungezogenen Kindes; vielmehr packten sie Anfälle von Schmerz und Verzweiflung über die unüberwindlichen Schranken, die ihren wachsenden Geist gefangen hielten. War sie dann erschöpft, so tastete sie sich an der Buchsbaumhecke entlang in den Garten, wo sie sich in das Gras und die Blumen warf, deren Kühle und Duft ihren kleinen, wutgeschüttelten Körper besänftigten.

Durch einen dieser Anfälle, in dem Helen mit geballten Fäusten heftig um sich schlug, verlor Annie ihre beiden Vorderzähne. Sie war sehr niedergedrückt an jenem Tag. Ihre Augen schmerzten und waren entzündet. Sie wusste nicht, wie sie mit dieser halsstarrigen kleinen Wilden fertig werde sollte, die noch niemals bestraft worden war, und deren Familie sich weigerte, ihre Zügellosigkeit auch nur im geringsten einzuschränken. Sie hatte gehofft, das Kind durch Liebe erreichen zu können, aber Helen war zu wild, zu ungebärdig, sie war für Liebe unerreichbar, sie konnte Liebe nicht erkennen, nicht begreifen. Annie musste einen anderen Weg einschlagen, und zwar bald.

Vielleicht musste sie an ein anderes blindes, widerspenstiges, unwissendes Kind denken, und wie viel Zeit und Geduld nötig gewesen war, es zu zähmen. Jedenfalls erhob sie den Kopf und beschloss, nicht mehr an den Verlust ihrer Zähne zu denken. Ich muss das Kind von der Familie trennen, dachte sie. Ich will ganz offen mit Mrs. Keller sprechen.

Die erste Sprosse der Leiter

Bereits am nächsten Morgen kam es zu einer plötzlichen und heftigen Krise. Vielleicht lag es daran, dass Annie entmutigt und enttäuscht war, vielleicht fürchtete sie das bevorstehende Gespräch mit Mrs. Keller – den Vorschlag, Helen zeitweilig von ihrer Familie zu trennen –, jedenfalls sah sie mit wachsendem Widerwillen zu, wie Helen auf die herumgereichten Teller grapschte. Als sie ihren eigenen Teller in Empfang nahm, wehrte sie die herandrängenden kleinen Hände ab. Sofort verfinsterte sich das Gesicht des Kindes. Sie zwickte Annie. Annie klapste sie auf die Hand. Und das genügte, um einen von Helens Wutanfällen auszulösen. Sie schrie und langte noch einmal nach Annies Teller, und wieder schlug Annie auf die herumsuchenden Hände, obwohl sie sich nur allzu deutlich der schockierten und missbilligenden Blicke der Familie bewusst war. Mrs. Keller öffnete den Mund, dann schüttelte sie den Kopf und Tränen rannen über ihre Wangen. Sie erhob sich und verließ das Zimmer. Einer nach dem anderen folgte ihrem Beispiel.

Auch Annie erhob sich, ging aber nur bis zur Tür, um sie zu verschließen. Ihr kamen ebenfalls die Tränen, aber so unglücklich und leer sie sich auch fühlte, sie zwang sich dazu, ihren Platz wieder einzunehmen und das Frühstück fortzusetzen, obwohl sie fast daran erstickte. Was sollte nur werden? So hatte sie es nie gewollt. Sie hatte Helen durch Liebe und Güte gewinnen wollen, doch das war nicht gelungen. Helen betrachtete alles, was man für sie tat, als selbstverständlich. Sie wollte sich nicht lieben lassen. Keines der Familienmitglieder, besonders ihr Vater nicht, konnten sie weinen sehen, deshalb hatte man ihr nie Einhalt geboten, sie nie bestraft. Sie bekam nur dann nicht, was sie wollte, wenn es ihr nicht gelang, sich verständlich zu machen. Das einzige, was sie zu verstehen und respektieren vermochte, war etwas oder jemand, der stärker war als sie. Annie hoffte, dass sie stärker sein würde. Und da der Kampf nun einmal ausgebrochen war, war sie entschlossen, ihn auch zu Ende zu führen.

Und es war wahrhaftig ein Kampf! Helen hatte sich auf den Boden geworfen, ließ ihr schauerliches Gebrüll ertönen, schlug um sich und versuchte, Annies Stuhl unter ihr wegzustoßen. Annie hielt ihn fest. Schließlich krabbelte das Kind auf die Füße, um festzustellen, was Annie tat, und als sie merkte, dass Annie weiteraß, versuchte sie aufs Neue, ihr das Essen vom Teller zu reißen. Wieder gab Annie ihr einen Klaps. Das Kind tastete sich um den Tisch herum, schien verblüfft wegen der leeren Stühle, kehrte aber zu seinem eigenen Stuhl zurück und begann selbst zu essen – mit den Fingern. Annie gab ihr einen Löffel, Helen warf ihn auf den Boden. Annie zwang sie dazu, ihn aufzuheben, drückte ihr den Löffel in die Hand und hielt ihn eisern fest, so dass das Kind genötigt war, ihn zum Essen zu benützen. Erstaunen malte sich auf Helens Gesicht, aber sie begriff den Zusammenhang und beendete ihr Frühstück friedlich. Der nächste Kampf entbrannte um das Zusammenfalten der Serviette. Nachdem sie zusammengelegt war, schleuderte Helen sie auf den Boden. Annie biss die Zähne zusammen und zwang sie, obgleich sie wiederum brüllte und um sich schlug, die Serviette aufzuheben und noch einmal zusammenzulegen. Dann endlich ließ sie das Kind in den warmen, sonnigen Morgen hinausgehen. Annie zitterte am ganzen Leib, ihr war übel, aber es gelang ihr, sich hinauf in ihr Zimmer zu schleppen, wo sie auf ihrem Bett zusammenbrach und bitterlich weinte, bis ihr vor Erschöpfung endlich die Tränen versiegten.

Oh, es hatte keinen Sinn, sie hatte versagt. Captain Keller würde sie bestimmt auffordern, ihre Sachen zu packen. Und wenn nicht, wie konnte sie, wie konnte überhaupt jemand den Zugang zu einem solchen Kind finden?

Ein tiefer, an Betäubung grenzender Schlaf umfing sie. Irgendwann hörte sie eine sanfte Stimme fragen: «Miss Annie, darf ich hereinkommen?»

Nur mit Mühe gelang es Annie, sich aufzusetzen, und mit einer vom vielen Weinen heiseren Stimme krächzte sie: «J-ja, t-treten Sie ein.» Es war Mrs. Keller, und wahrscheinlich kam sie, um ihr den Beschluss der Familie mitzuteilen, dass sie nach Boston zurückkehren solle.

Kate Keller trat ein, blieb einen Augenblick stehen, und als sie das verzweifelte Häufchen Elend erblickte, setzte sie sich neben Annie auf das breite Bett und legte den Arm um sie. «Oh, meine liebe Miss Annie, es tut mir so Leid wegen heute Morgen! Wie können wir Ihnen nur helfen? Wir wollen doch das Beste für unser kleines Mädchen, aber auf welche Weise können wir das tun?»

Annie schluckte, griff nach ihrem durchnässten Taschentuch und nahm dankbar das frische entgegen, das Mrs. Keller ihr reichte. Sie blickte in deren besorgtes Gesicht und begann dann zu sprechen, langsam, tastend, nach den richtigen Worten suchend.

«Ich glaube, sie muss von der Familie getrennt werden – für eine kleine Weile –»

«Getrennt!» Helens Mutter fuhr zurück.

Annie nickte. «Ja, wenigstens für ein paar Wochen. Oh, Mrs. Keller, können Sie das nicht sehen? Sie – Ihre ganze Familie haben Helen immer ihren Willen gelassen. Sie hat Sie alle tyrannisiert, auch die Dienerschaft. Wegen jeder Kleinigkeit bekommt sie nun diese Wutanfälle, und um des lieben Friedens willen geben Sie nach. Ich kann ihr weder den Gebrauch der Sprache noch sonst etwas beibringen, solange sie nicht lernt, mir zu gehorchen. Sie muss lernen, sich nach mir zu richten, mir zu gehorchen, mich zu lieben, ehe ich irgendwelche Fortschritte bei ihr erreichen kann. Es hat alles keinen Sinn, solange sie in dem Glauben lebt, bei ihrer Familie alles durchsetzen zu können. Wollen Sie sie nicht bitte mir allein überlassen, nur für eine kurze Zeit?»

Lange schwieg Mrs. Keller. Dem Ausdruck ihres Gesichtes entnahm Annie, dass ein heftiger Kampf sich in ihr abspielte, von dem sie hin- und hergerissen wurde. Endlich blickte sie auf und lächelte traurig. «Ich will jedenfalls darüber nachdenken und sehen, was Captain Keller dazu meint, Miss Annie.»

Captain Kellers Stellungnahme war Annie recht fraglich. Aber als sie an jenem Abend gebeten wurde, mit Mrs. Keller zusammen in sein Arbeitszimmer zu kommen, wurde ihr bei seinen ersten Worten ganz schwach vor freudiger Überraschung.

«Ich glaube, dass Sie da einen ausgezeichneten Plan haben, Miss Annie», sagte er herzlich. «Zufällig besitzen wir ein kleines Gartenhaus, etwa eine Viertelmeile von hier entfernt, in der Nähe von Ivy Green, unserer Familien-Plantage. Das können wir für Sie herrichten. Helen ist schon öfters dort gewesen. Sie werden natürlich allein mit ihr bleiben. Aber hätten Sie etwas dagegen, wenn wir jeden Tag einmal zum Fenster hineinschauten, um zu sehen, wie Sie zurechtkommen? Helen braucht von unseren Besuchen nichts zu erfahren.»

«Nicht im geringsten!», kam Annies begeisterte Antwort. «Dürfen wir bald übersiedeln?»

«Gut. Ja, ich denke, das lässt sich rasch bewerkstelligen.» Er tätschelte ihre Hand: «Meine liebe junge Dame, wir wissen, dass Sie uns zu helfen versuchen.»

Das kleine Haus, in das sie gebracht wurden, erschien Annie wie ein Stück vom Paradies. Es bestand aus einem sehr großen

Raum mit einem gewaltigen Kamin und einem herrlichen Erkerfenster, sowie einem kleineren Zimmer, in dem Percy schlafen würde, der kleine schwarze Junge, der die Hausarbeit für sie verrichten sollte. Auch eine geräumige Veranda gab es, die so dicht von Kletterpflanzen und wildem Wein überwachsen war, dass man das Blättergewirr erst beiseite schieben musste, wollte man den dahinter liegenden Garten sehen. Ihre Mahlzeiten sollten vom «großen Haus», Ivy Green, herübergebracht werden, wo Captain Kellers Verwandte wohnten, so dass Annie sich ganz und gar Helen widmen konnte.

So paradiesisch das kleine Haus sein mochte, seine beiden Bewohner befanden sich keineswegs in einem himmlischen Gemütszustand, jedenfalls nicht während der ersten Tage. Von ihrer Familie getrennt und ohne die vertraute Umgebung wurde Helen, angsterfüllt und wütend, von einem wahren Tobsuchtsanfall gepackt; sie schrie und schlug um sich, die einzige Art, auf die sie sich zu äußern vermochte. Hilflos und schweren Herzens stand Annie daneben. Als das Abendessen gebracht wurde, beruhigte sich Helen, ihr Gesicht hellte sich auf, sie langte herzhaft zu und spielte danach mit ihren Puppen. Als Annie ihr klarmachte, dass es an der Zeit war, ins Bett zu gehen, ließ sie sich bereitwillig ausziehen und zudecken. Kaum aber fühlte Helen, dass Annie sich neben sie legte, war es mit der Ruhe schon wieder vorbei. Helen sprang auf der anderen Seite aus dem Bett. Annie hob sie auf und legte sie zurück. Helen ließ sich sofort wieder herausfallen – und so ging es fort, zwei lange Stunden hindurch.

«Ich habe noch nie ein Kind von solcher Kraft und Ausdauer gesehen», schrieb Annie an Mrs. Hopkins, «aber zum Glück für uns beide bin ich doch ein bisschen stärker.»

Schließlich gab Helen klein bei, und ein schluchzendes kleines Mädchen rollte sich am äußersten Rand des Bettes zusammen, während Annie auf ihrer Seite des Bettes, erschöpft an Leib und Seele, von quälenden Zweifeln gepeinigt wurde.

Armes kleines Mädchen, es lag ja nicht an ihr, dass sie ausgeschlossen war von jeglicher Verbindung und Verständigung mit anderen Menschen! Plötzlich fiel Annie ein, was Dr. Howe über Laura Bridgman gesagt hatte: «… Sie war wie ein Mensch, der sich allein und hilflos in einem tiefen, dunklen Schacht befindet, und ich ließ ein Seil herab und ließ es über ihr baumeln, in der Hoffnung, dass sie es vielleicht findet, ergreift und daran heraufgezogen werden kann in das Licht des Tages und der menschlichen Gemeinschaft.»

Wann würde wohl Helen das Seil finden, das Annie versuchte, zu ihr herabzulassen?

Am nächsten Morgen, auf dem Weg zu seinem Büro, schaute Captain Keller durch das Fenster, und Annie begriff nur allzu gut, dass kein Vater das, was er da zu sehen bekam, ermutigend finden konnte. Es war bereits Vormittag, und Helen saß auf dem Fußboden, ein Häufchen Elend, inmitten ihrer um sie herum verstreuten Kleider, da sie jeden Versuch Annies, sie anzuziehen, abgewehrt hatte. Was immer der Vater denken mochte, er verbarg es vor Annie und begrüßte sie nur mit der Höflichkeit des Südstaatlers; Annie krampfte sich das Herz zusammen beim Anblick des abgehärmten Ausdrucks auf seinem Gesicht, als er sich abwandte.

Diesmal schwebte Annie wirklich in Gefahr, als Versager entlassen zu werden, denn Captain Keller unterbrach seinen Weg in Ivy Green und erklärte seiner Kusine: «Leila, am liebsten möchte ich dieses Yankee-Mädchen nach Boston zurückschicken.» Leila Lassiter jedoch hatte die Situation klarer erfasst. «Gib ihr erst einmal die Chance, das, was sie tut, auch unter Beweis zu stellen, Arthur», drang sie in ihn. «Meiner Meinung nach ist sie Helens einzige Hoffnung.»

Helens Stimmung an jenem Tag war gedämpft, alles schien ihr rätselhaft. Sie spielte mit ihren Puppen, ging des öfteren zur Tür, als ob sie jemanden erwartete, berührte ihre Wange – ihr Zeichen, dass sie nach ihrer Mutter verlangte – und schüttelte dann traurig den Kopf. Mit Annie wollte sie so wenig wie möglich zu tun haben.

Wie vollkommen verlassen muss sie sich fühlen, wie verwirrend muss alles für sie sein, dachte Annie, die sie beobachtete. An ihr lag es nicht, dass diese Trennung notwendig geworden war – ihre Familie hatte sie zu sehr verwöhnt und nie gestraft, und vielleicht konnte man auch den Kellers keine Schuld geben! Denn es ist schwierig, Strafen für ein Kind zu ersinnen, mit dem man sich nicht verständigen kann. Dank der völligen Freiheit, die sie genossen hatte, zeigte Helen – wie Annie an Mrs. Hopkins schrieb – keine der nervösen Schwächen, die bei blinden Kindern so bedrückend sind. Ihr Drang nach Unabhängigkeit, ihre Furchtlosigkeit würden ihr eines Tages sehr zustatten kommen, wenn sie einmal wirklich bewusst am Leben ihrer Umwelt würde teilnehmen können. Aber wie stelle ich es an, ihr Gehorsam und Selbstbeherrschung beizubringen, ohne ihren Geist zu brechen?

Ja, wie? Hier stand sie vor einem Problem, das zu lösen auch einem älteren und erfahreneren Lehrer Rätsel aufgegeben und Kopfzerbrechen bereitet hätte. Und Annie war jung und unerfahren. Knapp einundzwanzig Jahre alt.

Wie und wann es geschah, ist keinem der Beteiligten jemals klar geworden, aber plötzlich dämmerte es in Helens dunklem kleinen Gemüt auf, dass diese Person da bei ihr kein Ungeheuer war, das sie aus irgendeinem grausamen Grund ihrer Familie entrissen hatte, sondern jemand, dessen Hände sanft und freundlich waren, der mehr Dinge wusste als sogar ihre Mutter, und der ihr zeigen wollte, wie man sie macht. Da war jemand, dem man vertrauen, nach dem man sich richten – und, mehr noch, dem man gehorchen konnte.

Unter Annies Anleitung brachte sie eine Schürze für ihre Puppe zustande, und es war eine gute Schürze. Sie lernte Häkeln, und als sie eine Schnur hergestellt hatte, so lang, dass sie durch das ganze Zimmer reichte, lachte sie in sich hinein und drückte sie liebevoll an die Wange. Und Annie konnte Mrs. Hopkins glückstrahlend berichten:

«Mein Herz jubelt heute vor Freude! Das Licht des Verständnisses ist im Geiste meiner kleinen Schülerin aufgegangen, und siehe da, alle Dinge haben ein verändertes Aussehen bekommen. Das wilde kleine Geschöpf von vor vierzehn Tagen hat sich in ein artiges Kind verwandelt. Helen sitzt, während ich schreibe, heiter und fröhlich neben mir und häkelt an einer langen Schnur aus roter Schafwolle ... Sie lässt sich jetzt von mir küssen, und wenn sie in besonders zärtlicher Stimmung ist, sitzt sie sogar auf meinem Schoß ... Der große Schritt – der Schritt, auf den es ankommt – ist getan. Die kleine Wilde hat ihre erste Lektion ‹Gehorsam› gelernt. Auch die anderen Menschen bemerken schon die Veränderung, die mit Helen vorgegangen ist. Ihr Vater besucht uns jeden Morgen und Abend, sieht sie zufrieden ihre Perlen aufreihen und nähen, und ruft aus, ‹Wie ruhig sie ist!› Als ich ankam, waren ihre Bewegungen derart heftig und ungezielt, dass man stets das Gefühl hatte, sie habe etwas Unnatürliches und geradezu Unheimliches an sich.» Helen lernte auch weitere Wörter buchstabieren. Wenn Annie ihr Gegenstände gab, die sie zuvor schon in der Hand gehabt hatte, benannte sie sie rasch, aber offensichtlich konnte sie die Wörter noch nicht mit ihren Wünschen verbinden, denn wenn sie Milch oder Kuchen haben wollte, buchstabierte sie nicht die ihr bekannten Wörter, sondern zog es vor, ihre alten Gesten zu benützen. Aber sie liebte das Fingerspiel und gewann eine große Geschicklichkeit darin.

Eines Tages brachte Captain Keller die Setterhündin Belle mit und war gespannt, ob Helen sie erkennen würde. Der Hund verkroch sich in eine Ecke des Zimmers, so dass Annie vermutete, er habe keine allzu glücklichen Erinnerungen an seine kleine Herrin. Helen war gerade dabei, eine ihrer Puppen zu baden; plötzlich hielt sie inne, schnupperte, ließ die Puppe in die Waschschüssel fallen und tastete sich durch das Zimmer. Ganz offensichtlich erkannte sie Belle, denn sie stieß einen kleinen Freudenschrei aus, ließ sich auf die Knie fallen und umarmte sie heftig. Dann beugte sie sich nieder und fing an, mit einer ihrer Pfoten herumzuarbeiten. Weder Captain Keller noch Annie vermochten zu erraten, was in ihrem Kopf vor sich ging, bis sie sahen, dass die kleinen flinken Finger die Bewegungen der Buchstaben «d–o–l–l» ausführten.

Helen versuchte, ihrem Hund das Buchstabieren beizubringen!

W–A–T–E–R!

Zwei Wochen lang blieben sie in dem kleinen Gartenhaus, obwohl Annie sich einen längeren Aufenthalt gewünscht hätte. Aber Captain Keller sagte, er glaube, dass Helen Heimweh habe. In Wirklichkeit war es wahrscheinlich umgekehrt: die Eltern hatten Sehnsucht nach Helen!

Alle stellten voller Freude fest, welch große Fortschritte das Kind gemacht hatte. Ihr Gesichtchen wurde mit jedem Tag ausdrucksvoller; die Wutanfälle verschwanden; sie benahm sich zutraulicher. Sie hatte zwar noch Schwierigkeiten, die Wörter richtig anzuwenden, aber es war deutlich zu bemerken, wie intensiv ihr Geist arbeitete. Eines Tages, als sie im Garten spielte, gewahrte Annie voller Erstaunen, wie sie ein Loch buddelte und ihre Puppe eingrub. Mit ihren eindrucksvollen Gebärden bedeutete sie Annie, die Puppe solle wachsen und so groß wie Annie werden! «Sie können sich nicht vorstellen, wie klug sie ist!», hieß es in einem Brief an Mrs. Hopkins.

Annie war nun zuversichtlich, dass sie den richtigen Weg eingeschlagen habe. Ihre Erfolge im Gartenhaus hatten bei den Kellers tiefen Eindruck gemacht, und so ließen sie ihr in ihrem Vorgehen völlig freie Hand. Helen schlief auch weiterhin bei Annie; das Kind sollte sich ganz und gar auf sie verlassen, und außerdem:

«Ich finde es viel besser, sie nicht zu festgesetzten Zeiten zu unterrichten, sondern bei jeder sich bietenden Gelegenheit ...

Den ganzen Tag hindurch buchstabiere ich ihr alles, was wir tun, in die Hand, obwohl sie noch nicht begriffen hat, was dieses Buchstabieren bedeutet.»

Dann aber, an einem köstlichen duftigen Frühlingsmorgen, genau einen Monat und zwei Tage nach ihrer Ankunft in Tuscumbia, am 5. April 1887 – weder Annie noch Helen konnten jemals diesen Tag, dieses Datum vergessen – ereignete sich etwas, das eine glückselig aufgeregte Annie in ihr Zimmer eilen ließ, wo sie ihre Schreibmappe mit derart zitternden Fingern öffnete, dass Schreibpapier und Briefmarken in allen Richtungen zu Boden flatterten. Ihr Herz klopfte bis zum Hals, als sie sich niederließ, um Mrs. Hopkins ihre Freudenbotschaft mitzuteilen:

«Ich muss Ihnen heute morgen eine Zeile schreiben, denn etwas sehr Wichtiges hat sich ereignet. Helen hat gelernt, dass jedes Ding einen Namen hat, und dass das Fingeralphabet der Schlüssel zu allem ist, was sie zu wissen verlangt.

In einem früheren Brief schrieb ich Ihnen, dass die Wörter ‹mug› (Becher) und ‹milk› (Milch) Helen mehr Mühe machten als die übrigen. Sie kannte das Wort für trinken nicht, sondern machte die Pantomime des Trinkens, so oft sie ‹mug› oder ‹milk› buchstabierte. Als sie sich heute früh wusch, fragte sie nach dem Wort für ‹Wasser› … ich buchstabierte es und dachte bis nach Beendigung des Frühstücks nicht mehr daran. Dann fiel mir ein, dass ich ihr vielleicht mit Hilfe dieses neuen Wortes die ‹mug-milk›-Schwierigkeit entwirren könnte. Wir gingen hinüber zum Pumpenhaus, und ich ließ Helen ihre Hand unter den Wasserstrahl halten, während ich pumpte und ihr ‹w–a–t–e–r› in die freie Hand buchstabierte. Das Wort, das so unmittelbar auf die Empfindung des kalten, über ihre Hand strömenden Wassers folgte, schien sie stutzig zu machen. Sie ließ den Becher fallen und stand wie angewurzelt. Ihr Gesicht leuchtete auf. Sie buchstabierte das Wort ‹water› mehrere Male. Dann kauerte sie sich nieder, berührte die Erde und fragte nach deren Namen. Sie deutete auf die Pumpe, das Gitter, dann wandte sie sich plötzlich um und fragte nach meinem Namen. Ich buchstabierte ‹teacher› (Lehrerin). Gerade in diesem Augenblick brachte die Kinderfrau Helens kleine Schwester in das Pumpenhaus, Helen buchstabierte ‹baby› und deutete auf die Kinderfrau.» Auf dem ganzen Rückweg zum Haus war Helen sehr erregt und voller Freude. Sie berührte jeden Gegenstand in ihrer Reichweite und zupfte an Annies Ärmel, um seinen Namen zu erfragen. Annies Finger zitterten derart, dass sie die Wörter kaum zu buchstabieren vermochte. Atemlos berichtete sie Mrs. Keller von dem wunderbaren Ereignis und stürzte dann die Treppe hinauf, um ihren Brief an Mrs. Hopkins zu schreiben. Helen Keller hatte das Seil gefunden, das sie «aus ihrem tiefen, stummen, finsteren Schacht herauf in das Licht der menschlichen Gemeinschaft» ziehen würde.

Während Annie schrieb, flitzte Helen mit vor Freude strahlendem Gesicht im Zimmer umher, berührte die vertrauten Gegenstände und buchstabierte die neugefundenen Namen rasch in die Luft – «Tür», «Bett», «Süßes» und schließlich immer wieder das Wort ‹teacher›, das ihr das liebste aller Wörter werden sollte. Sie trat nahe an Annie heran und berührte zart ihr Haar und ihre Wangen, während ihre Finger immer wieder die Buchstaben ‹t–e–a–c–h–e–r› wiederholten. Annie ließ ihre Feder sinken und drückte das Kind fest an sich.

Es war ein wunderbarer Tag. Helen konnte nicht genug bekommen an neuen Wörtern. Wohin sie auch ging – was immer sie anfasste, stets rührte sie fragend an Annies Hand, und wenn Annie ihr das Wort vermittelt hatte, schien der ganze kleine Körper des Kindes vor Glück zu beben. Außer den Substantiven begriff sie nun auch die Bedeutung von Verben – ‹rennen›, ‹sitzen›, ‹laufen›, und von Befehlen wie ‹geh›, ‹komm›, ‹gib›. So durstig wie Wasser an einem heißen Tag trank Helen Wörter in sich hinein.

Als es Abend wurde, waren Annies Finger zwar müde, doch

empfand sie diese Müdigkeit als angenehm, vor allem beim Anblick von Kate Kellers Antlitz, als Helen auf ihren Schoß kletterte und ‹Mutter› buchstabierte.

Es war deutlich zu spüren, wie die ganze Atmosphäre des Hauses von Freude durchzogen war. Selbst die Dienstboten grinsten von einem Ohr zum anderen und bestaunten Helen geradezu ehrfürchtig. Ihr Vater aber folgte seiner kleinen Tochter auf Schritt und Tritt und seine Augen weideten sich an ihren winzigen Fingern, die sich so flink bewegten.

Als Annie an diesem Abend aufstand, um Helen zu Bett zu bringen, und der Familie gute Nacht sagte, erhob Captain Keller sich von seinem Stuhl und trat auf sie zu. Er versuchte etwas zu sagen, doch die Stimme versagte ihm, und auch Annies Stimme wollte ihr kaum gehorchen, als sie mit einem ‹Danke, Sir!› seinen krampfhaften Händedruck beantwortete.

An jenem Tag war Annies Freudenbecher bis an den Rand gefüllt. Endlich einmal, so dachte sie, als sie sich anschickte, zu Bett zu gehen, blieb nichts mehr zu wünschen übrig! Jedoch ihr Brief an Mrs. Hopkins enthielt am nächsten Morgen noch eine Nachschrift:

«Als ich gestern Abend zu Bett ging, schmiegte Helen aus eigenem Antrieb sich in meine Arme und gab mir zum ersten Mal einen Kuss. So voller Freude war mein Herz, dass ich glaubte, es müsse springen!»

Und Helen selbst schrieb später über diesen Abend: «Es gab wohl kein glücklicheres Kind als mich am jenem Abend, als ich am Schluss dieses ereignisreichen Tages in meinem Bett lag und der Freuden gedachte, die mir zuteil geworden waren, und zum ersten Mal sehnte ich den kommenden Tag herbei.»

Mehr Wörter – viele Wörter!

Am nächsten Morgen wurde Annie durch ein hartnäckiges Zerren an ihrer Hand geweckt. Helen stand neben ihr, umklammerte mit der einen Hand ihre Kleider, während sie mit der anderen so lange an ihrer Bettgenossin zog, bis sie befriedigt feststellte, dass Annie erwacht war. Dann benützte sie ihre ausdrucksvolle Pantomime, um ihrer Lehrerin zu bedeuten, dass es höchste Zeit sei, aufzustehen! Annie lachte laut auf und drückte die kleine Gestalt in ihrem bauschigen Nachthemd rasch an sich. Wie gut das tat, dass das kleine Ding aus eigenem Antrieb zu ihr kam! Und wie unglaublich, diese Veränderung mitzuerleben, zu sehen, wie ein ruheloses, reizbares, nur halbmenschliches Wesen sich in ein ansprechbares Kind verwandelte, dessen Gesicht Gedanken und Vorstellungen widerzuspiegeln begann!

Und als Helen Annie umarmte und ihr als Antwort auf Teachers Begrüßung einen Kuss gab, kannte ihre Freude keine Grenzen mehr.

Selbst das Baden und Ankleiden von Helen bedeutete bei weitem nicht mehr die Quälerei, wie das noch vor vierzehn Tagen gewesen war. Annie war froh, dass sie Mrs. Keller gesagt hatte, sie wolle keine Kinderfrau für Helen, sie wolle, dass das Kind sich in allem auf sie angewiesen fühlen sollte. An diesem Morgen verlangten Helens fliegende Finger den Namen für jeden Gegenstand, den Annie benutzte, und für jedes Kleidungsstück, das sie ihr anzog. Dieser Lernprozess wäre durch das Mitwirken einer Kinderfrau empfindlich gestört worden. Wenn auch das Ankleiden ein wenig mehr Zeit in Anspruch nahm, Helens eifriges Gesichtchen und ihr wachsender Wortschatz rechtfertigten dieses Vorgehen. Annie trat einen Schritt zurück und überblickte ihr Werk. Mit ihrem frisch gestärkten Schürzchen, dem sorgfältig gekämmten Haar und ihrem intelligenten Gesichtchen, das um so ausdrucksvoller wurde, je mehr ihr wachsendes Gedankenleben sich herausarbeitete, war die kleine Helen Keller ein allerliebstes Kind!

Als sie plötzlich Annies freundliche Berührung nicht mehr wahrnahm, runzelte sie die Stirn und streckte fragend ihre Hände aus. Annie ergriff sie und buchstabierte «Hinuntergehen – essen».

Helen nickte begeistert und eilte zur Treppe. Auf einmal blieb sie stehen, nicht aus Angst, wie Annie wusste, denn sie rannte den ganzen Tag über völlig furchtlos die Treppe hinauf und hinunter, sondern weil ihr ein Gedanke gekommen zu sein schien. Ein eigentümlich liebevoller Ausdruck lag auf ihrem kleinen Gesicht, als sie sich Annie zuwandte, deren Hand suchte und vertrauensvoll ihre eigene Hand in die von Teacher legte.

So stiegen sie miteinander die Treppe hinunter, durchquerten die geräumige Diele und betraten das Esszimmer. Nicht einmal Annies kurzsichtigen Augen konnte der Ausdruck von Freude, Erstaunen und schierem Unglauben entgehen, der sich auf den Gesichtern der verschiedenen Familienmitglieder malte, als sie und ihr Zögling den Raum betraten. Und Annie wäre kein Mensch gewesen, hätte sie das nicht mit freudiger Genugtuung erfüllt. Sie wusste, dass jeder tief beeindruckt war von dem Unterschied zwischen der unbezähmbaren kleinen Wilden von vor knapp einem Monat und diesem strahlenden kleinen Mädchen. Aber auch Annie wollte kaum ihren Augen trauen, als Helen nun um den Tisch herum ging, jeden Anwesenden berührte und dann seinen Namen korrekt buchstabierte. Es schien unglaublich, dass sie sich nicht nur an die Namen erinnerte, die sie erst am Tag zuvor gelernt hatte, sondern sie auch mit den richtigen Personen zu verbinden wusste!

«Sie *kennt* uns! Sie weiß, wer wir sind!» – Mrs. Keller konnte vor Bewegung kaum sprechen, – «O Miss Annie, Sie können nicht wissen – wie sollten Sie – was das bedeutet! Sie wird uns verstehen können und wirklich zu uns gehören! Es ist – es ist», sie fuhr sich über die Augen und bemühte sich, ihre tiefe Bewegung nicht zu zeigen. «Etwas Wunderbareres hätte ich mir nicht wünschen können!»

Und Captain Keller, von seinem Ende des Tisches, sagte herzlich: «Es ist wahrhaftig ein Wunder – und für sie ja nur der Anfang! Wenn Sie in diesen wenigen Tagen für Helen so viel erreicht haben, und sie so erstaunlich schnell lernt – was wird sie alles erreichen können? Wie weit zu gehen wird sie in der Lage sein?»

Das war eine freudige Frage und eine fröhliche Mahlzeit, für die Kellers wahrscheinlich die glücklichste seit vielen Jahren, obwohl sie nur wenig aßen, da ihre ganze gespannte Aufmerksamkeit auf Helen gerichtet war. Selbst die schwarze Dienerschaft stand ganz still und beobachtete sie mit vor Erstaunen weit aufgerissenen Augen.

«Ich habe ja immer schon gesagt, dass das Kind mehr Verstand hat als alle übrigen Kellers zusammengenommen, falls es gelingt, an diesen Verstand heranzukommen!», erklärte Captain Kellers Schwester tief befriedigt. «Dieses Kind hat einen besseren Kopf als ihr glaubt!»

«Doch um das zu erreichen, musste erst Miss Annie kommen», entgegnete ihr Mrs. Keller.

Kein Wunder, dass der ganze Keller-Haushalt den Atem anhielt beim Anblick dieser glücklich aussehenden, hübsch angezogenen und gekämmten kleinen Helen, die mit dem Löffel, den Annie ihr in die Hand gedrückt hatte, zufrieden ihr Frühstück verspeiste.

Das vielfältige Lob und die Freude über ihren ersten Erfolg ließen Annies Wangen erglühen, aber später, als sie mit Helen in den sonnigen, alten Garten hinausging, wo das Kind wie stets zu dieser Zeit spielen durfte, übte Captain Kellers frohlockende Frage: «Was wird sie alles erreichen, wie weit wird sie gelangen?» eine ernüchternde Wirkung auf sie aus. Sie musste an Laura Bridgman denken: Laura hatte das Glück gehabt, von Dr. Howe und den besten Lehrern, die er für sie finden konnte, unterrichtet zu werden, von Lehrern, die klüger und besser ausgebildet waren, als Annie es jemals sein würde; und dennoch – das musste Annie sich eingestehen – führte Laura ein absonderliches und isoliertes Leben. Gewiss, sie war glücklich und konnte sich auch nützlich machen mit ihrem Nähen, Stricken und Häkeln, aber sie hatte niemals die Fähigkeit erworben, sich in der gewöhnlichen Alltagswelt zurechtzufinden. Über fünfzig war sie jetzt und lebte nach wie vor im sicheren Hafen der Schule, die sie mit sieben Jahren aufgenommen hatte. Nach Beendigung ihrer Erziehung hatte sie den Versuch gemacht, zu Hause bei ihrer Familie zu leben, doch das war in kläglicher und erschreckender Weise misslungen. Warum? Musste das in Fällen wie Laura Bridgman und Helen Keller so sein? Sollte das auch Helens Schicksal werden: in einem abgelegenen, geschützten Eckchen zu leben – ein sonderbarer, isolierter Mensch? Dieser Gedanke bedrückte Annies Herz.

Helen kam und zog an ihrer Hand, um den Namen einer Blume zu erfahren, die sie gerade gepflückt hatte. Zerstreut buchstabierte Annie ihr das Wort, während ihre Gedanken sich überstürzten. Wörter. Natürlich konnte Helen Wörter lernen. Sie lernte mit atemberaubender Geschwindigkeit. Aber bloße Wörter sind noch keine Sprache. Würde sie das Auf- und Abfluten einer normalen Unterhaltung erlernen können? Das war Laura Bridgman trotz all ihrer Lehrer niemals gelungen. Beispiele ihrer Rede- und Schreibweise huschten durch Annies Sinn.

Von einer ihrer Lehrerinnen sprechend, hatte sie geäußert: «Ich erwarte nicht, dass sie so vollkommene Gesundheit und Stärke haben würde wie ich selbst, da es sehr unnatürlich für sie ist.»

Von einem schönen Tag sprechend, bemerkte sie: «Ich genoss ihn sehr. Er erinnerte mich an meinen besten Vater im Himmel. Er war außerordentlich wohlwollend, die Sonne und so einen entzückenden Tag zu senden.»

Und einmal schrieb sie an ihre Mutter über eine Lehrerin, die das Perkinssche Institut verlassen hatte: «Sie gab mir eine sehr schöne und reine Anstecknadel, ehe ich mich von ihr trennte … Ich liebe sie halb so viel, wie wenn sie meine Gattin wäre.»

War das das Beste, das man von Helen erwarten konnte? Oder lag das an der Art und Weise von Lauras Unterricht? Annie fiel die Geschichte ein, wie jedermann an Lauras Frage herumrätselte: «Ist es heute abgeleitet?» Schließlich fand man heraus, dass Dr. Howe ihr erklärt hatte, «Regen» sei ein primäres und ein abgeleitetes Wort, und so hatte die arme Laura natürlich angenommen, sie habe gefragt «Ist es heute regnerisch?»

Wie lernt ein normales Kind denn überhaupt sprechen?

Annies Knie wurden plötzlich von einer zarten Berührung gestreift, und sie erblickte das schelmische Gesichtchen von Helens fünfzehn Monate alter Kusine. Annie beugte sich nieder und gab ihr einen Kuss. Normale, gesunde Babys waren neu und faszinierend für Annie, und sie fand sowohl Mildred als auch dieses Dingelchen ganz bezaubernd. Es tat ihr richtig Leid, dass die schwarze Amme des Kindes herbeigeeilt kam.

«Fort mit dir, Honigkind! Lauf und riech die Blumen und plage Miss Annie nicht. Und lass Helen in Ruh!»

«Sie hat mich keineswegs geplagt», protestierte Annie lächelnd und winkte der Kleinen nach, die davontrippelte, die Blumen untersuchte und gehorsam den Pfad mied, der sie zu der Stelle geführt hätte, an der Helen und Martha Washington eifrig damit beschäftigt waren, Löcher zu graben. Annies Gedanken kehrten zu Laura Bridgman zurück – und brachen plötzlich ab, wie wenn ein elektrisches Signal in ihrem Geist aufgeblitzt wäre. Sie starrte dem Kind nach. Das Kind hatte seiner Amme gehorcht. Es hatte ihr gehorcht, weil es verstand, was gesagt worden war. Und das hatte Annie schon einige Male zuvor beobachtet. Ihr Atem geriet ins Stocken. Sie rief den Namen des Kindes. Die Kleine wandte fragend ihren Kopf und Annie breitete einladend die Arme aus.

«Komm», sagte sie schmeichelnd. «Willst du zu mir kommen?»

Das Kind kannte Annie. Sie hatten sich schon vor Tagen miteinander angefreundet. Einen Augenblick lang schien es zu überlegen, dann beschloss es, der Einladung zu folgen. Als es die Bank erreichte, auf der Annie saß, schenkte es ihr ein bezauberndes Lächeln, und Annie schloss es in die Arme. Und nun begann sie auszuprobieren, was ihr so plötzlich in den Sinn gekommen war. «Wo ist Babys Öhrchen?», fragte sie. Sofort zeigte das Kind auf sein Ohr. «Gut!», lobte Annie. «Und wo ist der kleine Schelm?»

Zwei winzige Hände fuhren in die Höhe und bedeckten das kleine Gesicht, aus dem nur noch zwei blitzende blaue Augen durch die gespreizten Finger funkelten. Als Annie Beifall klatschte und um einen Kuss bat, erhielt sie ihn. Dann machte sie noch einen letzten Versuch, sie pflückte eine Rose, entfernte die Dornen und gab sie dem Kind in die Hand. «Bring sie deiner Mama», schlug sie vor und beobachtete, was geschehen würde. Fast mit Händen zu greifen war der Gedanke, der sich daraufhin in dem kleinen Kopf in Bewegung setzte. Das Kind stand einen Augenblick still, drehte sich um, zupfte an der Schürze der Amme und trippelte dann auf das Haus zu.

«Sie hat alles verstanden, nicht wahr?», rief Annie der langsam hinter dem Kind hergehenden Frau zu. Die Schwarze bedachte sie mit einem halb mitleidigen, halb geringschätzigen Blick.

«'türlich verstehen Honigkind! Klar!»

Annie schaute ihnen nach und blickte dann mit wachsender Erregung auf Helen. Ihr Versuch war gelungen. Es war ganz eindeutig – lange, ehe das kleine Kind selbst Sätze bilden konnte, verstand es deren Bedeutung. Dies schien der Schlüssel zu sein: Kleinen Kindern wurde die Sprache nicht beigebracht, sie saugten sie auf wie kleine Schwämme, weil sie den ganzen Tag hindurch von um sie herumwirbelnden Wörtern umgeben waren! Nun gut, dann sollte auch Helen den ganzen Tag über von um sie herumwirbelnden Wörtern umgeben sein!

Ich will in ihre Hand sprechen, genauso wie man in die Ohren eines Babys spricht, beschloss Annie wie in plötzlicher Erleuchtung. Ich werde vollständige Sätze gebrauchen, wenn ich mit ihr spreche und auch allen anderen sagen, dass sie so verfahren sollen, und nach und nach wird Helen alles verstehen und auch selber ausdrücken können.

Ob das vielleicht die Erklärung dafür war, dass Laura Bridgman nie die gesprochene Umgangssprache erworben hat? Weil ihre Lehrer so eifrig darauf bedacht waren, ihr jedes einzelne Wort, das sie benützten, sorgfältig zu erklären, und nur kurze, vereinfachte Sätze buchstabierten? Aus allen Berichten ging hervor, dass man Laura auf eine wohl überlegte und genau vorbereitete Weise unterrichtet hatte, und aus ihrem eigenen Umgang mit ihr wusste Annie, dass Laura eine ungewöhnlich intelligente Frau war.

Helen hatte Martha verlassen und tastete sich an der Buchsbaumhecke zu ihr hin. Sie hatte einen merkwürdigen Käfer gefunden und verlangte, an Annies Ärmel zupfend, seinen Namen zu wissen.

Annie buchstabierte «Käfer» und schaute auf ihre Uhr. Es war zwar herrlich hier im Garten, doch die Zeit für Helens «Unterrichtsstunde» in neuen Wörtern war gekommen, und danach sollte sie noch stricken oder nähen. Annie seufzte. Mrs. Hopkins gegenüber hatte sie einmal bekannt, dass ihrer Meinung nach Stricken und Häkeln eine Erfindung des Teufels sei und «sie lieber auf der Straße Steine klopfen würde als ein Taschentuch zu säumen». Zögernd erhob sie sich, begann Helen mitzuteilen, dass sie ins Haus zurückkehren müssten und hielt dann plötzlich inne. Hier draußen war es Frühling, herrlicher, duftiger, sonniger Frühling! Ein gesundes, tatendurstiges Kind wie Helen und der Frühling waren wie füreinander geschaffen. Helen fühlte sich glücklich und zufrieden. Alles im Garten und auf der Farm war spannend und aufregend für sie. Hier draußen fragte sie aus Interesse und Neugier nach immer neuen Wörtern. War es nicht geradezu absurd, sie ins Haus zu verbannen, sie zu zwingen, auf ihrem kleinen Stuhl vor ihrem kleinen Tisch sitzend, langweilige Gegenstände wie Löffel oder Schüsseln zu befühlen, die sie nicht interessierten, während sie vor Eifer bebte, alles zu lernen, was ihr in dieser Frühlingswelt durch Berühren und Beriechen begegnete?

In diesem Augenblick, hier im Garten stehend, fällte Annie plötzlich die Entscheidung, die Helen Keller vor dem Schicksal bewahren sollte, so wie Laura Bridgman und manch andere Behinderte ein Käfig-Dasein zu führen: Sie warf alle ihre vorher gefassten Pläne in Bezug auf reguläre Unterrichtsstunden über Bord. Von nun an sollte es für Helen keine festgesetzten Zeiten mehr geben, zu denen sie an einem kleinen Tisch sitzen musste, um bestimmte Wörter zu lernen, oder andere immer gleich bleibende Arbeiten zu verrichten. Sie sollte kommen und gehen und spielen dürfen, ohne eine Ahnung davon zu haben, dass sie damit etwas Wichtiges tat. Sie sollte lernen, indem sie einfach nur lebte!

«Diese neue Methode wirkt sich vortrefflich aus», berichtete Annie Mrs. Hopkins einige Tage später. «Helen kennt jetzt die Bedeutung von mehr als hundert Wörtern, und täglich lernt sie neue dazu, ohne zu ahnen, welch schwierige Aufgabe sie meistert. Sie lernt, weil sie nicht anders kann, so wie ein Vogel das Fliegen lernt.» (Annie fuhr fort zu berichten, wie sie Helen das Spiel «Such den Fingerhut» beigebracht hatte. An jenem Morgen hatte sie einen Keks versteckt.) «Überall suchte sie ohne Erfolg und fing an zu verzweifeln, als ihr plötzlich ein Gedanke kam. Sie stürzte auf mich zu und hieß mich meinen Mund weit zu öffnen. Als sie auch dort keine Spur von dem Keks entdeckte, deutete sie auf meinen Magen und buchstabierte ‹essen›?»

Sie verbrachten fast den ganzen Tag im Freien, eine glückliche Lehrerin und eine entzückte Helen; die Kellersche Plantage im Frühling – wenn alle Knospen sich zu duftenden Blüten öffneten, wenn jeden Tag neue Kälber, Küken und junge Hunde das Licht der Welt erblickten – war ein herrlicher Ort für ein kleines Mädchen, dessen Geist und Seele auch darum kämpften, geboren zu werden.

Das Kind war verwundert und gespannt, als Annie sie ein Ei in der Hand halten und fühlen ließ, wie das Küken sich piepsend herauspickte.

Und erst das kleine Ferkel! Annie fragte sich, was wohl die würdigen Damen Mrs. Howe und Mrs. Hopkins – überhaupt alle ihre Bostoner Bekannten – denken würden, wenn sie sehen könnten, wie sie versuchte, ein quiekendes, zappelndes Ferkel festzuhalten, während Helen es von der Schnauze bis zum Schwanz befühlte und fragte: «Ist kleines Ferkel in Ei gewachsen? Wo sind viele Eierschalen?»

Eines Morgens, als Annie ihren allwöchentlichen Bericht an Mrs. Hopkins schrieb, kam Helen in großer Aufregung in ihr Zimmer gestürzt und buchstabierte «Hund – Baby …», hielt fünf Finger in die Höhe und saugte an ihnen. Annie glaubte zuerst voller Entsetzen, einer der Hunde habe Mildred verletzt, aber Helens strahlendem Gesichtsausdruck nach konnte das nicht der Fall sein. So folgte sie ihr die Treppe hinunter und über den Rasen zum Pumpenhaus, wo Helen aufgeregt in einer Ecke neben einer der Setterhündinnen und ihren fünf neugeborenen Jungen niederkniete!

«Baby – Baby – Mutter Hund», wiederholte Helen immer aufs Neue.

Annie legte eine Hand des Kindes auf eines der Jungen und buchstabierte «Welpe», und Helen kreischte vor Entzücken, als sich die winzigen Geschöpfe zappelnd zur Mutter hinschlängelten. «Baby essen viel!»

Ihre forschenden Finger fanden heraus, dass die Augen der Welpen geschlossen waren. «Augen zu – schlafen ein.» Sie zeigte auf jedes der Jungen und hielt die Finger einer Hand in die Höhe. Annie buchstabierte das Wort «fünf». Offensichtlich dachte Helen über etwas nach, hob dann einen Finger und sagte: «Baby». Annie erriet, dass sie an Schwesterchen Mildred dachte. Sie buchstabierte: «Ein Baby und fünf Welpen».

Helen nickte. Nachdem sie eine Weile mit den Welpen gespielt hatte, fragte sie nach deren Namen.

«Frag deinen Vater», schlug Annie vor.

«Nein – Mutter!», buchstabierte Helen entschieden. Einer der Welpen war auffallend kleiner als die übrigen und Helen bemerkte «Klein–klein–». In ihrem Bemühen, genau auszudrücken, was sie meinte, runzelte sie die Stirn und wandte sich Hilfe suchend an Annie.

«Sehr klein», vermittelte Annie ihr das neue Wort. Helen begriff blitzartig: «sehr» war das Wort für den neuen Gedanken, der ihr gekommen war. Auf dem Rückweg zum Haus machte sie erst kleine Schritte und sagte: «Gehen klein», danach winzige Schrittchen: «Sehr klein». Sie suchte Mildred auf und bemerkte: «Baby klein. Welpen sehr klein.»

Es herrschte herrliches Frühlingswetter und Annie wanderte mit ihrem Zögling über Land, meistens zu Kellers Landungsplatz, einer während des Bürgerkrieges häufig benützten Hafenanlage, die jetzt verfallen und mit Moos und Gräsern überwachsen war. Annie zeigte dem Kind Pflanzen, Blumen und Bäume, erzählte ihr vom Tennessee-Strom und fing sogar Schmetterlinge für Helen. «Ich habe das Gefühl, dass ich erst jetzt richtig zu sehen anfange», sagte sie. Wenn sie von diesen Ausflügen zurückkehrten, war Helen zu Annies Freude immer eifrig bemüht, ihrer Mutter alles zu erzählen, was sie erlebt hatten. Auf diese Weise, schmerzlos und glücklich, entwickelte sich ihr Geist, entfalteten sich die Schwingen ihrer Fantasie.

Überhaupt war Helen erpicht darauf, mit jedem zu «sprechen», wohin sie auch ging. Nachdem sie erst einmal in «ihr menschliches Erbe, das der Sprache und Gedanken, wieder eingesetzt war» – wie sie selbst das später ausdrückte – und ihre Zornanfälle verschwunden waren, wurde sie ein freundliches, vergnügtes kleines Wesen, bereit, jeden den sie berührte, lieb zu haben, und danach bestrebt, anderen ihre Fingersprache beizubringen.

Selbst das Lesenlernen wurde zu einem Abenteuer. Mitte Mai nahm Annie Helen mit hinauf zu einem Sitz in einem hohen Baum in der Nähe des Hauses und lehrte sie das Alphabet in erhaben geprägten Buchstaben. Zunächst versuchte sie es mit Wörtern aus der Fibel, indem sie des Kindes Finger auf einzelne Wörter legte, doch dadurch geriet es sichtlich in Verwirrung. Daraufhin nahm sie das erhabene Alphabet vor, ließ Helen den Buchstaben «A» berühren und buchstabierte ihr das «A» gleichzeitig in die Hand. Diesen Zusammenhang begriff Helen sofort, und bald bewegte sie ihre Finger selbständig über die weiteren Buchstaben. Sie lernte alle an einem einzigen Tag. Dann ließ Annie sie das Wort «Katze» in der Fibel berühren und buchstabierte es. Helen war Feuer und Flamme. Sie bat um immer weitere Wörter und war von ihrem Lesebuch wie verzaubert. Eines Nachts entdeckte Annie, dass sie es sogar mit ins Bett genommen hatte. Auf ihre Frage am nächsten Morgen erklärte Helen: «Buch Angst – weinen viel. Mädchen nicht Angst. Buch schlafen mit Mädchen.»

Diese Lesebücher waren nicht in Braille. Dr. Howe, sonst so fortschrittlich gesinnt, hatte von Braille nichts gehalten. Er hatte ein eigenes System erfunden: «Boston Line Type», welches aus regulären erhabenen Buchstaben bestand, und viele Jahre lang wurde für alle vom Perkins-Institut gedruckten und in Umlauf gebrachten Bücher dieses System benutzt, obwohl William Bell Wait, Superintendent der New Yorker Blindenschule, eine etwas abgewandelte Art der Brailleschrift erfunden hatte. Ungefähr zu der Zeit, als Annie in das Perkins-Institut kam, hatte ein einfallsreicher blinder Lehrer dort ein eigenes Braille-System ausgearbeitet. Er taufte dieses sein Geisteskind «American Braille», während Mr. Wait seine Erfindung «New York Point» nannte. Annie konnte «American Braille», aber Braille-Lesebücher waren nicht zu haben gewesen, und so musste sie sich mit Fibeln in erhabenem Druck zufrieden geben, obwohl dieser schwieriger zu erlernen war.

Aber Helen brachte keine Geduld für die Fibeln auf, weil sie weder ihren eigenen Namen, noch die Namen der ihr bekannten Menschen enthielten, auch nicht die Wörter, die sie schon verwenden konnte, und so schickte Annie eine Liste aller dieser Wörter an Mr. Anagnos. Dieser gütige Mann ließ sie auf steife Pappstreifen drucken, die Annie und Mrs. Keller in einzelne Wörter zerschneiden konnten. Es wurde nun zum größten Vergnügen für das Kind, wenn sie z.B. den Namen «Helen» an ihr Kleid hefteten, die Wörter «ist auf dem Stuhl» an einem Stuhl befestigten und Helen darauf stellten; oder wenn sie den Namen «Mildred» am Baby befestigten und den Satz an der Wiege feststeckten. Als Annie solche Sätze in einen kleinen Rahmen schob, den sie für diesen Zweck hatte, pflegte Helen davor zu sitzen, jedes Wort liebevoll zu berühren und die Sätze mit den Fingern zu buchstabieren, wie ein anderes Kind sie laut sprechend wiederholt hätte. Und immer verlangte sie nach «mehr Wörtern – viel Wörtern».

Ohne sich abschrecken zu lassen von der Tatsache, dass Laura Bridgman erst nach einem Jahr vorbereitender Übungen von Dr. Howe für reif befunden wurde, lesen zu lernen, und dass man es allgemein für außerordentlich schwierig hielt, ein taubes Kind lesen zu lehren, dachte sich Annie einen Plan aus. Das übliche «Sieh die Katze. Die Katze kann rennen. Sieh die Katze rennen», war ihr viel zu albern. Helen sollte eine richtige Geschichte bekommen. Da sie ein lebhaftes Kind war und ständig in Bewegung, musste die Geschichte eine wirkliche Handlung haben!

Eines Tages fing Annie eine Maus und brachte sie sicher in einer Schachtel unter. Dann schob sie ihre Geschichte in den kleinen Rahmen, holte eine gutmütige Katze herbei und ließ sich mit Helen gemütlich am Tisch nieder. Ganz langsam ließ sie Helens Zeigefinger über die ersten Wörter gleiten: «Die-Katze-ist-auf-der-Schachtel» und legte gleichzeitig Helens freie Hand auf die Katze, die sich auf der Schachtel zusammengerollt hatte. Vor lauter Überraschung schnappte Helen nach Luft, und ihre Finger suchten eilig die nächste Zeile: «Eine Maus ist in der Schachtel. Die Katze kann die Maus sehen.» Tatsächlich, Helen konnte das spüren. Ein Ausdruck der Spannung huschte über ihr Gesicht.«Die Katze möchte die Maus essen.» Erst drei Wörter dieses Satzes waren Helen vertraut: «Katze-essen-Maus», dennoch fuhr sie entsetzt hoch und schüttelte heftig den Kopf. Mit sanfter Gewalt lenkte Annie den kleinen Finger die nächste Zeile entlang. «Lass die Katze nicht die Maus kriegen.»

«Nein, nein, nein!», sagte Helen, riss die überraschte Katze von ihrem Thron herunter und setzte sie auf den Boden. Dann bedeckte sie die Schachtel schnell mit ihrem Lese-Rahmen. Annie machte ihr deutlich, dass die Geschichte noch nicht zu Ende war. «Die Katze kann etwas Milch haben, und die Maus kann etwas Kuchen haben.» Würde sie diesen glücklichen Ausgang verstehen? Neue Wörter kamen darin vor, und Annie hatte absichtlich nicht innegehalten, um sie gleichzeitig zu buchstabieren. Sie passte genau auf, als die winzigen Finger über den letzten der erhaben geprägten Buchstaben verweilten. Dann strahlte Helens Gesichtchen plötzlich auf, sie umarmte ihre Lehrerin und gab ihr einen Kuss. Dann forderte sie: «Helen geben Katze Milch – Maus Kuchen?»

Die Reaktion hatte Annie erwartet. Fast die ersten und immer noch häufigsten Wörter von Helens Fingern waren «Helen geben» – «Helen geben Süßes» und «Helen geben Kuchen». Annie buchstabierte nun eine rasche Zustimmung auf die eifrige Frage und holte Milch und Kuchen.

Nachdem die Darsteller in dieser kleinen Geschichte ihre Erfrischungen erhalten hatten und Helen immer wieder versichert worden war, dass die Maus in Sicherheit sei, warf Helen sich in Annies Arme und verlangte, «mehr Wörter – viel Wörter!»

Lachend brachte Annie ihr das Wort «Geschichte» bei. Helen griff es bereitwillig auf, rief aber weiterhin nach:

«Mehr Geschichte – viel mehr Geschichte!»

Der große Kampf

Der liebliche Frühling Alabamas, den Annie so genossen hatte, ging Ende Mai in sengende Hitze über, unter der selbst die Südstaatler litten. «Diese Höllenhitze», schrieb Annie an Mrs. Hopkins, «versetzt uns alle in einen halbflüssigen Zustand.»

Besonders Helen bereitete allen große Sorgen. Das tatkräftige, robuste kleine Geschöpf wurde plötzlich nervös, reizbar und teilnahmslos während des Tages und fand in der Nacht keinen Schlaf. An einem unerträglich heißen Tag hatte sie alle ihre Kleider abgelegt und saß im Evaskostüm am Fenster, eine ihrer Fibeln in der Hand. Schließlich, die Sonne schien unbarmherzig herein, schloss sie das Fenster und als auch das ohne Wirkung blieb, suchte sie Annie und buchstabierte «Sonne ist böser Junge! Sonne muss zu Bett gehen!»

Einmal, als Annie sie bat, ihr ein Glas Wasser zu holen, schüttelte sie traurig den Kopf. «Beine sehr müde. Beine weinen viel.»

Ihre nervös eifrige Fingersprache im Verein mit ihrer Mattigkeit rief düstere Warnungen von Seiten einiger Verwandten und Freunde hervor: «Sie überanstrengte das arme Kind! Ihr Verstand ist viel zu rege! Sie sollten sie vom Denken abhalten!»

«Die gleichen Leute, die noch vor wenigen Monaten annahmen, sie habe überhaupt keinen Verstand», bemerkte Annie sarkastisch. «Immerhin ist wohl noch keiner auf die Idee gekommen, sie zu chloroformieren. Sobald sie morgens erwacht,

Helen Keller und Anne Sullivan

Charles Chaplin besucht Helen Keller (Mitte) und Anne Sullivan (rechts) in Hollywood

Helen Keller «horcht»
auf die Töne
eines Klaviers

Helen Keller liest ein Buch in Blindenschrift

fängt sie auch schon zu buchstabieren an und fährt den ganzen Tag über damit fort. Wenn ich nicht mit ihr sprechen will, so buchstabiert sie in ihre eigene Hand und scheint die lebhaftesten Unterhaltungen mit sich selbst zu führen!»

Um das Kind mit Hilfe einer spannenden Beschäftigung ruhig zu halten, gab Annie ihr die Braille-Tafel zum Spielen. Sie legte einen Bogen steifen Papiers unter den Holzrahmen mit dem beweglichen Metallstab, in den viele Löcher gebohrt waren. Dann drückte sie ihr den Griffel in die Hand und zeigte ihr, wie sie die Spitze des Griffels in die verschiedenen Löcher stecken sollte, wodurch auf der anderen Seite des Papiers kleine Höcker erschienen. Helen nickte zum Zeichen, dass sie verstand, und machte sich daran, diese Höcker, die sie fühlen konnte, herzustellen. Zufrieden, dass ihr eine Beschäftigung eingefallen war, durch die Helens Verstand nicht «überanstrengt» würde, fuhr Annie mit ihrem eigenen Briefeschreiben fort.

Eine halbe Stunde später zupfte Helen an ihrem Ärmel. «Brief – Postamt –», buchstabierte sie und zeigte auf das mit Braille-Punkten übersäte Papier.

Annie starrte sie an. «Brief?», wiederholte sie ungläubig. Wie konnte das Kind eine Vorstellung davon haben, was ein Brief war? Sie hatte doch Helen nur gelegentlich zum Postamt mitgenommen und erklärt, dass sie «Briefe an Mrs. Hopkins und die blinden Mädchen» schickte, aber das war alles.

«Was hat Helen in dem Brief gesagt?», fragte sie.

«Frank», buchstabierte sie den Namen eines abwesenden Verwandten. «Viel Wörter. Welpen Mutter Hund fünf. Baby weinen. Heiß. Helen gehen – nein. Erdbeeren sehr gut. Frank kommen. Helen küssen Frank, Teacher stecken Brief in …», ihr fehlte das richtige Wort, aber in ihrer Zeichensprache machte sie anschaulich, was sie meinte, indem sie ihren «Brief» faltete, ihn in einen Umschlag steckte und siegelte. «Jetzt gehen Postamt?»

Annie betrachtete ihre Schülerin nahezu ehrfürchtig. Dies war der 2. Juni, nicht ganz zwei Monate, nachdem die Wasser-Episode im Pumpenhaus die Tür zu Helens Geist aufgestoßen hatte. Und schon bildete sie ganz selbständig nicht nur zusammenhängende, wenn auch unvollständige Sätze, sondern bewies darüber hinaus auch noch, dass ihr Denkvermögen ein Stadium erreicht hatte, wo sie genau verstand, was ein Brief war, und was mit ihm zu geschehen habe! Ganz abgesehen davon wäre der Brief, den sie zustande gebracht hatte, eine sehr beachtliche Leistung für jedes normale Kind ihres Alters gewesen!

Nachdem sie Helen davon überzeugt hatte, dass Nancy, ihre geliebte Lumpenpuppe, nach ihr verlangte, kehrte Annie zu ihrem Brief zurück, und mit fliegender Feder berichtete sie Mrs. Hopkins von Helens «Brief». Sie zögerte, als sie ihren Namen darunter setzen wollte und fuhr dann fort:

«Und nun möchte ich Ihnen etwas mitteilen, das nur für Ihre Ohren bestimmt ist. Eine innere Stimme sagt mir, dass ich über alle meine Träume hinaus Erfolg haben werde. Bestünden nicht einige Umstände, die diesen Gedanken höchst unwahrscheinlich, ja widersinnig machen würden, so möchte ich glauben, Helens Erziehung werde an Interesse und Wunderbarkeit sogar Dr. Howes Leistung übertreffen. Ich weiß, Helen hat beachtliche Fähigkeiten, und ich glaube, dass ich sie zu entwickeln und auszubilden im Stande bin. Ich kann nicht sagen, auf welche Weise ich zu dieser Überzeugung gelangt bin. Noch vor kurzem hatte ich keine Ahnung, wie ich vorgehen sollte. Ich tappte vollständig im Dunkel. Aber jetzt weiß ich es, und ich weiß, dass ich es weiß.»

Klang das überheblich? Annie meinte es nicht so. Sie biss sich auf die Lippen und war versucht, diese Zeilen wieder durchzustreichen. Noch vor einer Woche hatte ihr Brief aus einer einzigen Klage bestanden, dass sie ungeeignet sei für ihre Arbeit, dass zusammenhanglose Ideen in dunklen Winkeln ihres Gemütes durcheinander wirbelten, dass sie selbst ebenso dringend eines Lehrers bedürfe wie Helen! Aber Mrs. Hopkins kannte Annie und würde wissen, dass dies keine Prahlerei war, sondern eine vertrauliche Mitteilung, dass sie nun einen gangbaren Weg vor sich sah und das Gefühl einer sicheren Führung hatte. Und so beendete sie ihren Brief:

«Schon erregt Helen allgemeines Interesse. Sie ist ein außergewöhnliches Kind, und das Interesse der Menschen an ihrer Erziehung wird auch außergewöhnlich sein ... Ich werde Ihnen immer rückhaltlos über alles schreiben, aber nur unter einer Bedingung: Sie müssen mir versprechen, meine Briefe niemandem zu zeigen. Meine kostbare Helen soll nicht zu einem Wunderkind gemacht werden, wenn ich das verhüten kann.»

Da das Wetter weiterhin zu heiß zum Spazierengehen war, beschloss Annie, Helens Begeisterung für Briefe zu benützen, um ihr das Schreiben beizubringen. Aber sie fing nicht mit der Brailleschrift an. Ihr ganzes Leben lang war Annie Sullivan von der leidenschaftlichen Überzeugung beseelt, dass die Blinden kein abgesondertes Leben führen sollten. Helen als blindes Kind lebte inmitten ihrer sehenden Verwandten und Freunde. Gespräche mussten mittels des Fingeralphabets geführt werden, zum Lesen war Braille oder erhaben geprägter Druck vonnöten. Doch wenn Helen – wie Annie sich erhoffte und wünschte – ein normales Leben führen und Umgang mit normalen Menschen haben sollte, so würde sie natürlich im Laufe der Zeit mit Menschen in Kontakt kommen, von denen nicht zu erwarten war, dass sie ihre Fingersprache oder Braille erlernten. Also musste sich ein Weg finden lassen, der sie in die Lage versetzte, von gewöhnlichen Menschen verstanden zu werden. Die Antwort darauf war die Quadratschrift, die der Druckschrift ähnelte, mit Bleistift geschrieben wurde, und auch im Perkinsschen Institut gelehrt worden war.

Als sie das notwendige Material zusammensuchte, zogen

trübe Erinnerungen durch ihr Gemüt. Wie hartnäckig hatte sie sich doch in den Tagen ihrer eigenen Blindheit gegen das Erlernen und Ausüben dieser Schrift gewehrt! Keine der Schülerinnen hatte Gefallen daran gefunden – es macht keine Freude, etwas herzustellen, was man nicht selbst begutachten und bewundern kann –, aber die meisten Blinden lernen sie gerne, weil sie mit ihrer Hilfe im Stande sind, private Briefe zu schreiben. Da Annie keine Freunde hatte – und auch nicht erwartete, jemals welche zu haben – die sich über Briefe von ihr freuen würden, waren diese Schreibübungen für sie und ihre Lehrer zur Qual geraten.

Konnte sie das Schreibenlernen für Helen erfreulich oder wenigstens schmerzlos gestalten?

Sie holte das Kind zu dem kleinen Tisch, den sie aufgestellt hatte und sagte, sie wolle «Helen beibringen, Briefe wie Teacher zu schreiben». Sie legte einen Finger des Kindes auf das «C» des Alphabet-Streifens mit den erhaben geprägten Druckbuchstaben und machte gleichzeitig mit ihren Fingern die Bewegungen für «C». Dann lenkte sie die kleine Hand zu der Schreibtafel mit ihren eingeritzten Linien, gab Helen den Bleistift und machte ihr begreiflich, sie solle das «C», das sie gefühlt hatte, nun mit dem Bleistift zwischen die eingeritzten Linien schreiben. Helen betrachtete das als ein neues Spiel und zappelte vor Freude. Sehr schnell lernte sie sieben dieser Quadratbuchstaben, saß stundenlang an ihrem Schreibtisch und fühlte mit dem linken Zeigefinger, um zu kontrollieren, dass sie die Buchstaben genauso formte und in die richtigen Abstände brachte, wie Annie ihr es gezeigt hatte. Einige Tage später brachte sie mit Unterstützung von Annie den Satz hervor, «Katze trinkt Milch», und strahlend vor Freude über ihre Leistung brachte sie ihn ihrer Mutter, die ihn buchstabieren musste.

Beim Anblick dieser sinnvollen, lesbaren Wörter, geschrieben von dem Kind, das noch vor wenigen Wochen in hoffnungsloser Einsamkeit gefangen war, kamen Mrs. Keller die

Tränen. Ihre tiefe innere Bewegung muss sich Helens Fingern mitgeteilt haben, denn in deren Gesicht malte sich sowohl Traurigkeit wie Verblüffung. «Helen böse? Mutter weinen!»

Am 17. Juni verfasste Helen triumphierend ihren ersten Brief an ihre Kusine Anna. Die Wörter, ohne große Anfangsbuchstaben, liefen ineinander über, ohne jede Zeichensetzung, aber es war eindeutig ein Brief!

«helen write anna george will give helen apple simpson will shoot bird jack will give helen stick of candy doctor will give mildred medicine mother will make mildred new dress» (helen schreiben anna george wird helen apfel geben simpson wird vogel schießen jack wird helen zuckerstange geben doktor wird mildred medizin geben mutter wird mildred neues kleid machen).

Selbst als ein «herrliches Gewitter» die Hitzewelle gebrochen hatte und Helen wieder sie selbst war – kräftig und tatendurstig –, nahm ihre Begeisterung, mit der sie «Brief wie Teacher» schrieb, sogar noch zu. Vielleicht ahnte sie, dass sie hiermit das Gleiche zu tun vermochte wie auch die anderen Menschen. Schon lange, ehe Annie gekommen war, hatte Helen gespürt, dass sie anders war als ihre Familie und deren Freunde. Sie war sich dessen bewusst, dass diese weder Zeichen machten, noch Fingersprache benützten, noch sich ihren Weg ertasteten. Sie hatte auch die Briefe, die Annie an Mrs. Hopkins schrieb, befühlt und wusste, dass da keine Höcker zu fühlen waren wie in den «Briefen an die blinden Mädchen». Vielleicht begriff sie, dass das Schreiben mit Bleistift ein Verbindungsglied darstellte zwischen ihr und den Menschen, die sehen und hören konnten. Außerdem hatte Helen einen großen Vorteil gegenüber den Kindern des Perkinsschen Instituts: Schreiben stellte für sie niemals eine reguläre Unterrichtsstunde dar – etwas, das sie zu einer bestimmten Zeit tun musste, gleichgültig ob sie Lust dazu hatte oder nicht. Für sie bedeutete es ein reines Vergnügen. Vielleicht ist der Grund für

Helen Kellers hervorragende Leistungen darin zu suchen, dass sie während der ersten beiden Jahre ihrer Erziehung nicht merkte, dass sie «erzogen» wurde. Sie besaß die ungeteilte Aufmerksamkeit von Teacher, und Teacher hatte die Einsicht und die Fantasie, sich über Regeln und Routine hinwegzusetzen. Lernen bedeutete niemals Aufgabe und Arbeit für die kleine Helen Keller, sondern Spaß und Abenteuer.

Wenn sie und Teacher auf einen Baum kletterten und die Blüten und Blätter befühlten, wenn sie eine Blume in der Hand hielt, über die Teacher sprach, wenn sie ihre Lieblings-Kaninchen und Tauben fütterte, oder mit Kieselsteinen einen Damm am Ufer des Tennessee baute, oder die köstlichen kleinen Geschichten las, die Annie für sie erdachte und in den Leserahmen schob, dann war ihr bewusst, dass sie und Teacher eine herrliche Zeit miteinander hatten; was sie hingegen nicht wissen konnte, war, dass dies der Anfang eines Ringens war, welches Annie durch Jahre hindurch kaum zu Atem kommen ließ, des großen Kampfes, alle Hindernisse zu überwinden und Helen all das beizubringen, dessen sie bedurfte und was sie wissen wollte!

Niemals fand ihr Wissensdurst ein Ende! Eines Tages schickte ihr Onkel, der Arzt James Keller, ihr einen Brief und lud sie ein, ihn in Hot Springs zu besuchen. Helen freute sich sowohl über den Brief als auch über die Einladung, fasziniert jedoch war sie von dem Namen Hot Springs, und sie stellte so viele Fragen, dass Annies spärliches Wissen über heiße Quellen bald zu versagen drohte.

Kalte Quellen, deren es mehrere in der Gegend von Tuscumbia gab (Tuscumbia war das indianische Wort für «Große Quelle»), kannte Helen, aber verwunderlich war ihr, dass heißes Wasser aus der Erde heraufkommen konnte!

«Wer macht das Feuer unter der Erde? Ist es wie Feuer im Ofen?» Vergeblich zermarterte Annie ihr Hirn, das bisschen Geologie, das sie gelernt hatte, zusammenzukratzen, und so klang ihre Antwort – einige Steine ganz tief unten in der Erde seien so heiß wie der Küchenofen – wenig überzeugend.

«Verbrennt heißes Wasser die Wurzel von Pflanzen und Bäumen?», verlangte Helen als Nächstes zu wissen. Annie versicherte ihr, dass das nicht der Fall sei.

«Warum?»

Frage auf Frage, bis ihr schließlich keine weiteren mehr einfielen, und Annie erleichtert seufzte, als Helen in die große Diele hinaustrabte, wo ihre Mutter mit Nähen beschäftigt war, und sich anschickte, ihr den Brief «vorzulesen». Sie kannte ihn auswendig, hielt ihn feierlich vor ihre eigenen Augen, so wie Annie das getan hatte, und buchstabierte einen Satz nach dem anderen. Nachdem ihre Mutter sie umarmt und gelobt hatte, buchstabierte sie «Lesen Brief Mildred» und eilte davon, um ihr Schwesterchen zu suchen. Unterwegs begegnete sie der Setterhündin Belle und zog diese mit sich fort. Sie fand Mildred auf dem Boden sitzend und kauerte sich neben sie; Annie und Mrs. Keller schauten belustigt von der Tür aus zu. Helen sah sehr ernst aus, als sie vorzulesen begann. Dann fühlte sie, dass Belle gähnte und wurde ärgerlich. Als Mildred versuchte, ihr den Brief fortzunehmen, stieß sie sie weg. Belle stand leise auf und versuchte sich fortzuschleichen, aber Helen packte sie am Genick und nötigte sie, sich wieder hinzusetzen. Dann tastete sie auf dem Fußboden nach dem Brief. Er war weg! Wahrscheinlich hatte sie Mildred im Verdacht, denn sie stieß den leisen Ton aus, der ihr «Baby Ruf» war und stand dann sehr still, um die Vibrationen der kleinen Füße wahrzunehmen. Als sie festgestellt hatte, aus welcher Richtung sie kamen, eilte sie geradewegs auf die kleine Sünderin zu und entdeckte, dass sie an dem kostbaren Brief herumkaute! Das war zu viel für Helen! Sie riss den Brief an sich und schlug heftig auf die Babyhände ein. Annie und Mrs. Keller eilten zu Hilfe. Als Mildreds Jammergeschrei verklungen war, zog Annie Helen an sich und fragte: «Was hast du Baby getan?»

Helen sah ganz besorgt aus, zögerte und sagte dann:

«Böses Mädchen tat essen Brief. Helen tat sehr böses Mädchen schlagen.»

Annie gab ihr einen Kuss. «Aber Mildred ist noch sehr klein und wusste wirklich nicht, dass es unrecht sei, Helens Brief in den Mund zu stecken.»

«Ich tat sagen Baby nein, nein, viele Male!», war Helens Antwort. Helen schüttelte den Kopf. «Baby nicht denken. Helen will geben Baby schönen Brief.» Damit wandte sie sich ab und rannte die Treppe hinauf. Wenige Minuten später kehrte sie mit einem sauber gefalteten Papier zurück, auf das sie, wie Annie sehen konnte, einige Wörter geschrieben hatte. Sie drückte es in Mildreds dicke Händchen und buchstabierte ihrer Mutter: «Jetzt Baby kann essen alle Wörter!»

Merkwürdigerweise interessierte sie sich besonders für Dinge, die sie nicht anfassen konnte, wie z.B. die Schrift in dem Brief. Wenn sie spazieren gingen oder ausritten, verlangte sie immer zu wissen: «Was sieht Teacher?» Nach der Rückkehr von einem Besuch bei ihrer Großmutter in Huntsville schien ihr eindrucksvollstes Erlebnis der Ritt auf einen Berggipfel gewesen zu sein. Annie hatte ihr erzählt: «Die Wolken berühren die Berge so sanft wie schöne Blumen.» Als Helen ihrer Mutter den Ritt beschrieb, fragte sie sie, ob sie nicht gern «sehr hohen Berg und Wolkenmützen» sehen wolle. Und sie entwickelte ein leidenschaftliches Interesse für Farben. Sie hatte eines Tages in einem ihrer Lesebücher das Wort «braun» gefunden und fragte natürlich nach dessen Bedeutung. Annie versuchte es zu erklären und fügte hinzu, dass ihr Haar braun sei, woraufhin Helen sofort wissen wollte: «Ist braun sehr schön?» Danach verlangte sie durch das ganze Haus zu gehen und die Farben aller Dinge, die sie berühren konnte, zu erfahren. Als Annie ihr sagte, Mildreds Augen seien blau, fragte sie: «Sind sie wie winzige Himmel?»

Als alles im Haus Erreichbare berührt war, wollte sie sogleich weiter zu den Scheunen und Hühnerställen hinausgehen, aber Annie sank erschöpft in eine Hängematte.

«Teacher ist sehr müde», erklärte sie, «Helen muss bis zum nächsten Tag warten, um zu den Scheunen zu gehen.»

Das Kind war zerknirscht, ließ sich aber trotzdem ganz vergnügt neben Annie nieder und gab auch jetzt keine Ruhe.

«Welche Farbe hat Denken?», war eine der erholsamen Fragen, mit denen sie Annie bombardierte.

Ende Juli fing Annie an, Helen die Brailleschrift zu lehren. Nachdem sie diese im Prinzip verstanden hatte, freute sie sich, nun auch selbst das lesen zu können, was sie geschrieben hatte. Inzwischen beherrschte Helen bereits vier Alphabete: das Fingeralphabet, die Quadratschrift mit Bleistift, die erhaben geprägten Buchstaben und Braille. Braille zu schreiben ist am schwierigsten, da es von rechts nach links, in umgekehrter Reihenfolge der Buchstaben geschrieben werden muss, damit die Braille-Höcker – wenn das Blatt zum Lesen umgedreht wird – in der richtigen Reihenfolge erscheinen. Wahrhaftig keine geringe Leistung für ein Kind, das gerade erst seinen siebten Geburtstag gehabt hatte! Sie würde nun auch bald in Braille rechnen lernen müssen!

Aber ihre Tage bestanden nicht ausschließlich aus Arbeit. Im November nahm man Helen in einen Zirkus mit, und – wie Annie später berichtete – sie amüsierten sich alle köstlich. Die Zirkusleute freuten sich über Helens Besuch und gestatteten ihr großzügig, überall hinzugehen, soweit keine Gefahr bestand. Sie fütterte die Elefanten und durfte auf dem größten, der «Oriental Princess», reiten, während das Tier rund um die Manege trottete. Sie streichelte einige Löwenjungen und erklärte dem Wärter: «Ich will die Löwenjungen nach Hause mitnehmen und ihnen beibringen, sanft zu sein.» Sie schüttelte die Pfote eines riesigen schwarzen Bären und hatte ihren Spaß mit den Affen. Annie schrieb:

«Ein schlauer kleiner Kerl stahl ihr Haarband, ein anderer

versuchte, die Blumen von ihrem Hut zu reißen. Ich weiß nicht, wer am meisten Spaß hatte, die Affen, Helen oder die Zuschauer.»

Einer der Leoparden leckte ihr die Hand, und der Giraffenwärter hob sie hoch, damit sie den langen Hals befühlen konnte, auch den griechischen Kampfwagen durfte sie befühlen, und der Wagenlenker wollte sie um die Manege fahren, aber sie hatte «Angst vor vielen schnellen Pferden!»

Alle Reiter, Clowns und Seiltänzer ließen sie ihre Kostüme anfassen, und Helen gab jedem einen Kuss.

Aber der Höhepunkt jenes ersten Jahres sowohl für Annie wie die Kellers war Weihnachten, das erste Weihnachten, das Helen mit ihren sieben Jahren wirklich bewusst miterlebte. In den vergangenen Jahren hatte sie natürlich gemerkt, dass irgendetwas Aufregendes in der Luft lag – sie und Martha Washington mussten bei dem Vorbereiten der Früchte und Nüsse für den großen Kuchen mithelfen und durften alle möglichen Schüsseln auskratzen –, aber das Ganze hatte für sie doch nur aus köstlichem Duft und Geschmack bestanden. Dies aber, dies war das erregendste Ereignis, das sie je erlebt hatte, voller Geheimnisse und Wunder. Das ganze Haus war durchdrungen von einer solch freudigen Aufregung und Erwartung, dass das Kind vor Wonne bebte. Mit halb buchstabierten Sätzen, die gerade im richtigen Augenblick abgebrochen wurden, versetzte die Familie sie in Entzücken. Seit Wochen schon hatten Annie und Helen über Weihnachten gesprochen, und Annies sämtliche Geschichten hatten von Weihnachten gehandelt. Helen verstand zwar nicht alles, was da Neues und Seltsames über Weihnachten gesagt wurde, aber Annie enthielt sich allzu genauer Erklärungen; das gehörte zum Wunder der Weihnacht.

Helen wurde auch zu der Weihnachtsfeier der Schulkinder von Tuscumbia eingeladen. Annie ging mit ihr hin, weil sie überzeugt davon war, dass Helen so viel wie möglich mit normalen Kindern zusammen sein sollte. Einige der Mädchen hatten gelernt, sich mit ihr zu unterhalten, und ein kleiner Junge, so alt wie sie, buchstabierte seinen Namen.

Dieser erste Weihnachtsbaum, den Helen erlebte, gab ihr viele Rätsel auf: «Wer machte Baum im Haus wachsen? Wer tat viele Sachen an Baum? Warum?» Der Schmuck und die Päckchen missfielen ihr, und sie wollte sie abnehmen, aber Annie versicherte ihr, es sei ein sehr schöner Baum, und die Päckchen seien Weihnachtsgeschenke für die Kinder. Einer der Lehrer schlug vor, dass Helen die Geschenke verteilen solle, und als Annie ihr das erklärte, hüpfte sie vor Freude. Auch für Helen gab es einige Päckchen, die sie auf einen Stuhl legte und erst öffnen wollte, wenn alle Geschenke verteilt waren. Ein Kind hatte weniger Geschenke als die anderen erhalten, und Helen bestand darauf, die ihrigen mit ihm zu teilen.

Helen befand sich in einem solchen Taumel der Begeisterung, dass sie nur mit Mühe zur Heimkehr zu bewegen war, als die Feier zu Ende ging, die um neun Uhr früh begonnen und bis ein Uhr mittags gedauert hatte. Annie fühlte sich völlig erschöpft, Kopf, Augen und Finger taten ihr weh, Helen aber war quicklebendig.

Als sie am Weihnachtsabend zu Bett ging, zitterte sie vor Erwartung. Annie versuchte sie zu beruhigen, indem sie bemerkte, dass Sankt Nikolaus zu solchen, sonst braven, kleinen Mädchen nicht käme, die zu lange wach blieben und während der Nacht mehrmals aufstünden, um nachzusehen, ob etwas mit ihren Strümpfen geschehen sei. (Helen hatte vorsichtshalber zwei aufgehängt.) Woraufhin Helen prompt ihre Augen fest zudrückte und antwortete: «Er wird denken Mädchen schläft!»

Endlich kam der Weihnachtsmorgen, und eine kleine Gestalt ertastete sich ihren Weg von einem Zimmer ins andere, weckte jedes Familienmitglied und buchstabierte ihr erstes «Fröhliche Weihnachten! Fröhliche Weihnachten!»

Sie rannte zum Kamin, griff nach den Strümpfen und schnappte nach Luft vor Freude, als sie entdeckte, dass beide gefüllt waren. Strahlend tanzte sie im Zimmer umher, bis ihr plötzlich ein ernüchternder Gedanke kam, sie zu Annie lief und fragte: «Tat Sankt Nikolaus denken, zwei Mädchen leben hier? Tat er machen Fehler? Wird er kommen und Geschenke wegnehmen, wenn er herausfindet?»

«Nein, nein», lachte Annie, «Sankt Nikolaus weiß genau Bescheid über dich. Das ist alles für Helen Keller!»

Nicht nur die Strümpfe waren gefüllt; überall stieß sie auf Überraschungen, auf dem Fußboden, auf dem Tisch, sogar auf dem Fensterbrett. Helens eifrige Hände entdeckten einen Puppenkoffer mit vielen neuen Kleidern für Nancy, und sie bemerkte: «Ich werde schreiben viele Briefe und danken Sankt Nikolaus sehr viel.»

In der Spitze eines der Strümpfe fand sie einen goldenen Ring, den sie sich so sehr gewünscht hatte. «Mrs. Hopkins gab ihn Sankt Nikolaus für dich mit», sagte Annie.

«Ich tue lieben Mrs. Hopkins!», war Helens begeisterte Antwort. Das Kind konnte kaum einen Schritt tun, ohne auf immer neue, in buntes Papier gewickelte Überraschungen zu stoßen, aber als Annie zum Schluss ihr eigenes Geschenk brachte, einen Käfig mit einem Kanarienvogel darin, kannte Helens Jubel keine Grenzen.

«Wenn du beim Füttern sehr behutsam bist, wird er dich mit der Zeit lieb gewinnen und sich auf deine Schultern oder deine Finger setzen.»

«Und ich will ihn viele Dinge lehren.» Helen berührte den Käfig zärtlich.

Köstliche Düfte der feiertäglichen Gerichte südstaatlicher Kochkunst durchzogen das Haus, das mit üppigen Dekorationen festlich geschmückt war. Aber Annie erriet aus der Art und Weise, wie sowohl Captain wie Mrs. Keller Helen beobachteten, dass schmerzliche Erinnerungen an frühere Weihnachtsfeste sie bewegten, als Helen stumpf und dumpf inmitten aller Fröhlichkeit gesessen hatte, und dass ihr glückliches Gesichtchen heute das schönste Geschenk war, das sie jemals erhalten hatten.

Fast wie wenn eine unausgesprochene Botschaft sie erreicht hätte, wandte sich Annies Blick Mrs. Keller zu, die leise etwas zu ihrem Mann sagte. Dann kamen beide zu ihr, die mit Helen zusammensaß, hinüber. «Miss Annie», sagte Helens Mutter weich, «ich danke Gott jeden Tag meines Lebens dafür, dass er Sie zu uns geschickt hat, aber erst heute morgen wurde mir so richtig deutlich, welch ein Segen Sie für uns sind.»

Helens Vater ergriff ihre Hand. Wie immer, wenn starke Gefühle ihn bewegten, konnte er nur wortlos den Kopf schütteln und allein sein kraftvoller Händedruck und seine Augen drückten aus, was er sagen wollte.

Ich denke!

Es ist nicht bekannt, wann oder weshalb Annie den Entschluss fasste, mit Helen zusammen in das Perkinssche Institut zurückzukehren, aber sehr bald, nachdem Helens atemberaubende Reaktion auf ihren Unterricht deutlich in Erscheinung trat, muss sich dieser Gedanke in ihr festgesetzt haben. Vielleicht spielte auch mit, dass Annies ungestümes und ungeduldiges Temperament, diese Mischung aus Irland und Neu-England, sich nicht mit dem traditionell bedingten schlafferen Wesen des Südens abfinden konnte. Tatsache jedoch war, dass Helens Eifer, in ihrer neu gefundenen Welt alles kennen zu lernen, so groß war, dass sich Annies kleiner Vorrat an Unterrichtsmaterial von vornherein als unzureichend erwies. Sie brauchte Bücher für sich selbst, sie brauchte erhaben gedruckte und Braille-Bücher für Helen, sie brauchte das alles schnell, aber im Süden konnte sie das Nötige nicht bekommen.

Zwar war Mr. Anagnos bereit, ihr zu schicken, was immer sie erbat, aber dieser freundliche Mann, so großzügig und bereitwillig er auch war, konnte schlechterdings nicht alle Bücher und alles Spezialmaterial, über das das Perkinssche Institut verfügte, für den Gebrauch eines einzigen kleinen blinden Mädchens nach Tuscumbia schicken!

Wahrscheinlich hatte Annie auch noch weitere Argumente im Sinn: In der Schule, in der Laura Bridgman lebte, würde Helen mit Kindern zusammenkommen, die ihre eigene Fingersprache «sprachen», und ein jedes Hilfsmittel für den

Unterricht blinder Kinder würde ihr zu Verfügung stehen. Selbst wenn sie nur wenige Monate dort blieben, und Helen nicht einmal als reguläre Schülerin aufgenommen würde, hätte sie dort Möglichkeiten und könnte Erfahrungen machen wie nirgends sonst. Vielleicht mochte Annie auch flüchtig der Gedanke an Dr. Bradford durch den Sinn ziehen, in dessen Nähe sie in Boston wäre, und der den Zustand ihrer eigenen Augen kannte und zu behandeln wusste. Der grelle Glanz der sommerlichen Sonne auf den roten Boden Alabamas und ihre ständige Bereitschaft, auf Helens zunehmend schneller werdende Fingersprache einzugehen, bedeutete für Annies Augen eine stärkere Belastung, als sie je zugeben würde.

Welches ihre Gründe auch gewesen sein mögen, ihre Hoffnungen und Träume von Boston und ihre Geschichten über die Herrlichkeiten des Perkins-Institutes müssen in ihren Gesprächen mit Helen zum Ausdruck gekommen sein, denn bereits im September 1887 schrieb Helen, in ihrer kraftvollen Quadratschrift, mit Feuereifer an ihre unbekannten Freunde in der Schule:

«helen and teacher will come to see little blind girls helen and teacher will go in stream cars to boston helen and blind girls will have fun blind girls can talk on fingers helen will see mr. anagnos mr. anagnos will love and kiss helen.»

(helen und teacher wird kommen zu besuchen kleine blinde mädchen helen und teacher wird fahren in dampfwagen nach boston helen und blinde mädchen werden spaß haben blinde mädchen können fingersprache helen wird mr. anagnos sehen mr. anagnos wird helen gern haben und küssen.)

«mr. anagnos» war von warmer Freude über Annies Erfolg und die Fortschritte ihrer Schülerin erfüllt. Er bat sie, für den Jahresbericht 1887 des Perkins-Instituts einen Beitrag über Helens Erziehung zu schreiben. Annie machte Einwendungen. Sie beteuerte, dass sie nichts Wesentliches zu sagen habe. In Wirklichkeit hatte sie ihre ganze Körper- und Geisteskraft im Übermaß dafür eingesetzt, Helen dabei zu helfen, sich aus dem tapsigen, halbwilden Geschöpf, das sie im März vorgefunden hatte, in das intelligente, reizende und glückliche Kind zu verwandeln, das Helen im Laufe der Monate geworden, so dass sie das Empfinden hatte, weder Zeit noch Sehvermögen für das Aufschreiben vergangener Dinge übrig zu haben.

Captain Keller jedoch war anderer Meinung. Abgesehen davon, dass er Helens stolzer Vater war, konnte er als Herausgeber einer Zeitung vor seinem geistigen Auge eine wahrhaft großartige Geschichte erblühen sehen!

«Meine liebe Miss Annie, ich stimme mit Ihrem Mr. Anagnos überein. Ich glaube, es ist Ihre Pflicht, auch andere an Ihren Erfahrungen teilnehmen zu lassen. Ein Bericht über Helens wunderbare Rettung könnte sich auch für andere behinderte Kinder segensreich erweisen.»

Zögernd gab Annie schließlich nach, aber das Schreiben dieses Berichtes bereitete ihr große Mühe, und Helen wunderte sich über die vielen Bogen zerrissenen und zerknüllten Papiers, die sich an jenem Tag um Annies Stuhl herum aufhäuften!

«Wenn ich mich niedersetze, um zu schreiben, frieren meine Gedanken ein. Und wenn sie dann auf dem Papier stehen, sehen sie aus wie eine Reihe hölzerner Soldaten», jammerte Annie, «und wenn sich zufällig ein lebendiger darunter befindet, stecke ich ihn in eine Zwangsjacke!»

Im Januar wurden Annies Aufzeichnungen, die keineswegs hölzern waren, veröffentlicht, zusammen mit einer grimmigen Fotografie von – wie Mr. Anagnos sagte – «der reizenden Helen mit ihrer berühmten Lehrerin», auf der die einundzwanzig Jahre alte Annie wie eine steife Matrone von vierzig aussieht, und die sonst so strahlende Helen ein mürrisches, stumpfes Kind zu sein scheint!

Aber Captain Keller hatte Recht gehabt. Es war eine großartige Geschichte! Der Teil des Berichts, der sich auf Helen bezog, wurde in fast allen Zeitungen und Zeitschriften abgedruckt, besprochen oder zitiert. Er fesselte das Interesse vieler Menschen in ganz Amerika und England. Sie schlossen das kleine Mädchen aus Alabama in ihr Herz. Und es war keine kurzlebige Sensation! Von nun an machte Helen Keller von sich reden.

Ohne die geringste Ahnung davon zu haben, dass sie über den engeren Kreis ihrer Familie und der Personen in der Schule hinaus bekannt war, lernte Helen inzwischen voller Freude, ein natürliches kleines Mädchen zu werden. Und sie konnte auch ganz normal ungezogen sein. Annie hatte ihr nur mit großer Mühe abgewöhnen können, ihre Großmutter zu zwicken. Und eines Tages, als sie, sich selbst überlassen, Schreiben übte, stieg ihr der Duft von frischen Kokosnussplätzchen in die Nase. Sie folgte dem Duft bis zum Büfett im Esszimmer, wo eine Platte mit winzigen Plätzchen für erwartete Gäste bereitstand. Tief befriedigt, und den köstlichen süßen Geschmack noch im Mund, saß sie wieder vor ihrer Schreibtafel, als Annie wie ein Wirbelwind über sie herfiel und kräftig auf die diebischen Hände schlug.

Einmal sollte sie einem Onkel einen Brief schreiben und hatte es sich in den Kopf gesetzt, das nicht mit Bleistift zu tun.«Ich will Onkel Frank Braille-Brief schreiben», teilte sie Annie mit.

«Aber Onkel Frank kann Braille nicht lesen», entgegnete Annie. «Ich will ihn lehren», entgegnete sie fest. Annie versuchte ihr klarzumachen, dass Onkel Frank zu alt sei, um Braille zu lernen.

«Ich denke, Onkel Frank ist zu alt, um sehr kleine Briefe überhaupt zu lesen», kam die blitzschnelle Antwort.

Schließlich gelang es Annie, sie mitleidig mit Onkel Frank zu stimmen, und sie verfasste einen sehr kurzen Brief, wobei die Spitze ihres Bleistiftes sechsmal abbrach!

«Du bist ein sehr ungezogenes Mädchen», sagte Annie, als

sie ihr den Bleistift zum sechsten Mal anbrachte, aber Helen schüttelte liebenswürdig den Kopf. «Nein», buchstabierte sie, «Bleistift sehr schwach!»

Einmal ereignete sich etwas derart Komisches, dass Annie und Mrs. Keller einen geradezu hysterischen Lachanfall bekamen. Helen hatte erfahren, dass sie auf einen Ausflug mitgenommen werden sollte und beschloss, sich für diese Gelegenheit «fein zu machen». Sie holte ihr schönstes Kleid heraus, machte ihr langes Haar tüchtig nass, suchte nach dem Haaröl ihres Vaters, salbte sowohl ihr Haar wie ihr Gesicht damit und beendete diese Toilette, indem sie über das Ganze großzügig Puder streute. Daraufhin präsentierte sie sich voller Stolz ihrer Mutter und Teacher und verkündete fröhlich, dass sie für den Ausflug fertig sei! Kate und Annie warfen einen fassungslosen Blick auf die verschmierte kleine Gestalt, dann fielen sie einander in die Arme und lachten, bis ihnen die Tränen kamen.

Im März, auf seiner Rückreise von Florida, besuchte Mr. Anagnos die Kellers und lud Mrs. Keller ein – was Annie sehnlichst erhofft hatte –, mit Annie und Helen im späten Frühjahr einen Besuch im Perkinsschen Institut zu machen. Es war der erste bedeutende Besucher, den Helen empfing. Viele Menschen waren von dem Kind beeindruckt, aber Mr. Anagnos als Direktor einer berühmten Blindenschule konnte beurteilen, was für ein Wunder sich in einem kurzen Jahr abgespielt hatte. Annie jedoch bereitete ihm Sorgen, sie arbeitete zu intensiv und lebte in ständiger Anspannung. Sie hauchte Helen buchstäblich ihre eigene Lebenskraft ein. Nach seiner Rückkehr ins Institut schrieb er ihr einen Brief, der wohl einer der verständnisvollsten und zartesten gewesen sein dürfte, den sie je erhalten hat:

«Es bereitet mir beträchtliche Sorge, dass Sie sich überarbeiten, und ich ersuche Sie dringend, ja, ich verlange von Ihnen, dass Sie bis zum ersten Juni nicht mehr tun, als unumgänglich notwendig ist ... Denken Sie immer daran, dass, wenn Sie zusammenbrechen, weder Helen noch Ihnen gedient ist. Wir wünschen uns, dass Sie heil und gesund zu uns kommen. Ich bitte Sie, schenken Sie dieser ernsten väterlichen Ermahnung Beachtung, denn sie kommt unmittelbar aus meinem Herzen.»

Kellers hielten den Mai für die günstigste Zeit, dieser Einladung nachzukommen, und mit Eifer stürzte Annie sich in ihre Vorbereitungen. Nicht einmal sich selbst gegenüber hatte sie bis dahin einzugestehen gewagt, wie sehr sie unter Heimweh gelitten hatte. Nun aber nach Boston zurückzukehren, vertraute Menschen wieder zu sehen wie Miss Mary Moore und Mr. Anagnos, und mit der lieben Mrs. Hopkins wieder zusammen zu sein ... Hier in Tuscumbia hatte sie keine Gelegenheit gehabt, Freundschaften zu schließen; und selbst wenn Gelegenheit dazu gewesen wäre, Annie zuckte mit den Achseln, Freunde hätte sie kaum gefunden. Eine eigenartige Angelegenheit war diese Ritterlichkeit des Südens. Jedermann war freundlich und höflich ihr gegenüber, aber dabei blieb es. Nur Kate Keller war ihre Freundin geworden, zwischen ihnen bestand wirkliche, tiefe Zuneigung, im übrigen aber klaffte ein Abgrund zwischen den Südstaaten-Aristokraten und dem irischen Mädchen, das gegen Entgelt Arbeit verrichtete. Ein Südstaatler hatte sogar einmal in Annies Anwesenheit die Bemerkung gemacht, dass er lieber sterben würde als zuzusehen, wie seine Töchter ihren Lebensunterhalt verdienten!

An dem Tag, als Annie zu packen begann, kam Helen in ihr Zimmer. Ihr Gesichtchen glühte vor Aufregung, und als sie entdeckte, dass Annie ihre Kommoden-Schubladen entleerte, begann sie umherzutanzen. «Teacher macht Kleider und alles fertig für Koffer nach Boston?»

«Ja!», antwortete Annie und umarmte sie stürmisch.

«Mutter macht mir schöne neue Kleider für Boston», buchstabierten die kleinen Finger aufgeregt, «und ich werde schön aussehen, wenn ich Mr. Anagnos und die kleinen blinden Mädchen treffe! Teacher wird mein Haar in schöne

Locken legen, und ich und kleine blinde Mädchen werden Spaß haben. Ich und kleine blinde Mädchen werden in die Schule gehen!»

«Ich und kleine blinde Mädchen werden in die Schule gehen», war ein immer wiederkehrender Satz in Helens Sprache und in ihren Briefen, und er bedrückte Annies Herz. So fröhlich das Kind auch war – ob sie wohl, ohne zu wissen, *dass* sie etwas vermisste, instinktiv die Gemeinschaft mit Gleichaltrigen und den normalen Schulalltag vermisste?

Helen hüpfte leichtfüßig durch das Zimmer und mit fliegenden Fingern buchstabierte sie vor sich hin: «Boston! Boston! Boston!»

Und auch Annie, die ihr zusah, wiederholte leise «Boston! Boston!» Boston – für Helen bedeutete das eine Reise ins Wunderland, und für Annie Zuhause, soweit sie je eines gekannt hatte.

Als sie schließlich im Zug saßen, der sie nach Norden trug, stieß Annie, von tiefer Zufriedenheit erfüllt, einen Seufzer der Erleichterung aus. Ihre Blicke begegneten denen Mrs. Kellers, und sie lachte ein wenig. «Ich muss gerade an meine andere Eisenbahnfahrt denken», gestand sie, «als ich nach Tuscumbia kam. Mein Billett war eine derartige verfilzte Sache, dass ich fast an jeder Station umsteigen musste. Den Beamten, der es mir verkauft hat, hätte man aufhängen sollen. Und von Baltimore ab machten mir meine dicken wollenen Kleider zu schaffen, und meine Augen taten weh, und ich dachte immerzu über Helen nach, ob sie wohl – ob ich –»

Verständnisvoll beugte Mrs. Keller sich vor und berührte Annies Knie mit ihrer behandschuhten Hand. «Ich verstehe! Oh, ich verstehe gut! Auch ich habe ja eine schicksalsschwere Reise gemacht, wie Sie wissen, als mein Mann und ich Helen zu Dr. Chisholm nach Baltimore brachten. Und dann weiter zu Dr. Bell –.» Sie war den Tränen nahe, ihre Stimme stockte, und diesmal streckte Annie eine mitfühlende Hand aus. «Der

Tag, an dem er uns empfing – und – und sagte, Helen sei ein prächtiges, intelligentes Kind und sei durchaus lernfähig, das war die erste Ermutigung für uns, seitdem Helen krank geworden war. Und deswegen werden wir diesmal in Washington Station machen. Ich möchte, dass er sieht, was aus ihr geworden ist – und diejenige sieht, die dieses Wunder vollbracht hat: Sie, Miss Annie!»

Glücklicherweise zupfte Helen in diesem Augenblick an Annies Ärmel. Auch für sie war es diesmal eine andere und fröhlichere Reise. Vor zwei Jahren war sie ein unruhiges, verständnisloses kleines Geschöpf gewesen, das ständig die Aufmerksamkeit aller Mitreisenden beanspruchte; aber diesmal, geistig rege und lebhaft fragend, genoss sie jeden Augenblick der Fahrt: die rollende Bewegung der Räder, die seltsamen, aufregenden Gerüche, die Schwarzen, die durch den Zug gingen und verlockende Süßigkeiten und Popcorn verkauften, das freundliche Interesse der Mitreisenden und die pausenlose Bereitschaft ihrer Mutter und Lehrerin, ihr alles zu beschreiben, was durch die Wagenfenster zu sehen war. Weder Annie Sullivan noch Kate Keller konnten ahnen, dass es dem Kind vom Schicksal bestimmt sein würde, im späteren Leben alle Teile der Welt zu bereisen, aber bereits auf dieser ersten großen Reise zeigte sich die freudige Aufgeschlossenheit, die dem geborenen Reisenden eigen ist.

Es war ein umfangreiches Programm, das die drei sich vorgenommen hatten. Helens Onkel, Dr. James Keller, hatte Captain Keller von einem großen Ärzte-Kongress in Cincinnati erzählt, den er aufsuchen wollte. Es stand kaum zu erwarten, dass irgendeiner der berühmten Spezialisten etwas für des Kindes Augen oder Ohren würde tun können. Die Eltern hatten sich inzwischen damit abgefunden, dass Helen Gesicht und Gehör versagt waren, aber Mrs. Keller war bereit, ihren Schwager in Cincinnati aufzusuchen, um ganz sicher zu gehen, dass keine irgend mögliche Chance für das Kind versäumt würde.

Die ärztlichen Untersuchungen bestätigten, dass Helen nie einen Lichtschimmer sehen noch je wissen würde, was ein Ton ist, – aber keiner konnte ihr fröhliches Gesicht sehen, ihre lebhaften Bemerkungen hören, die von ihrer Mutter oder Annie übersetzt wurden, und erklären, sie sei «hoffnungslos».

«Sie übt eine starke Anziehungskraft auf Menschen aus», meinte Annie. Wahrscheinlich , weil sie an allem und jedem so lebhaft interessiert ist. Niemand kommt auf den Gedanken, sie zu bemitleiden.»

Einer der Ärzte bemerkte sogar zu Dr. Keller: «Ich würde alles dafür geben, dieses kleine Mädchen immer um mich zu haben.»

Überrascht und belustigt sah Annie sich in die Lage versetzt, erfahrenen und berühmten Ärzten Auskunft darüber zu geben, auf welche Weise sie Helen die Bedeutung von abstrakten Begriffen wie Glück, Güte, Liebe verständlich gemacht hatte.

«Es erscheint mir merkwürdig, dass die Leute sich über etwas wundern, was im Grunde so leicht ist. Es ist doch genauso einfach, die Bezeichnung für einen Begriff, wie die Bezeichnung für einen Gegenstand klarzumachen. Gibt man einem Kind etwas Süßes, und es bewegt die Zunge und leckt sich die Lippen, wobei es das Wort süß hört oder in die Hand buchstabiert bekommt, so wird es dieses Zeichen rasch mit dem Gefühl verbinden. Und ebenso, wenn man ihm ein Stückchen Zitrone auf die Zunge legt, und es die Lippen zusammenzieht und die Zitrone ausspuckt, und man bezeichnet das als sauer, so wird es sich dieses Symbol zu eigen machen. Hätte man diese Empfindungen schwarz und weiß genannt, so würde es diese Wörter genauso bereitwillig angenommen haben. Auf die gleiche Weise lernt das Kind seine Gefühle und unsere Bezeichnungen dafür kennen: gut, schlecht, sanft, grob, glücklich, traurig. Es kommt nicht in erster Linie auf das Wort an, sondern auf die Fähigkeit, das Gefühl wahrzunehmen.»

Sie hielt inne, erschrocken über ihre eigene Kühnheit. Wie

konnte sie es wagen, diesen Ärzten einen Vortrag zu halten. Aber die Gesichter der um sie versammelten Männer waren achtungsvoll, aufmerksam und interessiert. Ein Gefühl der Verwunderung durchfuhr sie. Hier bin ich, ein kleines unwissendes Ich, und setze den weisen Männern aus Ost und West solch einfache Dinge auseinander! Sie atmete tief und fuhr fort.

«Bald nach meiner Ankunft zerbrach Helen eine Puppe, die sie sehr liebte. Sie begann zu weinen, und ich sagte ‹Teacher ist traurig›. Nach einigen weiteren solchen Erfahrungen konnte sie das Wort mit ihrem Gefühl verbinden. Wenn sie etwas gut machte oder mir gehorchte, sagte ich ‹Teacher ist glücklich› und ließ sie das Lächeln auf meinem Gesicht befühlen. Das Wort ‹Liebe› lernte sie wie andere Kinder auch, durch Assoziation.»

Sie verbrachten eine herrliche Woche in Cincinnati, und Helen tat es Leid, abreisen zu müssen, obwohl sie nun in das wunderbare Boston fahren würde.

Annie fürchtete sich vor dem Aufenthalt in Washington. Sie schreckte vor der Vorstellung zurück, dem berühmten Dr. Alexander Graham Bell zu begegnen, dem Erfinder, Wissenschaftler und Lehrer der Gehörlosen. Übermächtig war in ihr das Bewusstsein ihrer Herkunft, ihrer Unreife und all der Benachteiligungen, die sie immer erfahren hatte. Warum nur bestand Mrs. Keller darauf, dass sie sie und Helen bei diesem Besuch begleiten sollte?

Sie war überzeugt, dass man ihr ansehen würde, wie unbeholfen und bedrückt sie sich fühlte, aber sie hatte noch keine halbe Stunde bei Dr. Bell verbracht, als sie von einer bisher ungekannten Empfindung ergriffen wurde. Das so bedrückende Minderwertigkeitsgefühl, das sie oft ausfallend werden ließ, war verschwunden. Jahre später sagte sie, dass Dr. Bell die glückliche Fähigkeit habe, anderen Menschen das Gefühl zu verleihen, mit sich selbst in Einklang zu sein.

Wieder saß Helen auf den Knien des Mannes, der den

Anstoß dazu gegeben hatte, dass Helen aus ihrer Nicht-Welt befreit wurde, in der sie bei dem letzten Besuch vor zwei Jahren noch gelebt hatte. Und wieder erlebte das Kind, dass dies jemand war, der sie verstand und gern hatte. Das lag nicht nur an dem Spielzeug-Elefanten, den er ihr an jenem Tag schenkte, sondern etwas an dem Mann selbst bewirkte, dass Helen ihn ihr Leben lang verehrte. Sie war überrascht und entzückt, als sie entdeckte, dass er «sehr schnell mit den Fingern sprechen konnte» und Dr. Bell staunte über ihr Ausdrucksvermögen und ihre Kenntnisse.

«Ihre Leistungen haben nicht ihresgleichen im Bereich der Taubstummen-Erziehung», meinte er. Und das war keine übertriebene Schmeichelei. Dr. Bell wusste, was er sagte, denn er entstammte einer Familie, die schon in der zweiten Generation Taubstummen-Unterricht erteilte. Als sie ihn verließen, wusste Annie, dass sie einen Freund gewonnen hatte, auf dessen Verständnis und Hilfe sie bauen konnte.

Sie hatten eine wunderschöne Reise gehabt und ihre Tage in Cincinnati und Washington genossen. Doch Boston und das Perkins-Institut – nun, für Annie bedeutete es Zuhause, und für Helen war es ein Eintauchen in ihr ureigenstes Element. Hier lebte Mrs. Hopkins, die ihr zu Weihnachten den Ring geschickt hatte, die das Haus betreute, in dem Teacher gewohnt hatte, und die so gut zu Teacher gewesen war. Hier lebte Miss Mary Moore, die Lehrerin, die Teacher so gern hatte. Hier lebte auch der nette Mr. Anagnos, der Mutter, Teacher und Helen in das Institut eingeladen hatte, der ihr die Bücher und Geschichten schickte, die sie selbst lesen konnte. Er freute sich so, sie zu sehen! Aber das Schönste von allem: Hier lebten alle die «blinden Mädchen», denen sie das ganze Jahr über Briefe geschrieben hatte! Sie alle scharten sich um sie, umarmten und küssten sie und *sprachen* mit ihr – ja, sie konnten alle mit den Fingern sprechen! Sie hatte das natürlich schon vorher gewusst, doch nie so ganz glauben können! Und es war herrlich! Bis jetzt hatte sie nur Mutter und Lehrerin gehabt, mit denen sie reden konnte. Und, ja, einige der Familie «konnten ein bisschen langsam sprechen», aber eigentlich hatte sie doch bisher wie eine Fremde in fremdem Land gelebt, die mit den Menschen nur mit Hilfe eines Dolmetschers reden konnte, aber die blinden Mädchen beherrschten die Fingersprache fast so flink wie sie. Eines überraschte sie zuerst, und das war seltsamerweise die Tatsache, dass alle Mädchen ihre Finger auf die ihren legten, wenn sie buchstabierten. Sie wusste zwar, dass die Mädchen blind waren, wie sie selbst, aber irgendwie hatte sich die Vorstellung in ihr festgesetzt, dass, da sie hören konnten, sie auch ein wenig sehen müssten. Die Entdeckung, dass die anderen auch im Dunkeln lebten wie sie selbst, bekümmerte Helen zunächst, aber die Mädchen gaben sich so frei und glücklich, dass sie das bald vergaß.

Bereits am ersten Tag wurde Helen in die Gemeinschaft der «blinden Mädchen» völlig mit einbezogen, und sie fühlte sich ganz und gar zu Hause. Sie führten sie in die Turnhalle und zeigten ihr sportliche Spiele. Sie nahmen sie in ihre Klassenräume mit und begeistert befühlte Helen die erhaben ausgeführten Landkarten und die vielen Bücher. Sie zeigten ihr ihre Perlenarbeiten und wie man in Ton modelliert. Und selig war sie über die Schaukeln, in dem hohen, mit wildem Wein bewachsenen Laubengang.

Annie nahm sie in den großen Rundbau des Hauptgebäudes mit, führte sie über die glatten Steine des Mosaikfußbodens und beschrieb ihr dessen Muster und Farben; sie führte sie zu dem riesigen, in einem festen Holzgestell hängenden Globus mit seinen erhabenen Umrissen der Länder und Meere. Schnell erklärte sie ihr den Globus und ließ Helens Hände darüber gleiten. Wissbegier, Staunen und Ernst malten sich auf ihrem Gesicht, als Annie den Globus unter ihren Fingern kreisen ließ. Eine lange Minute stand sie ganz still, ehe sie fragte: «Wer hat die richtige Erde gemacht?»

Und weiter gingen sie in die verheißungsvolle Bibliothek. Helen nickte, als ihre Finger die ausgestopften und ihr schon bekannten Tiere und Vögel identifizierten; rasch buchstabierte sie deren Namen und lernte schnell viele neue. Unbeschreiblich war ihre Freude dann über die Bücherei selbst. Als sie begriff, dass es da Hunderte von Büchern gab, entweder in erhabenem Druck oder in Braille, umarmte sie glückselig ihre Mutter und Annie. Sie ging um den ganzen Raum herum, befühlte liebevoll ein Buch nach dem anderen und suchte sich die Wörter heraus, die sie kannte.

Sie waren am 29. Mai angekommen, zu einer Zeit, in der Mr. Anagnos sich mitten in den Vorbereitungen für das Programm einer Schlussfeier befand, was in diesem Jahr eine schwierige Aufgabe darstellte. Aufgrund einer Reorganisation der einzelnen Jahrgangsklassen hatten keine Abschluss-Examen stattgefunden, und daher konnte auch keine Examensfeier veranstaltet werden. Überdies war der Kindergarten wegen des Ausbruches von Scharlach geschlossen worden, so dass auch der übliche Beitrag der Kleinen für die Schlussfeier entfiel. Jedoch hatte sich der einfallsreiche Mr. Anagnos ein Programm ausgedacht, das außer den üblichen Ansprachen berühmter Leute und Darbietungen des Schulorchesters noch Beiträge von Schülern, Demonstrationen in Braille-Lesen und mündlichem Rechnen enthalten sollte.

Dann kam ihm ein genialer Einfall: so viele Menschen hatten ihr Interesse an der unglaublichen Geschichte der kleinen Helen Keller bekundet. Was für ein Kind war das? War sie tatsächlich so hervorragend, wie berichtet wurde? Nun, Helen war hier in der Schule, warum sollte sie sich nicht an den Beiträgen beteiligen und selbst zeigen, was sie konnte?

Als er Mrs. Keller fragte, erklärte sie sich durchaus einverstanden, sofern Annie zustimmte, was diese auch tat. Sie verabscheute die Vorstellung, dass Helen ein «Wunderkind» werden könnte. Aber vielleicht würde es übertriebene Berichte zurechtrücken, wenn Helen selbst an den Leseübungen teilnahm, und die Menschen sehen konnten, was sie leistete.

So saß Annie zwei Jahre, nachdem sie eine heftig zitternde Festrednerin gewesen war, wiederum auf der Bühne von Tremont Temple, diesmal an der Seite ihrer bereits berühmten Schülerin. Während die Finger ihrer linken Hand über die Seiten mit erhabenem Druck glitten, buchstabierte Helen die Wörter mit ihrer rechten Hand in die Luft und Annie übersetzte sie für die Zuhörer. Der ganze Vorgang vollzog sich so rasch, dass es schien, als lese Annie langsam laut vor. Einer der Reporter äußerte, dass man den Verlauf der Geschichte beinahe an dem lebhaft wechselnden Mienenspiel Helens ablesen könnte, und dass jede ihrer Bewegungen voller Anmut sei. Das Publikum war begeistert.

Ehe die Schule für die Sommerferien schloss, machte Annie mit Helen einen besonderen Besuch bei Laura Bridgman. Von allen Geschichten Annies über das Leben im Perkins-Institut waren Helens Lieblingsgeschichten die von Laura Bridgman, die so viel Ähnlichkeit mit Helen hatte. Beide hatten blaue Augen und braunes Haar. Beide waren in ihrer frühen Kindheit sehr krank gewesen und dadurch blind und taub geworden. Helen war sechseinhalb Jahre alt, als Teacher kam, und Laura war im gleichen Alter, als Dr. Howe sie aufnahm. Teacher kannte Laura. Laura hatte Teacher das Fingeralphabet beigebracht. Sie hatte sogar die Kleider für die Puppe genäht, die Teacher ihr von den blinden Mädchen mitgebracht hatte. Und stets hatte Teacher versprochen, sie zu einem Besuch bei Laura Bridgman mitzunehmen.

Als der große Tag kam, fanden Annie und Helen Laura Bridgman am Fenster ihres Zimmers sitzen. Sie erkannte Annie sofort und freute sich sehr. Annie stellte ihr Helen vor, und Laura gab ihr einen Kuss, aber als Helen ihre forschenden Hände ausstreckte, um die Spitze, die Laura häkelte, zu befühlen, riss diese sie heftig an sich und buchstabierte: «Ich fürchte, deine Hände sind nicht sauber!» Wie gewohnt, wollte Helen Laura «anschauen», doch die Frau wich zurück. Sie buchstabierte zu Annie hin: «Du hast ihr nicht beigebracht, höflich zu sein!» und zu Helen: «Du darfst nicht so vorlaut sein, wenn du bei einer Dame Besuch machst!»

Derart zurückgewiesen, ein wenig bestürzt, und wahrscheinlich von dem Wunsch beseelt, Laura aus dem Weg zu gehen, setzte Helen sich auf den Fußboden. Aber Laura riss das Kind wieder hoch und buchstabierte mit Nachdruck: «Du darfst dich nicht auf den Fußboden setzen, wenn du ein sauberes Kleid anhast, du wirst es beschmutzen. Du musst noch viel lernen!»

Annie sah, dass dieser Besuch kein Erfolg war. Helen war zu lebhaft für diese so abgeschirmt lebende Frau. Sie sagte, dass sie gehen müssten. In ihrem Eifer, ihre Gastgeberin zum Abschied zu küssen und dann gehen zu dürfen, trat Helen unglücklicherweise auf Lauras Fuß, worüber diese wieder äußerst ungehalten war. Viele Jahre später schrieb Helen bedauernd über diesen Besuch: «Sie flößte mir das Gefühl ein, das böse kleine Mädchen aus dem Sonntagsschulbuch zu sein.»

Eine von Kate Kellers teuersten Erinnerungen an diese Zeit betraf den Tag, an dem sie, Annie und noch einige andere Miss Moulton, die Vorsteherin des Perkinsschen Instituts, besuchten. Miss Moulton zeigte ihnen ein Geschenk, das sie bekommen hatte, einen seltsamen Gegenstand, an dem sie alle herumrätselten, bis Helen ihn befühlte, zögerte, ihn wieder untersuchte und schließlich «Limonade» buchstabierte!

Sie bat um ein Trinkglas, legte den Gegenstand darauf, und plötzlich war es jedem klar – es handelte sich um eine neue Art von Zitronenpresse!

«Wie konntest du das wissen, Helen?», fragte ihre Mutter.

Als Antwort berührte Helen ihre Stirn und buchstabierte zweimal nachdrücklich «Ich – denke!»

Zu Beginn der Ferien beschloss Mrs. Keller, in den Süden

zurückzukehren, während Helen mit Annie den Sommer in Brewster bei deren mütterlicher Freundin Mrs. Hopkins verbringen sollte.

Mit ihren Geschichten von Strand und Meer hatte Annie das Kind fasziniert. Helen kannte Flüsse, Bäche und Quellen, doch nicht die Ufer des Meeres. Fröhlich krümmten sich ihre Zehen, als ihre bloßen Füße zum ersten Mal den warmen Sand berührten, und es kostete sie große Mühe still zu halten, während Annie ihr half, den Badeanzug anzuziehen. Dann endlich rannte sie, sich an Annies Hand fest haltend, den Strand hinunter und tanzte förmlich ins Wasser hinein. Das Gefühl der weich ihre Knöchel umspielenden Wellen entzückte sie, und sie wandte sich lachend zu Annie um, als sie gegen einen Stein stieß und kopfüber in eine anbrandende Woge stürzte. Es dauerte keine Minute, bis Annie mit ihren starken Armen das entsetzte und zappelnde kleine Geschöpf aus dem Wasser gehoben hatte und auf den tröstlich festen warmen Strand zurücktrug, aber es hatte lange genug gedauert, um Helen zu zeigen, dass sie es hier mit einer Gewalt zu tun hatte, die ihr alles rauben konnte – Luft, Kraft, Leben – alles zugleich. Sie umklammerte Annies Hals so fest, als wolle sie ihn nie mehr loslassen. Als sie schließlich wieder zu Atem kam und im Stande war zu denken, fragte sie empört: «Wer hat denn eigentlich das Salz in das Wasser getan?»

Erst nach einer Reihe von Tagen ließ sie sich davon überzeugen, dass das Meer dennoch ein guter Spielgefährte sein konnte. Zum ersten Mal hatte Helen Keller erfahren, was Furcht ist.

Durch Annies freundliches und verständnisvolles Zureden gelangte sie zu der Einsicht, dass das Meer Spaß machen kann, wenn man es mit Respekt behandelt, und ehe der Sommer zu Ende ging, war der Strand ihr liebster Spielplatz geworden.

Im eigenen Land

Zweifellos waren Annie und Helen sehr glücklich im Perkinsschen Institut, aber mit der Zeit stellte sich heraus, dass Helen bei weitem noch nicht den Einschränkungen und der Routine eines normalen Schulalltags gewachsen war. Sie wuchs zu schnell, geistig, in ihrem Gefühlsleben und auch körperlich, um, in ein Klassenzimmer gesperrt, in der einen Stunde ausschließlich Geographie und in der nächsten Mathematik studieren zu können. Das ging einfach nicht.

Ob Annie jemals gehofft oder geplant hatte, weiterhin mit Helen in der wohltuenden Atmosphäre des Perkins-Instituts zu bleiben, wo ihr jedes Hilfsmittel für den Unterricht zur Verfügung stand, wo sie auch erfahrene und wohlwollende Hilfe hatte, hat sie nie gesagt, aber sie sah ein, dass Helen noch nicht im Stande war, sich in ein normales Schulleben einzufügen.

«Sie verhält sich immer noch wie ein Kind in einem fremden Land, in dem alles neu und verwirrend ist», bekannte Annie eines Tages, als sie, Mrs. Hopkins und Fanny Marrett, eine der Lehrerinnen in der Abteilung der Mädchen, beisammensaßen. Sie blickte auf Helens nachdenkliches Gesichtchen; das Kind saß am Tisch über ihre Braille-Tafel gebeugt. «Vor allem muss sie noch bessere Sprachkenntnisse erwerben, und das ist immer ein geheimnisvolles und schwieriges Unterfangen für ein taubes Kind.»

«Aber sie lernt so schnell, wenn man bedenkt, dass sie nicht die Schule besucht!», versicherte ihr Mrs. Hopkins. «Erinnerst du dich an den Tag, als wir sie zum Bunker Hill Monument mitnahmen, und wie sie, kaum dass wir die Stufen hinuntergestiegen waren, verkündete, dass es zweihundertzweiundneunzig Stufen seien? Nur um zwei hatte sie sich geirrt. Und heute Morgen», erinnerte sich Mrs. Hopkins und lachte, «sagte ich, dass die Sohlen ihrer Schuhe sehr geschmeidig seien. Sie verbesserte mich. ‹Mrs. Hopkins hat Unrecht. Sohlen sind sehr biegsam.›»

Miss Marrett lachte laut auf. «Es war lustig, wie sie mir erklärte, ‹ich studiere Französisch und Deutsch und Latein und Griechisch!› Und als ich sie aufforderte, mir etwas in Französisch und Griechisch zu sagen, tat sie es doch wahrhaftig! Sie sagte ‹Se agapo› ist Griechisch und heißt ‹ich liebe dich›. ‹J'ai une bonne petite sœur› ist Französisch und heißt ‹ich habe eine gute kleine Schwester›. ‹Nous avons un bon père et une bonne mère› heißt ‹wir haben einen guten Vater und eine gute Mutter›. ‹Puer› heißt ‹Junge› auf Latein und ‹Mutter› heißt ‹Mutter› auf Deutsch. Ich will Mildred viele Sprachen lehren, wenn ich nach Hause komme.› Sie scheint eine ausgesprochene Leidenschaft für Wörter zu haben. Wie hat das alles angefangen?» «Im Juli traf sie eine junge Dame, die ihr erzählte, sie lerne im Gymnasium Latein», erinnerte sich Annie. «Helen wollte wissen, was Latein sei, und ich erzählte ihr, es sei eine Sprache, die die Menschen vor langer Zeit gesprochen hätten und buchstabierte ihr einige Wörter. Ich sagte ‹mensa› hieße ‹Tisch›, ‹pater› ‹Vater›, ‹mater› ‹Mutter›. Am nächsten Tag fragte sie: ‹Wo ist mein pater?› Dann befreundete sie sich am Strand von Brewster mit einer Deutschen, die ihr die französischen und deutschen Wörter beibrachte. Und seit wir von Brewster zurück sind und sie entdeckt hat, dass Mr. Anagnos Grieche ist, bittet sie ihn immerzu, ihr Griechisch beizubringen. Und sie kann sich jedes Wort merken, selbst wenn es nur einmal buchstabiert wird.»

«Wie den fremdländischen Namen von Mr. Anagnos' griechischem Freund, der im Juni hier war», fiel Mrs. Hopkins eifrig ein. «Du erinnerst dich, Fanny? Also, Helen traf ihn nur ein einziges Mal, und als sie Mr. Anagnos im September wieder sah, fragte sie ihn nach Francis Demetrios Kalothakes!»

«Es gibt da aber etwas, was mir Sorge bereitet», gestand Annie. «Ich habe es mir zur Regel gemacht, vollständige Sätze zu gebrauchen, aber im Gespräch lässt sie ganze Redewendungen weg. Sie müssen das bemerkt haben. Wenn ich etwas in der Hand habe, pflegt sie zu sagen ‹Was?› Oder wenn ich die Treppe hinaufsteige, fragt sie ‹Wohin – ?› Oder wenn ich spazieren gehen will, möchte sie wissen ‹Mit – ?›»

«Es ist eine wunderliche Angewohnheit», stimmte Mrs. Hopkins zu. «Aber ich würde mich nicht beunruhigen. Wahrscheinlich hat sie den Kopf voller Fragen, dass ihr einfach die Zeit fehlt, alle Wörter auch auszusprechen. Aber das kommt mit der Zeit! Du wirst schon sehen!»

Helen war von ihrem Stuhl geglitten, schob die Braille-Tafel und den Griffel vorsichtig zur Seite, fühlte nach den sorgfältig beschriebenen Blättern, stand dann still und streckte eine tastende Hand aus, während ihr Gesicht einen ängstlichen Ausdruck annahm. Es war Annie schon aufgefallen, dass ihr Sinn für Entfernung und Richtung nicht so scharf und genau ausgebildet war wie bei vielen anderen Blinden, und wenn sie sich an einem fremden Ort orientieren musste, irrte sie sich leicht. Annie streckte eine helfende Hand aus, und bei der vertrauten Berührung strahlte Helens Gesicht auf. Vertrauensvoll ging sie vorwärts, und Miss Marrett beugte sich nieder, um ihr einen Kuss zu geben.

«Dürfen wir lesen, was du geschrieben hast, Liebes?», buchstabierte sie in des Kindes Hand. Helen nickte vergnügt und tastete sich zu dem kleinen Schaukelstuhl, den Mrs. Hopkins für sie bereitgestellt hatte. In erreichbarer Nähe von Annies Knien ließ sie sich darin nieder, eine Hand in der von

Annie, und beugte sich in geradezu lauschender Haltung vor. Als Fanny Marrett den Brief laut vorlas, fragte sie ein oder zweimal «Du mögen? Mrs. Hopkins mögen?» Der Brief war an Mr. Morrison Heady gerichtet, einen Dichter, der in Normandy, Kentucky, lebte, der als junger Mann Gesicht und Gehör verloren hatte und sich, angeregt durch den Perkinsschen Jahresbericht, sehr für Helen interessierte.

«Mein lieber Onkel Morrie – ich denke, du wirst dich sehr freuen, einen Brief von deiner kleinen Freundin Helen zu bekommen, ich bin sehr glücklich, dir zu schreiben, weil ich an dich denke und dich gern habe. Ich lese schöne Geschichten in dem Buch, das du mir geschickt hast über Karl und sein Boot und Arthur und seinen Traum und Rosa und die Schafe.

Ich war in einem großen Boot. Es war wie ein Schiff. Mutter und Teacher und Mrs. Hopkins und Mr. Anagnos und Mr. Rodocanachi und viele andere Freunde fuhren nach Plymouth, um viele alte Dinge zu besichtigen. Ich will dir eine Geschichte über Plymouth erzählen. Vor vielen Jahren lebten in England viele gute Menschen, aber der König und seine Freunde waren nicht gütig und freundlich und geduldig mit den Menschen, weil der König nicht gern hatte, dass die Menschen ihm nicht gehorchten. Die Menschen gingen nicht gern zur Kirche mit dem König. Aber sie bauten gern hübsche kleine Kirchen für sich selbst.

Der König war sehr böse auf die Menschen, und sie waren traurig und sagten, wir wollen weggehen in ein fremdes Land und dort leben und sehr liebe Freunde und bösen König verlassen. So taten sie alle ihre Sachen in große Kisten und sagten Auf Wiedersehen. Sie taten mir Leid, denn sie weinten viel. Als sie nach Holland kamen, kannten sie dort niemanden; und sie konnten nicht wissen, worüber die Menschen sprachen, weil sie nicht Holländisch verstanden. Aber bald lernten sie einige holländische Wörter: Aber sie liebten ihre eigene Sprache, und sie wollten nicht, dass die kleinen Jungen und Mädchen sie vergessen und ulkiges Holländisch sprechen lernen. So sagten sie, wir müssen in ein neues fernes Land gehen und Schulen und Häuser machen und Kirchen und neue Städte. So taten sie alle ihre Dinge in Kisten und sagten Auf Wiedersehen zu ihren neuen Freunden und segelten fort in einem großen Schiff, um ein neues Land zu suchen. Die armen Leute waren nicht glücklich, denn ihre Herzen waren voller trauriger Gedanken, weil sie nicht viel über Amerika wussten. Ich denke, die kleinen Kinder müssen sich vor dem großen Ozean gefürchtet haben, denn er ist sehr stark und lässt ein großes Schiff schaukeln, und dann fallen die kleinen Kinder hin und verletzen sich den Kopf. Dann waren sie viele Wochen auf dem großen Ozean, wo sie nicht Bäume oder Blumen oder Gras sehen konnten, nur Wasser und den schönen Himmel, denn Schiffe konnten nicht schnell segeln damals, weil die Menschen nichts wussten über Maschinen und Dampf. Eines Tages wurde ein lieber kleiner Junge geboren. Sein Name war Peregrine White. Ich bin traurig, dass der arme kleine Peregrine jetzt tot ist. Jeden Tag gingen die Leute auf das Deck, um nach Land auszuschauen. Eines Tages war ein großes Rufen auf dem Schiff, denn die Leute sahen Land und waren voller Freude, weil sie sicher ein neues Land erreicht hatten. Kleine Mädchen und Jungen hüpften und klatschten in die Hände. Sie waren alle froh, als sie auf einen großen Felsen stiegen. Ich sah den Felsen in Plymouth und ein kleines Schiff wie die Mayflower und die Wiege, in der der kleine Peregrine schlief und viele alte Dinge, die in der Mayflower kamen. Würdest du gerne einmal Plymouth besuchen und viele alte Dinge sehen?

Nun bin ich müde und will mich ausruhen.

Mit vielen Grüßen und vielen Küssen, von deiner kleinen Freundin,

Helen A. Keller»

Nach Beendigung der Lesung blickten sich die drei Frauen verblüfft und staunend an und schauten dann in das erhitzte und eifrige Gesicht des Kindes vor ihnen. Ängstlich buchstabierte Helen wieder «Du es mögen?» Und Annie schloss sie fest in die Arme. Sie war froh, dass sie nicht sprechen musste – buchstabieren konnte sie gerade noch: «Das ist der beste Brief, den du bis jetzt geschrieben hast. Onkel Morrie wird sich sehr darüber freuen. Wie hast du das nur alles im Gedächtnis behalten?»

«Ich denke!» Mit der nun vertrauten Geste berührte Helen ihre Stirn.

«Allerdings denkt sie!», staunte Fanny Marrett, die sie immer noch ehrfürchtig betrachtete. «Wie machen Sie das, ihr so lebendig Geschichten beizubringen?»

Annie konnte nur den Kopf schütteln. Sie hatte Helen nicht Geschichte «beigebracht». An dem Tag des Ausflugs hatte sie ihr während der Fahrt nach Plymouth nur kurz von den Pilgervätern erzählt und von ihrer Landung, und nun, drei Monate später, kam das alles in diesem Brief wieder hervorgesprudelt, bereichert durch erstaunliche kleine menschliche Züge, die sie aus ihrer Fantasie hinzugefügt hatte! Kein Wunder, dass Mr. Anagnos ausrief: «Keine andere Schülerin der Schule hätte das in neunzehn Monaten erreichen können!»

Mit der Zeit sah Annie ein, dass Einzelunterricht für Helen das Beste sei, jedenfalls vorläufig noch. In ihrem Kopf jagte eine Frage die andere. Wenn sie zum Beispiel an einer Rechenaufgabe arbeitete, mochte es ihr einfallen zu fragen, wie viele Stufen der Treppenabsatz habe, oder wie viele Wörter ihr Buch enthielte. Einem anderen Kind hätte man sagen können: «Das braucht dich jetzt nicht zu kümmern. Konzentriere dich jetzt darauf, wie viel Äpfel in dem Sack des Kaufmanns sind.» Aber Helen Keller durfte man nicht auf später vertrösten. Unbeantwortete Fragen quälten sie. Ihr Verstand war zu schnell und scharf; nicht willkürlich abschweifend, sondern, wie Annie sich ausdrückte, suchend.

Ende November waren sie wieder zurück in Alabama, und den Winter und das zeitige Frühjahr hindurch arbeiteten sie langsam und stetig weiter, bis Helen allmählich lernte, sich an einen bestimmten Wechsel von Lernen und Spielen zu gewöhnen, bis ihre Tage in ein Gleichgewicht kamen und sie einem gesunden, gleichmäßigen Ablauf zu folgen vermochte. Sie hatte nun regelmäßige Unterrichtsstunden in Lesen, Schreiben, Rechnen, Geographie und Sprache. Dann aber, im Frühjahr, ereignete sich das Unglück, das aufzuhalten Annie sich so lange bemüht hatte. Ihre Augen versagten. Schon vor Jahren hatte Dr. Bradford sie gewarnt, sie dürfe die Augen nie überanstrengen. Aber wie hätte sie das machen sollen? Allein Helens Fingern zu folgen, die ihre Gedanken in unglaublicher Schnelligkeit ausdrückten (man hatte eine Geschwindigkeit von 80 Wörtern pro Minute ermittelt!) muss genügt haben, einen schwindlig zu machen. Hinzu kam natürlich noch die Aufgabe, den Unterricht des Kindes vorzubereiten, Helens wachsende Korrespondenz zu lesen und ihr alle die Bücher vorzulesen, die sie «hören» musste und wollte.

Es war alles andere als leicht, ständiger Gefährte eines Kindes zu sein, dem alles durch die Fingersprache übermittelt werden musste. Für Helen Keller war die Fingersprache so natürlich, wie anderen Menschen die normale Sprache. Sie sagte, dass sie sich der einzelnen Buchstaben ebenso wenig bewusst sei, wie andere sich ihrer beim Lesen bewusst sind. Doch einen großen Teil ihrer Zeit musste sie nur darauf verwenden, die Wörter in ihrer Handfläche entgegenzunehmen – und Annie hatte sie zu buchstabieren! Das war anstrengende Arbeit.

Laura Bridgman war durch besondere Lehrer unterrichtet worden, die sich nach jeweils einigen Monaten ablösten. Annie Sullivan aber war Helens ständige Gefährtin, die sie unterrichtete, mit ihr reiste, spielte, sie bei Tag beschäftigte, bei Nacht neben ihr schlief. Das alles stellte eine mörderische Beanspruchung von Annies Augen dar, und wenn Annies Augen versagten, lag sie immer buchstäblich darnieder. Im April 1889 forderte die unmenschliche Anstrengung ihren Tribut, und Captain Keller schickte einen angstvollen Brief an Mr. Anagnos, in dem er schrieb, dass Miss Annies Augen in einem bedenklichen Zustand seien und der Arzt gesagt habe, sie brauche die Behandlung durch einen Spezialisten und einen Urlaub von einigen Monaten.

Der Brief erreichte Mr. Anagnos, als er selbst gerade mit Krankheit und Schmerzen zu kämpfen hatte. Er antwortete Captain Keller, dass er die Unterbrechung von Annies Arbeit mit Helen sehr bedaure, und dass er einen Ersatz für den Sommer gefunden habe, eine Miss Eva Ramsdell, die vielleicht, falls notwendig, Annies Stellung auf Dauer übernehmen könnte und am 20. Mai in Tuscumbia eintreffen würde. Er fügte hinzu, dass er das Institut im Mai verlassen würde, um ein Jahr ins Ausland zu reisen.

Helen erlebte Annies Weggehen wie einen wirren und angstvollen Traum. Aber als der Tag des Abschieds kam, wischte sie sich tapfer die Tränen weg, «weil ich Teacher nicht betrüben darf».

So fuhr Annie wieder zurück nach Boston. Es war das erste Mal in den beiden Jahren bei Kellers, dass sie mehr als ein paar Tage von Helen getrennt war, und das letzte Mal für viele kommende Jahre. Es war ein Glück für alle Beteiligten, dass Dr. Bradford ein weiteres Wunder zustande brachte, und Annie bereits Mitte September wieder in Tuscumbia sein konnte.

Und auch Mr. Anagnos vergaß während seiner Reisen in Europa weder Helen noch Annie. Er schrieb liebevolle Briefe an Helen, die jemand «Kleine Enzyklopädie des Reisens» nannte. Am 9. September schrieb er an Captain Keller und forderte ihn dringend auf, Helen und ihrer Lehrerin zu gestatten, als besondere Gäste der Schule das kommende Schuljahr im Perkins-Institut zu verbringen. Annie war glückselig, als

Captain Keller diese Einladung annahm. Die Schule hatte zweifellos ihnen beiden viel zu bieten; sie wusste, dass Helen nun genügend reif und ausgeglichen war, um das geregelte Leben in der Schule auf sich nehmen zu können. Helen selbst war ganz außer sich vor Freude. Sie warf sich jedem in die Arme und buchstabierte «Perkins – Perkins –»

Kate Keller, die sie beobachtete, schluckte hart und wandte sich ab. Ja, Perkins war sicher die richtige Umgebung für ein blindes Kind. Aber Perkins und Boston waren so unendlich weit von Tuscumbia entfernt!

Zum ersten Mal teilte Helen nun die Unterrichtsstunden und Schulerfahrungen mit anderen Mädchen ihres Alters, obwohl Annie neben ihr saß und ihr das gesprochene Wort des Lehrers übersetzte. Sie ergänzte den Unterricht im Klassenzimmer, indem sie alle die eifrigen Fragen Helens beantwortete und damit durch die Hand des Kindes ebenso viel an gesprochenen Worten fließen ließ, wie die anderen Mädchen mit ihren Ohren aufnahmen.

Helens Arbeitsprogramm klingt erschreckend! Im November schickte sie ihren Stundenplan an Mr. Anagnos.

Ihr Schultag begann um acht Uhr morgens mit einer Rechenstunde, von der sie sagte, sie mache ihr große Freude – obwohl diese frühe Liebe nicht lange anhielt! Um neun ging sie mit den anderen Mädchen in die Turnhalle. Um zehn Uhr studierte sie Geographie, und als sie Athen auf der Landkarte entdeckte, musste sie an Mr. Anagnos denken. Um elf hatte sie eine Stunde «Umgangsformen» (was immer das gewesen sein mag), und um zwölf studierte sie Zoologie. Um zwei Uhr nachmittags wurde genäht, um drei ging sie spazieren, und ihre Lese- und Schreibstunden fanden um vier und um fünf statt.

«Die kleine Studentin war von morgens bis abends voll beschäftigt», äußerte sie gegenüber Mr. Anagnos, «für Vergnügen blieb nicht viel freie Zeit!» Das ist angesichts ihres Stundenplans leicht einzusehen.

Überdies spielte sich das Fünf-Uhr-Lesen, -Schreiben und -Sprechen in Französisch ab!

«Würden Sie mir Französisch beibringen?», hatte Helen eines Tages Fanny Marrett gefragt, als sie nebeneinander beim Essen saßen. Miss Marrett hatte zwar einen vollen Lehrauftrag, aber als sie das eifrige Gesichtchen sah, das sich ihr zuwandte, konnte sie es nicht über das Herz bringen, abzulehnen. Sie erlaubte sich nur, Helen darauf aufmerksam zu machen, dass die einzige freie Zeit, die sie beide hätten, fünf Uhr nachmittags sei. Freudig griff Helen diese Stunde auf, die zu einem Höhepunkt des Tages für sie wurde. Wenn sie und Annie sich auf ihrem Nachmittagsspaziergang zu weit vom Institut entfernt hatten, bat sie Annie, den Rückweg im Laufschritt zurückzulegen, weil sie sonst zum Französisch zu spät kämen. Um fünf saß sie immer in ihrem kleinen Schaukelstuhl bereit, das Gesicht erwartungsvoll der Tür zugewandt und mit den Füßen auf Miss Marretts Schritte «lauschend».

Fanny Marrett begann damit, ihr kurze Sätze in Englisch, Redensarten der Umgangssprache vorzubuchstabieren und die gleichen Sätze dann in Französisch zu wiederholen. Helen buchstabierte sie einige Male, erst langsam, dann schnell, woraufhin sie befriedigt nickte und um einen weiteren Satz bat. Geradezu ehrfürchtig bewunderte die Lehrerin, mit welcher Geschwindigkeit das Kind lernte. Jeden Tag benützte Helen all die Sätze, die sie an den vorangegangenen Tagen gelernt hatte, und bildete sogar neue eigene Sätze mit den Wörtern, die sie kannte. Gerne schrieb sie sie in Braille auf, und wenn sie Fehler machte, konnte sie über sich selbst lachen: «Ich habe sehr ulkiges Französisch geschrieben.»

Miss Marrett schrieb für sie eine kurze Geschichte in Braille, über die Helen sich sehr freute und um weitere bat. Sie hatte keine Schwierigkeiten, die Geschichten zu lesen, und sie übersetzte sie sogar in gut verständliches Englisch. Und eines Tages verkündete sie: «Ich werde meinen lieben Mr. Anagnos überraschen. Ich werde ihm einen Brief in Französisch schreiben, ganz alleine!»

Fanny Marrett und Annie, die das Kind beobachteten, wie es glückselig über seiner Schreibtafel saß, völlig vertieft in das Formen jedes einzelnen Buchstabens in ihrer festen schönen Druckschrift, schauten sich verwundert und ungläubig an.

Am 18. Februar 1890 erreichte dieser Brief Mr. Anagnos in seinem Hotelzimmer in Athen. Er öffnete Helens Briefe immer mit einem Gefühl der Vorfreude. Sie hatte eine ausgesprochene Begabung, gute Briefe zu schreiben, und mit großem Stolz hatte er ihren letzten Brief Königin Olga von Griechenland gezeigt. Als er diesen neuesten entfaltete, starrte er ihn verblüfft an. Französisch! Und nicht nur ein paar verstreute Wörter oder einzelne Redensarten, wie sie öfters in Helens Briefen vorkamen – dieser war vollständig in Französisch, ganz und gar ihre eigenen Gedanken, ihre selbständige Arbeit! Und sehr gutes Französisch war es, im Großen und Ganzen!

«Niemand kann sich vorstellen, wie überrascht und entzückt ich war!», schrieb Mr. Anagnos später. «Bei all meinem Glauben an ihre großen Fähigkeiten hatte ich doch nicht erwartet, dass sie in drei Monaten erreichen könnte, wozu sonst jeder andere in Amerika ein Jahr brauchen würde! Doch der Beweis überzeugte vollkommen!» «Ich hoffe, Sie werden ihr in Französisch antworten», hatte Annie geschrieben. «Das würde ihr ehrgeiziges kleines Herz beglücken!» Helen selbst hatte keine Ahnung, dass sie etwas Außerordentliches vollbrachte. Sie reagierte auf Wörter, wie andere Kinder auf Farben oder Musik. Sie liebte Wörter. Laura Bridgman, überwältigt von der Vorstellung, Tausende von Wörtern meistern zu müssen, hatte einst ausgerufen: «Beim Gedanken an so viele Wörter bekomme ich Kopfschmerzen!» Für die neun Jahre alte Helen Keller bedeutete jedes neue Wort einen neuen Zugang in die Welt, die sie faszinierte.

I–Am–Not–Dumb–Now!

Das Jahr 1890 war reich und wichtig, sowohl für Helen als auch für Annie. So glücklich sich Helen während ihres ersten Besuches im Perkins-Institut auch gefühlt hatte, so war sie doch geistig noch zu unreif gewesen, alles das, was die Schule ihr bieten konnte, auch zu ergreifen und fruchtbar zu machen. Doch diesmal war das anders. Sie war unermüdlich und geradezu atemlos damit beschäftigt, alles und jedes zu erforschen und sich zu eigen zu machen. Schule war für Helen keine Routineangelegenheit; Schule bedeutete Abenteuer.

«Erzähl mir mehr», bat sie Annie immer. «Ich möchte über alles Bescheid wissen!»

Eines Tages schrieb sie für Annie eine Liste von Fragen auf: «Ich möchte schreiben über die Dinge, die ich nicht verstehe. Wer machte die Erde, die Meere und alles? Was macht die Sonne heiß? Wo war ich, ehe ich zu Mutter kam? Ich weiß, dass Pflanzen aus Samenkörnern wachsen, aber ich bin sicher, dass Menschen nicht auf diese Weise entstehen. Ich habe noch niemals eine Kinder-Pflanze gesehen. Kleine Vögel und Küken kommen aus Eiern. Ich habe sie gesehen. Was war das Ei, ehe es ein Ei wurde? Warum fällt die Erde nicht herunter? Erzähle mir, was Mutter Natur tut. Darf ich ein Buch lesen, das ‹Die Bibel› genannt wird? Bitte erzähle deiner kleinen Schülerin viele Dinge, wenn du viel Zeit hast.»

Ein Gefühl vollständiger Unzulänglichkeit ergriff die dreiundzwanzigjährige Annie. Ihr Mut wollte sie verlassen, aber sie blieb ihrer Gewohnheit treu, Helens Fragen stets so ehrlich und verständlich, wie sie es vermochte, zu beantworten.

Eilig zog sie die klügsten Bücher, die sie finden konnte, zu Rate und versuchte, ihre Antworten so direkt und einfach wie möglich zu gestalten. Eine Weile schwieg Helen, dann streckte sie ernst ihre Hand aus und berührte Annies Arm. «Was ist meine Seele?»

Keine einfache Frage für jemanden, der keinem orthodoxen religiösen Bekenntnis angehört. Annie antwortete langsam und sorgfältig: «Niemand weiß, was die Seele ist, aber wir wissen, dass sie nicht der Körper ist, sondern der Teil von uns, der denkt, liebt und hofft und von dem die Christen glauben, dass er nach dem Tod des Leibes weiterleben wird. Niemand kann die Seele sehen. Sie ist unsichtbar.»

Helen holte tief Luft. Das war ein sehr großer Gedanke für ein Kind von zehn Jahren, insbesondere für ein Kind, dem alles unsichtbar war. Annie beobachtete ihr Gesicht und wartete. Niemals vergaß sie, wie allmählich ein Strahlen auf Helens Gesicht aufleuchtete, und auch ihre langsam buchstabierten Worte vergaß sie nicht: «Aber wenn ich schreibe, was meine Seele denkt, dann wird sie sichtbar sein, und meine Worte werden ihr Körper sein!»

Helens Interesse an Fragen der Seele nahm im Laufe der Zeit immer mehr zu. Gelegentlich hatte man sie zur Kirche mitgenommen, aber eine religiöse Erziehung war ihr nicht zuteil geworden, außer durch eine Verwandte in Tuscumbia, die ihr erzählte, dass «Mr. Gott» sie selbst und alles andere aus Staub geschaffen habe und ihr liebender Vater sei. Wodurch sie das arme Kind nur in Verwirrung versetzt hatte.

«Und ich weiß doch, dass ich aus Fleisch und Knochen gemacht bin», sagte sie zu Annie und kniff sich, «und dass mein Vater Arthur Keller ist! Sie darf nicht so viele Fehler machen!»

Das aber hatte sich vor einem Jahr abgespielt. In ihren Büchern war Helen inzwischen viele Male auf die Worte «Gott» und «Himmel» gestoßen. Sie wusste, was «Tod» bedeutete. Sie musste mehr wissen. Als ihr jemand etwas über die Schönheit und Glückseligkeit im Himmel erzählte, fragte sie, durchaus logisch: «Woher weißt du das, wenn du noch niemals tot gewesen bist?»

Hier lag ein Problem vor, das alleine zu lösen Annie sich nicht berechtigt fühlte. Sie dachte an den Pfarrer Phillips Brooks, der zum Vorstand des Instituts gehörte. Er kannte Helen und war an ihr interessiert, und Annie schätzte und achtete Dr. Brooks. Als sie ihn aufsuchte und um seine Hilfe bat, verstärkte sich ihre Zuneigung noch. Sie brachte Helen in sein Studierzimmer, und der angesehenste Geistliche Neu-Englands zog Helen auf seinen Schoß, während Annie neben ihm kniete, um zu übersetzen, und Helen ihre bangen Fragen buchstabierte:

«Wer hat Gott gemacht? Haben Sie ihn je gesehen? Was ist ein Geist? Warum hält es Gott für weise, den Menschen manchmal großes Leid zu schicken? Ich bin blind und taub und stumm, und ich kann das nicht verstehen.»

Dekan Brooks drückte das Kind an sich, sprach zu ihm über Gottvater und das Leben von Jesus, seinem Sohn, in ganz einfachen und wunderschönen Worten, wie Annie später sagte. Sie verstanden einander sofort, obwohl sie auf dem Umweg über Annies Finger miteinander sprechen mussten.

Diesem ersten Besuch folgten noch weitere, und dazwischen schrieb Helen ihm Briefe, die von Dr. Brooks stets liebevoll und eingehend beantwortet wurden. Wie sehr Helen ihm zugetan war, zeigte sich, als sie die Erlaubnis bekam, ihrem ein Jahr später geborenen Brüderchen einen Namen auszusuchen. Sie nannte ihn Phillips Brooks.

Dr. Brooks war nicht die einzige Berühmtheit, die Helen und Annie besuchten. An einem Sonntagnachmittag waren sie aufgefordert worden, einen Besuch bei Dr. Oliver Wendell Holmes zu machen. Er ließ Helen in seinem großen Lehnstuhl thronen und entzückte sie mit vielen seltsamen Raritäten, die er ihr zu befühlen gab. Auf seine Frage, ob sie irgendwelche seiner Gedichte kenne, rezitierte sie «The Chambered Nautilus». Nach diesem ersten Besuch sahen sie ihn noch des Öfteren.

Auch John Greenleaf Whittier forderte sie auf, ihn zu besuchen, und Helen stellte ihm viele Fragen über sein Gedicht «In School Days». Er war einer der Menschen, der Annie für ebenso bedeutend hielt wie Helen. Als Annie ihn schüchtern um sein Autogramm bat, schrieb er:

«In großer Bewunderung für Ihre edle Arbeit, den Geist Ihrer lieben Schülerin aus seinen Banden zu lösen, bin ich Ihr aufrichtiger Freund,

John G. Whittier.»

Und sich an Helen wendend, sagte er: «Sie ist die Befreierin deines Geistes.»

Er führte Helen bis zum Tor, küsste sie und forderte sie auf wiederzukommen. Doch ehe sie ihn wieder besuchen konnten, starb er.

In Boston öffneten sich die Türen vieler berühmter und einflussreicher Menschen für Helen. Dr. Edward Everett Hale war stolz darauf, sie seine Kusine nennen zu können. Sie kannte Julia Ward Howe und war mit Mrs. Howes Enkelin, Rosalind Richards, befreundet, und John Spaulding, der «Zuckerkönig» von Boston, fühlte sich fast wie ihr Patenonkel.

«Helen wurde derartig verhätschelt und liebkost, dass das ausgereicht hätte, den Charakter eines Engels zu verderben», bemerkte Annie, «aber ich glaube, ihr Charakter kann dadurch nicht verdorben werden. Sie denkt nicht an sich selbst und ist zu liebevoll.»

Boston war ganz gewiss sowohl gut für als auch gut zu Helen Keller. In Boston traf sie so viele normale Menschen und befreundete sich so leicht mit ihnen, dass Helen Keller niemals in Gefahr geriet, eine Einsiedlerin wie Laura Bridgman zu werden. Und viele dieser Freunde waren so wohlhabend und einflussreich, dass sie ihr den Weg ebnen konnten, als die einigermaßen unsicheren Finanzen ihres Vaters zusammenbrachen. Vielleicht hatten einige Bostoner ihre ersten Einladungen aus Neugier geschickt, weil Helen als das achte Weltwunder bejubelt wurde, aber nachdem sie sie erst einmal kennen gelernt hatten, wurde sie das nächste Mal um ihrer selbst willen eingeladen. Sie war so fröhlich und natürlich und ahnte in keiner Weise, dass sie jemand Besonderes war!

Und auch Perkins war gut für sie. Annie schrieb einen dankbaren Brief an Mr. Anagnos:

«Dieses Jahr im Institut ist von unschätzbarem Wert für sie gewesen. Es hat ihr Leben mehr bereichert, ihren Horizont stärker erweitert, als das in mehreren Jahren des Studiums zu Hause möglich gewesen wäre.» Im gleichen Brief schreibt sie: «In Mathematik, Geographie, Zoologie und Botanik kann sie mit Mädchen, die vier und fünf Jahre älter sind als sie, Schritt halten.»

Die kostbarste Gabe, die Helen durch die Schule empfing, war wohl die Gemeinschaft mit Mädchen ihres Alters, die mit ihr sprechen konnten, ohne dass Annie als Dolmetscherin assistieren musste. Voller Freude stürzte sich Helen in alle Aktivitäten der Schule, von den Spielen in der Turnhalle und auf dem Sportplatz, den wöchentlichen Konzerten – sie liebte die Konzerte! «Schnelle Musik lässt mein Herz tanzen», sagte sie – bis hin zu den Rezitationen an den «Tagen der offenen Tür». Sie schien den Höhepunkt ihres Glücks erreicht zu haben, als Annie eines Tages sah, wie ihr ausdrucksvolles Gesicht sich veränderte, wie Bestürzung, Verwunderung und eine unbestimmte Traurigkeit sich auf ihren Zügen abzeichnete. Häufig berührte sie ihre Lippen und ihre Kehle. Kummervoll beobachtete Annie sie – und wartete. Sie erriet, was das Gemüt des Kindes bewegte und überlegte, wie sie dem begegnen sollte. Endlich kam dann die Frage, die ihr ins Herz schnitt: «Wie wissen die blinden Mädchen, was sie mit ihrem Mund sprechen?»

«Weil sie hören können», antwortete Annie sanft.

«Lernen taube Kinder jemals sprechen?»

Annie war zu ehrlich, ihr den Trost einer glatten Verneinung zu geben. Sie zog das Kind an sich und erklärte behutsam: «Ja, manchmal lernen sie das. Es gibt Schulen, wo tauben Kindern das Sprechen beigebracht wird. Aber, nicht wahr, sie können die Lippen ihrer Lehrer sehen, und deshalb können sie lesen lernen, was andere Menschen sagen, und dann lernen sie, ihre eigenen Zähne und Lippen in der richtigen Weise zu bewegen –»

«Ich kann deinen Mund fühlen!», unterbrach Helen sie leidenschaftlich. «Ich könnte lernen – oh, Teacher, bitte lehre mich! Ich kann jetzt schon sprechen! Ich kann sagen» – sie hörte auf zu buchstabieren und sprach die Worte, langsam und explosiv, – «Mom-mom! Pup-pup! Ba-by! Siss-ter! Teach-er!»

Diese paar Worte hatte sie tatsächlich Annies Lippenbewegungen entnommen und sprach sie deutlich aus. Annie wusste, dass Laura Bridgman ebenfalls dieses instinktive Bedürfnis, sprechen zu lernen, gehabt und auch einige Wörter gelernt hatte. Dennoch war das etwas, wovon sie ehrlich glaubte, dass es selbst Helens Fähigkeiten übersteigen würde, so beachtlich diese auch waren, wie sie ja wusste. Das konnte nur zu einer schmerzlichen Niederlage führen.

Und dann ereignete sich etwas Unglaubliches. Die Tür öffnete sich, herein trat Mrs. Hopkins mit einer Besucherin, Mrs. Lamson, die einst eine von Laura Bridgmans Lehrerinnen gewesen und gerade von einer Reise durch Schweden und Norwegen zurückgekehrt war. Annie gewann den Eindruck, dass sie ungewöhnlich erregt war und wunderte sich darüber. Fragend blickte sie zu Mrs. Hopkins, doch diese gute Seele hatte inzwischen leise das Zimmer verlassen. Mrs. Lamson zog Helen an sich und fing an, ihr von den seltsamen und interessanten Dingen zu erzählen, die sie erlebt hatte – die Fjorde, die

Mitternachtssonne, die Überreste eines Wikingerschiffes; dann hielt sie plötzlich inne, holte tief Luft, betrachtete forschend das lebhaft ihr zugewandte Gesichtchen, und dann zitterten ihre Finger, als sie buchstabierte: «Aber, Helen, das Wunderbarste, was mir in Norwegen begegnet ist, war ein Mädchen, ein Mädchen genau wie du, verstehst du? Nur – sie buchstabierte überhaupt nicht mit ihren Fingern. Sie kennt keinen einzigen Buchstaben des Finger-Alphabets. Ihr Lehrer hat ihr beigebracht, das, was die Menschen sagen, durch das Berühren ihrer Lippen und Kehle zu verstehen. Auf die gleiche Weise hat sie selbst sprechen gelernt – indem sie die Schwingungen fühlt, die die Wörter in ihrer eigenen Kehle machen. Ich habe sie gesehen und selbst mit ihr gesprochen. Sie heißt Ragnhild Kaata.»

Helen stand wie angewurzelt. Ihrem Gesicht waren all ihre angestauten Sehnsüchte, Hoffnungen und Zweifel abzulesen. Annie wusste, dass kein weiteres Wort von Mrs. Lamson mehr in ihr Bewusstsein drang.

Mary Lamson traten Tränen in die Augen beim Anblick dieses Strahlens; schnell ergriff sie Annies Hand und schlüpfte hinaus. Vor dem zitternden Kind kniend, blieb Annie allein mit ihm zurück. Als Helen ihre Berührung spürte, buchstabierte sie freudig:«Ich bin so glücklich, denn jetzt weiß ich, dass ich auch sprechen lernen werde!» Annie schluckte. «Hab ein paar Tage Geduld, dann werde ich dich zu einer freundlichen Dame bringen, die feststellen kann, ob es für dich möglich sein wird, sprechen zu lernen.»

Helen lachte aufgeregt. «Oh, ja, ich kann lernen! Ich weiß, ich kann, weil Ragnhild sprechen gelernt hat.»

Keiner der beiden berührte das Thema an jenem Tag noch einmal, aber das Kind war erhitzt und erregt und fand in der Nacht keinen Schlaf. Und den ganzen nächsten Tag über ging sie umher und brachte die verschiedensten Geräusche hervor, die sie, wie Annie wusste, für Wörter hielt.

Da Annie sich darüber im Klaren war, dass der Mechanismus der menschlichen Stimmbänder außerordentlich zart ist, beschloss sie, sofort fachkundigen Rat einzuholen. Die einzige Person, die ihr dafür genügend qualifiziert zu sein schien, war Miss Sarah Fuller, Vorsteherin der Horace-Mann-Schule für Gehörlose in Boston. Helen war schon früher einmal dort gewesen, während ihres ersten Aufenthalts im Perkins-Institut, aber weil jeder der Meinung war, ihre Blindheit sei ein absolut unüberwindliches Hindernis für das Lippenlesen wie Sprechenlernen, war in ihrem Fall nichts weiter unternommen worden.

Diesmal war das anders. Miss Fuller war beglückt über Helens Begeisterung und Ehrgeiz. Natürlich würde sie den Versuch unternehmen, ihr das Sprechen beizubringen.

Sie stellte das Kind vor sich hin und ließ es die Stellung ihrer eigenen Zunge, Zähne, Lippen und Kehle fühlen, während sie immer wieder den Laut «i» in «it» wiederholte. Plötzlich flogen Helens Finger zu ihren eigenen Zähnen und aus dem stummen Kehlkopf kam ein Laut, der dem von Miss Fuller so ähnlich war, dass er wie ein Echo klang.

«A» kam als nächster Laut. Helen bewältigte auch diesen.

«Jetzt wollen wir einige Wörter versuchen», buchstabierte Miss Fuller. «It – miss – kiss – see – me –»

Und Wunder über Wunder, Helen brachte sie alle zustande, verkrampft, hohl, aber unmissverständliche Wörter. Und Annie kam es vor, als habe sie nie etwas Erschütternderes gehört als diese heiseren, verwischten Wörter, die Helen mühsam und angestrengt ihrer seit so langer Zeit verstummten Stimme abzwang.

Im Verlauf der Geschichte von siegreich überwundenen Hindernissen gibt es vielleicht kein ergreifenderes Bild als das des neuneinhalbjährigen Kindes, wie es vor Sarah Fuller steht, vor Anspannung, sein Ziel zu erreichen, am ganzen Körper zittert, und seine Stimme zwingt, die Fesseln der Stummheit zu zerbrechen. Der Sieg, den sie an jenem Tag errang, löste nicht nur ihre eigene Zunge, sondern die Zungen all derer, die ihre Tage in Finsternis und Stummheit verbringen müssen. Taub und blind mögen sie sein, aber nicht mehr stumm und von der Welt abgeschnitten.

Als Helen klar wurde, dass es ihr gelungen war, den ersten vollständigen Satz auszusprechen: «It-is-warm», brach sie vor Glück und Anspannung in Tränen aus. Und kurz darauf formulierte sie den Satz, der für viele Wochen ihr Lieblingssatz werden sollte: «I-am-not-dumb-now!» (Ich bin nicht mehr stumm.)

Sarah Fuller gab ihr elf Stunden, danach arbeiteten Helen und Annie allein weiter. Unglücklicherweise wurden gravierende Fehler begangen. Damals war der Sprachunterricht für Gehörlose noch in seinem Anfangsstadium. Nicht einmal Sarah Fuller oder Dr. Bell wussten, was heute jeder Lehrer von Gehörlosen weiß, dass erst Stimmübungen gegeben werden müssen, um die lange unbenützten Stimmbänder zu stärken und geschmeidig zu machen, ehe irgendwelche Wörter gesprochen werden dürfen. Helen aber, sobald sie die ersten Laute hervorbringen konnte, stürzte sich fieberhaft in den Versuch, ganze Sätze zu äußern. Das war ein böser Fehler. Nie ist ihre Stimme das geworden, was sie so leidenschaftlich ersehnt und woran sie so unermüdlich gearbeitet hat: natürlich und klar verständlich. Aber – sie konnte sprechen. Wie sie selbst später sagte: «Meine halb gefangenen Gedanken zerrten nicht länger an der Kette, die ihnen mein eigenes Finger-Buchstabieren anlegte.»

Es war dies die schwierigste Aufgabe, die Annie oder Helen je unternommen hatten. Mit starken Zweifeln, ob sie fähig sei, das zu leisten, versuchte Annie, dem Kind die Fertigkeit des Lippenlesens wie auch des Artikulierens beizubringen. Sie legte einen Finger Helens an ihre Nase, einen anderen an ihre Lippen, die restliche Hand an die Seite ihres Halses, um sie an das Lippenlesen zu gewöhnen. Stundenlang wiederholte sie mit größter Geduld erst einzelne Laute, dann ganze Wörter. Um ihr eine Vorstellung von der Lage der Lippen, der Zunge, der Zähne beim Bilden von Wörtern zu vermitteln, ließ sie das Kind ihren eigenen Mund und Hals abfühlen, so wie Sarah Fuller das getan hatte. Es war nicht leicht. Es war auch nicht angenehm. Manchmal drangen Helens feinfühlige Finger so tief in Annies Hals hinunter, dass sie keuchen und würgen musste. Manchmal hielten es beide für vollkommen unmöglich, dass Helen je die richtige Zungenstellung oder korrekte Vibration eines Wortes erlangen würde. Annie beendete diese Stunden im Zustand völliger Erschöpfung; Helen pflegte weiterzuüben, bis sie so überanstrengt und verzweifelt war, dass sie nur noch weinte. Nur zwei derart heldenhafte Gefährten konnten den unbeugsamen Mut aufbringen, auf diese Art Woche für Woche weiter zu kämpfen.

Ein Gedanke vor allem war es, der Helen nicht aufgeben ließ: «Meine kleine Schwester wird mich jetzt verstehen.»

Nachdem sechs Wochen vergangen waren, konnte Annie Mr. Anagnos berichten: «Sie spricht jetzt mit dem Mund!» Was sie äußerte, war abgehackt und sonderbar betont, aber für ihre Lehrer und nahen Freunde doch völlig verständliche Sprache, was wirklich ein Wunder war, denn Helen hatte in sechs Wochen erreicht, wozu der durchschnittliche Schüler einer Gehörlosen-Schule ein Jahr braucht.

Ihre Freunde im Perkins-Institut waren voller Begeisterung, aber die Briefe nach Tuscumbia verrieten kein Sterbenswörtchen über dieses erstaunliche Unterfangen. Sorgfältig hüteten Helen und Annie ihr Geheimnis. Helens erste Sprachstunden hatten im März stattgefunden. Im Verlauf der nächsten Wochen wurde sie hin- und hergerissen zwischen dem dringenden Wunsch, sich so gut wie möglich verständlich machen zu können, ehe ihre Familie erfuhr, dass sie sprach, und dem ungeduldigen Warten auf den Beginn der Sommerferien.

Dann im Mai, kurz bevor das Schuljahr endete, machte Annie ihre erste schmerzliche Erfahrung, zu welch einem grausamen Bumerang eine gänzlich unschuldige und wahre Bemerkung werden kann. Ein Reporter des «Boston Journal» hatte sie um ein Interview über Helen und ihre Studien im Perkins-Institut gebeten. Vielleicht hatte sie sich zu freimütig geäußert, möglicherweise hatte auch der Reporter ihren Worten eine etwas andere Bedeutung verliehen, jedenfalls zitierte die Zeitung Annie in dem Sinne, dass Helen, obwohl keine reguläre Schülerin des Instituts, doch alle Vorteile und Vergünstigungen der Schule hinsichtlich Unterricht und Einrichtungen genösse.

«Ich allein habe die Verantwortung für sie», hatte Annie gesagt, «und mein Gehalt wird von ihrem Vater bezahlt.»

Das war völlig richtig, und auch Mr. Anagnos hatte sich des öfteren in dem gleichen Sinn geäußert. Aber es war etwas anderes, ob Mr. Anagnos, Schwiegersohn von Dr. Samuel Gridley Howe und Direktor des Perkins-Instituts, eine Meinung äußerte, die auch akzeptiert wurde, oder ob eine Annie Sullivan, frühere Almosenempfängerin, das tat. Sie konnte sich das nicht leisten.

Es muss zugestanden werden, dass Helens und Annies Stellung in der Schule etwas außergewöhnlich war. Auf Mr. Anagnos' Einladung hin lebten sie dort als «besondere Gäste». Es wurde kein Schulgeld für Helen gezahlt, und sie genoss die gleichen Vorteile wie alle anderen Schüler, ohne die Vorschriften und Anordnungen der Schule einhalten zu müssen. Und überdies zog sie mehr Interesse und Aufmerksamkeit auf sich, als alle anderen Schüler zusammen genommen. Das alles erregte langsam den Ärger gewisser Vorstandsmitglieder. Und als das Interview des «Boston Journal» erschien, mit Annies zwar zutreffender, aber taktloser Aussage, verursachte es große Empörung, und ein Sturm der Entrüstung brach über sie herein.

Man beschuldigte sie, «die Hand zu beißen, die sie ernährt habe», und behauptete, dass Helen nicht so sehr Annie, als vielmehr dem Institut zu größtem Dank verpflichtet sei. Es wurde die anzügliche Bemerkung gemacht, dass «Alabama ein passenderer Ort für Annies absonderliche Art der Dankbarkeit sein dürfte als Boston.»

Arg mitgenommen und unglücklich riss Annie sich zusammen und schrieb einen zerknirschten Entschuldigungsbrief an die Vorstandsmitglieder. Sie schrieb, dass sie die Erste sei, Helens große Dankesschuld dem Perkins-Institut gegenüber anzuerkennen, und, so verpflichtet Helen auch sei, sie, Annie, dem Institut noch viel mehr Dank schulde, sowohl für die Vergangenheit als auch für die Gegenwart. Dass ohne die Hilfe und Ermutigung durch Mr. Anagnos und ihre Freunde in der Schule ihre Arbeit mit Helen unmöglich wäre. Und sie beendete ihren Brief mit der flehentlichen Bitte: «Wenn Sie mich auch zu Recht wegen Taktlosigkeit tadeln, so bitte ich Sie doch, mich nicht der Undankbarkeit zu beschuldigen.» Dann schickte sie Mr. Anagnos eine Kopie ihres Briefes an den Vorstand zusammen mit einer Kopie des «elenden Interviews».

Die Vorstandsmitglieder waren augenscheinlich in keiner sehr versöhnlichen Stimmung. Es hatte der Plan bestanden, dass Helen bei der Schulabschlussfeier eine Demonstration ihrer Sprechfähigkeit geben sollte, aber der Vorstand verweigerte in letzter Minute seine Einwilligung. In dem später veröffentlichten Bericht über die Feier hieß es nur unverbindlich, man habe Helen «aus Gesundheitsgründen nicht aufgefordert.»

Es war eine erschöpfte, verquälte und unsichere Annie, die Helens und ihre eigenen Koffer für die Reise in den Süden packte. Hatten sich wohl durch ihre gedankenlose Bemerkung die Türen der Schule für Helen geschlossen, gerade jetzt, da das Kind die kulturellen Möglichkeiten, die nur Boston ihm bieten konnte, am meisten brauchte?

Helen hingegen jubelte im Gedanken an den Schulschluss und die Reise nach Hause, um endlich ihr lange gehütetes Geheimnis enthüllen zu können. Sie fand die nach Süden fahrenden Züge unerträglich langsam.

«Wo sind wir?», fragte sie jedes Mal, wenn der Zug hielt. «Wie lange haben wir hier Aufenthalt?»

Sie verbrachte die meiste Zeit damit, aufgeregt auf die geduldig zuhörende Annie einzureden, um ihre Stimme bis zum letztmöglichen Moment zu üben.

Dann endlich hielt der Zug mit einem Ruck auf dem Bahnhof von Tuscumbia, und Annie, aus dem Fenster blickend, sagte Helen, dass ihre Eltern und Mildred sie abholten. Helen hatte ein sonderbares Gefühl in den Knien. Ihr feuchtes Händchen umklammerte Annies Hand, irgendwie gelangte sie die Waggonstufen hinunter und fühlte sich in die Arme ihrer Mutter gerissen. Doch sie machte sich los. Obwohl sie am ganzen Leib zitterte, stellte sie sich hoch aufgerichtet hin und sprach dann langsam, sorgfältig und so deutlich sie konnte in ihrer verwischten, monotonen Sprechweise: «Mutter – ich – bin – nicht – mehr – stumm. Mil-dred – ich – liebe – dich. Va-ter …»

Und dann stürzten alle drei Kellers auf sie zu. Sie spürte, dass ihre Mutter schluchzte und selbst ihr Vater weinte. Klein-Mildred griff nach ihrer Hand und küsste sie hingerissen.

Helen Kellers eigene Worte sollten diesen Augenblick beschreiben: «Es war, als hätte Jesajahs Prophezeiung sich an mir erfüllt: ‹Berge und Hügel sollen vor euch her frohlocken mit Ruhm und alle Bäume auf dem Felde mit den Händen klatschen!›»

Die Stadt der gütigen Herzen

Während der nächsten Wochen schienen die Kellers ein einziges großes Wunder zu durchleben. Kate Keller hing an jeder Silbe, die Helen äußerte, und der Captain ging umher und erzählte jedem voller Stolz, was Annie berichtet hatte über Helens Entschlossenheit, sprechen zu lernen, und wie überrascht und des Lobes voll Sarah Fuller war, dass das Kind dieses schwierige Unterfangen so rasch meisterte.

Und Helen selbst: Wenn die vierjährige Mildred ihrem Ruf folgte und auf das Spiel, in die Hand ihrer Schwester zu sprechen, einging, und sie zum ersten Mal in ihrem Leben verstand, was ihre kleine Schwester sagte, so leuchtete ihr Gesicht in einem derart ergreifenden Strahlen, dass Annie sich abwenden musste und sich belohnt fühlte für die endlosen Stunden, die sie damit verbracht hatte, in Helens Hand zu sprechen.

Ein weiterer Höhepunkt schien den Kellers kaum vorstellbar. Und dann versetzte Helen sie alle eines Tages in Schrecken, als sie einen Ohnmachtsanfall erlitt. Sie gab zu, dass sie sich «ein kleines bisschen elend fühlte», und machte einen müden und geschwächten Eindruck. Die ärztliche Untersuchung stellte keine eigentliche Krankheit fest, und Annie stimmte mit den Kellers überein, dass die Ursache wahrscheinlich in dem raschen Ortswechsel zu suchen sei – aus dem erfrischenden Klima Bostons in das heiße, feuchte Tuscumbia, und dass das Kind sich in kühler Gebirgsluft zweifellos erholen würde. Also siedelten sie in das Kellersche Sommerhaus,

Fern Quarry, über, das in den nahen Bergen gelegen war. Der aufgegebene Kalksteinbruch war mit den schönsten Farnen bedeckt, die in der Feuchtigkeit dreier Bäche gediehen, die ihn munter sprudelnd durchströmten. Die Berge waren dicht bewachsen mit hohen Tannen und Eichen, von deren Zweigen Misteln und Efeu herabhingen, sowie mit Persimonbäumen, deren Duft Helen in Entzücken versetzte. Es war dies ein wohltuender Ort für ein erschöpftes kleines Mädchen, denn hier konnte es für eine Weile vergessen, wie hart sie hatte arbeiten müssen, um etwas zu erreichen, was andere Menschen für selbstverständlich halten.

Erschrocken merkte Annie plötzlich, *dass* Helen erschöpft war. Alles, was sie tat, ergriff sie mit solch grenzenloser Energie und Begeisterung, dass sie kaum zu bremsen war; es hatte den Anschein, dass sie – wie sie selbst später sagte – «durch ihre Unterrichtsstunden tanzte», und erst als ihr Sprechunterricht begann, bedeutete das eine wirkliche Strapaze für sie. Er hatte sie vollkommen überanstrengt. Als die Anspannung des Schuljahres nachließ, war sie mit ihren Kräften am Ende.

Den ganzen Sommer hindurch versuchten Annie und die Familie, dem Kind zur Entspannung zu verhelfen. Helen spielte mit Mildred und ihrer kleinen Kusine Louise Adams, erforschte Fern Quarry und ritt auf ihrem Esel Neddy spazieren.

Eine große Freude bereitete ihr in diesem Sommer ein Brief von Laura E. Richards, Dr. Howes Tochter und Mutter ihrer Freundin Rosy Richards, in dem sie ihr erzählte, dass eine Holzfirma in Gardiner, Maine, ihr neuestes Schiff «Helen Keller» genannt hatte. Irgendwann während des Sommers oder frühen Herbstes schickte Mr. Anagnos wiederum eine großzügige Einladung an Annie und Helen, in das Perkins-Institut zurückzukommen. Diesmal war Annie sich nicht sicher, ob es richtig sei, sie anzunehmen. Sie schrieb von ihren Zweifeln – Helen wäre vielleicht willkommen, aber Annie Sullivan?

Mr. Anagnos schob ihre Einwände beiseite. Ganz gewiss sollten sie kommen. Aber es wurde November, bis Helen kräftig genug schien, ein weiteres reguläres Schuljahr auf sich nehmen zu können.

Sie war glücklich, wieder in der Schule und in Mrs. Hopkins' Gruppe zu sein und außer sich vor Freude, Mr. Anagnos auf seinem alten Platz im Amtszimmer des Direktors wieder zu finden. Als sie sich in seine Arme warf, drohten die Begrüßungsworte vor Freude in ihrer Kehle stecken zu bleiben.

«Teacher sagt, ich bin so groß geworden, dass Sie mich nicht erkennen werden!», sagte sie, stolz «mit dem Mund sprechend». Und als er ihr die Uhr überreichte, die er für sie mitgebracht hatte, war sie so überwältigt, dass sie nicht einmal mehr buchstabieren konnte.

Mr. Anagnos war hocherfreut über ihr Sprechvermögen, aber entsetzt über das Aussehen des Kindes. Er hatte damit gerechnet, dass sie gewachsen sei, aber dass das rosige, gesunde, tatkräftige Kind, das sie vor zweieinhalb Jahren gewesen war, sich in dieses bleiche, nervöse Mädchen verwandelt haben sollte –! Er beobachtete sie einige Tage hindurch und wurde in zunehmendem Maße beunruhigt und bestürzt.

«Nervosität und Erregbarkeit zeigen sich in allen ihren Bewegungen sowie im Gespräch mit ihr», erklärte er. Ob sie gut schliefe, ihr Appetit gut sei? Nein? Mr. Anagnos schaute ingrimmig drein. Was war geschehen? Was er entdeckte, gefiel ihm nicht, und schonungslos stellte er fest: «Eine ungebührliche Arbeitslast hat man ihr auferlegt, und in ungerechtfertigter Weise ist sie zu den größten Anstrengungen angetrieben worden!»

Das scheint keine Übertreibung zu sein, wenn man bedenkt, dass Helen im letzten Jahr in sieben oder acht verschiedenen Fächern von morgens acht Uhr bis fünf Uhr nachmittags unterrichtet worden war, nebenbei Französisch lernte und sich darüber hinaus noch in die aufreibende Arbeit gestürzt hatte, das Sprechen und Lippenlesen zu lernen.

Dabei schien niemand bemerkt zu haben, dass Helen, bis auf die wenigen Monate, ehe sie ins Perkins-Institut kam, ja noch niemals einen festen Stundenplan oder regelmäßige Unterrichtsstunden gekannt hatte. Ihre ganze Erziehung hatte sich zwanglos abgespielt, dazu noch überwiegend in der freien Natur eines südlichen Klimas; und dann der plötzliche Übergang in das winterliche Massachusetts und in die Innenräume einer Schule, mit einem festen Arbeits-Programm, einem Programm, das, wie Mr. Anagnos zuvor schon festgestellt hatte, wenig oder keine Zeit zum Spielen oder Ausruhen ließ.

Kein Wunder, dass das Kind nun den Preis für dieses Programm zahlen musste! Es war höchste Zeit für einen andersartigen Plan, und Mr. Anagnos machte sich daran, einen Tagesablauf auszuarbeiten, der abwechselnd Ruhe, Spielen und Sport, sowohl in der Turnhalle als auch im Freien, vorsah, aber keinerlei Unterricht. Sie durfte lesen und schreiben – er kannte Helen gut genug, um zu wissen, dass sie ohne Briefeschreiben oder ihre geliebten Bücher kreuzunglücklich sein würde –, aber das war auch alles. Helen war bitter enttäuscht. Sie wollte sich an allem beteiligen, was die anderen Mädchen taten. Aber Mr. Anagnos blieb fest.

«Erst wenn du wieder vollständig bei Kräften bist», erklärte er ihr. Dieses Programm trug Früchte. Im Januar war Helen wieder ihr altes, lebhaftes, tatkräftiges Selbst. Und ohne sich dessen bewusst zu sein, leistete Mr. Anagnos, indem er Helen Kellers Gesundheit rettete, der Welt einen Dienst. Er war ein Mann, der für zwei große Ziele lebte: eine Bibliothek im Andenken an Dr. Howe einzurichten und einen Kindergarten für blinde Kleinkinder zu gründen im Andenken an seine Frau, Julia Howe Anagnos, deren letzte Worte zu ihm gewesen waren: «Sorge für die kleinen blinden Kinder.» Er vollbrachte beides. Sein Blindenkindergarten war der Erste im Land und die Bücherei, deren Grundstock er im Perkins-Institut legte, wird heute als die beste Blinden-Bibliothek im ganzen Land angesehen. Und indem er Helen Keller ihre Gesundheit bewahrte, vollbrachte er eine dritte Tat, die mit den anderen beiden gleichbedeutend ist, denn nur ein Mensch mit Helen Kellers wunderbarer Lebenskraft konnte das leisten, was sie für die Blinden über die ganze Welt hin fertig gebracht hat.

Mr. Anagnos achtete darauf, dass sich sowohl ihre Studien als auch ihre körperliche Ertüchtigung abwechslungsreich gestalteten. Wer sonst wäre auf den Gedanken gekommen, einer tauben und blinden Schülerin Musikstunden zu geben? Es mag einem merkwürdig vorkommen, aber die Tauben lieben Musik. Helen hat sie immer geliebt. Sie nahm die Schwingungen durch den Fußboden wahr, oder legte ihre Hand auf ein Klavier oder eine Geige. Zweieinhalb Monate lang studierte sie bei Miss Mary Riley das Klavierspiel, um ihr Empfinden für Rhythmus und ihr Gefühl für die Schwingungen zu vervollkommnen. Sie lernte sogar, das kurze Stück «Echo» selbst zu spielen.

Und Helen schrieb ihrem Vater: «Es würde dich amüsieren, wenn du mich jeden Tag um neun Uhr sehen könntest, denn zu dieser Zeit haben wir Werkunterricht. Wir lernen zu sägen und zu hobeln und genau mit dem Zollstock umzugehen.» Was für eine fortschrittliche Schule Perkins unter der Leitung von Mr. Anagnos gewesen sein muss!

Aber die Stunden, die Annie und Helen am meisten liebten, waren diejenigen, die sie in der erfrischenden Luft von Boston auf dem Pferderücken verbrachten. Seit ihrer frühen Kindheit war Helen stets von Tieren umgeben gewesen und liebte sie alle, und auch Annie fühlte sich glücklich, wenn sie auf einem Pferd saß. Einmal allerdings, als sie unter einigen tief herunterhängenden Ästen hindurchritten, wurde Helen beinahe abgeworfen. In ihrem Entsetzen fing Annie an, sie zu schelten: «Wie hätte ich ohne dich zu deiner Mutter heimkehren können?»

Und obwohl auch Helen einen tüchtigen Schrecken bekommen hatte, ließ der ihr innewohnende Humor sie nicht im

Stich.«Du hättest nicht ohne mich heimzufahren brauchen», schluchzte sie. «Du hättest die einzelnen Stücke in ein Bündel zusammenschnüren und mich auf diese Weise zu Mutter bringen können!»

Doch was sie in diesem Jahr am stärksten erfüllte und ihr am meisten am Herzen lag, war das Schicksal eines kleinen viereinhalbjährigen Jungen, Thommy Stringer, der in einem Krankenhaus in Allegheny, Pennsylvania lebte. Der Pfarrer J. H. Brown aus Pittsburgh, der Helen und Annie im Jahr zuvor kennen gelernt hatte, berichtete Annie von ihm.

Er war durch eine Krankheit blind und taub geworden, seine Mutter war gestorben und sein Vater konnte oder wollte sich nicht um ihn kümmern. Da sich auch sonst kein Mensch mit ihm belasten wollte, blieb als einzige Unterbringungsmöglichkeit für das hilflose kleine Geschöpf nur das Armenhaus. Das alles ließ Annie gar sehr an ein anderes unglückliches Kind denken und, krank am Herzen, erzählte sie Helen die ganze Geschichte.

Zwar hatte Helen sich niemals als beschränkt oder behindert empfunden, aber sie hatte noch eine lebhafte Erinnerung an die Zeit, in der sie – ehe Annie kam – im Dunkeln tappte. Dieser kleine Junge war wie sie, nur in einer viel schlimmeren Lage. Sie hatte ein Zuhause, eine liebevolle, besorgte Familie, die beste Lehrerin, die man sich vorstellen konnte, und großherzige Freunde. Der kleine Thommy aber hatte nichts. Ihre Reaktion kam spontan: «Wir müssen ihn hierherbringen, sofort!»

Das war nur leider leichter gesagt als getan. Annie wusste, dass viele Hindernisse sich dem entgegenstellen würden, und so musste sie Helen, wohl zum ersten Mal, die traurige Lektion in Geldangelegenheiten erteilen, dass es nicht immer leicht, oft sogar unmöglich ist, den Menschen das zu geben, was sie brauchen, wie verzweiflungsvoll ihre Lage auch sein mag. Helen hatte immer das Glück gehabt, von einer liebevollen Familie und großzügigen Freunden umgeben zu sein, und obwohl sie über ihre Jahre hinaus reif war, hatte Geld doch bisher wenig für sie bedeutet. Es muss ihr schwer gefallen sein zu begreifen, dass ein Ding, das «Geld» genannt wird, trennend zwischen Thommy und Perkins stehen konnte. Dass nur wegen mangelnden Geldes Thommy vielleicht sein ganzes Leben lang in der leeren, traurigen Welt herumtappen musste, in der sie selbst auch gelebt hatte, ehe Teacher nach Tuscumbia gekommen war. Sie wandte Annie ein ernüchtertes, aufmerksames Gesicht zu, als sie den Erklärungen «lauschte», die Annie buchstabierte. Falten gruben sich in ihre Stirn vor Bestürzung und Sorge.

«Aber Edith Thomas und Willie Elisabeth Robin sind doch beide hier im Kindergarten», rief sie Annie ins Gedächtnis. «Und sie sind beide wie ich, blind und taub!»

«Ja, aber Edith und Willie haben Eltern, die für sie bezahlen», sagte Annie, trauriger, als Helen ahnen konnte. «Dies hier ist eine Schule, Helen, eine besondere Schule, nicht ein Heim für blinde Kinder. Und solche Sonderschulen kosten viel Geld. Es ist sehr teuer, Bücher in Blindenschrift zu drucken, erhabene Landkarten herzustellen, Schreibmaschinen zu kaufen und Material für den Werkunterricht. Und Kinder wie du brauchen auch eigene Lehrer. Miss Markham ist Ediths Lehrerin und Miss Thayer ist die Lehrerin von Willie. Dein Vater bezahlt mein Gehalt. Aber der arme Thommy hat keine Familie, die für ihn bezahlt.»

Helen sah immer noch ernst aus, aber der erste niedergeschlagene, besorgte Ausdruck war verschwunden. «Dann werden wir das Geld für Thommy eben beschaffen», teilte sie Annie mit. Und während der nächsten Monate war sie in erster Linie mit ihrem Feldzug für Thommy Stringer beschäftigt. Sie schrieb an ihre Briefpartner, sprach mit ihren Freunden und bat um Beiträge für ihren «Thommy-Fonds». Sie versagte sich Eiscreme, die sie so gerne aß, weil Thommy in das

Perkins-Institut kommen sollte. Das verlassene, hilflose kleine Geschöpf hätte keine kompetenteren Streiterinnen für seine Sache finden können als Annie Sullivan, die am eigenen Leib erfahren hatte, was es heißt, als unerwünschtes Kind dem elenden hoffnungslosen Dasein in einem Armenhaus ausgeliefert zu werden; und Helen Keller, die erlebt hatte, was es heißt, «ein Phantom in einer Nicht-Welt» zu sein.

Als der Vorstand von Perkins von diesem Fall hörte, willigte er ein, den kleinen Thommy Stringer aufzunehmen. Mr. William Endicott jr. war sogar derart aufgeschlossen und großzügig, dass er Mr. Anagnos vorschlug: «Glücklicherweise ist die Anzahl dieser unseligen Kinder sehr klein; aber warum schaffen Sie nicht die Möglichkeit, diese alle aufzunehmen, da es im ganzen Lande nirgends einen Platz für sie gibt?»

Daraufhin fiel sowohl Annie als auch Helen eine Last von der Seele, doch es musste mit Hilfe des «Thommy-Fonds» noch ein Sonderlehrer für das Kind beschafft werden.

Und dann widerfuhr Helen mitten in ihren Bemühungen für Thommy ein trauriges Geschick. Im vergangenen Sommer hatte Mr. William Wade aus Hulton, Pennsylvania, einer der gütigsten Freunde, die Helen und Annie je haben würden, Helen den Esel Neddy und einen Hund geschenkt. Mr. Wade war der Überzeugung, dass blinde Kinder große Hunde als Beschützer und Gefährten haben sollten, und damit der Hund für Helen auch ja groß genug sei, hatte er ihr eine Dogge geschenkt. Helen liebte sie, wie sie stets alle die vielen Hunde in ihrem Leben geliebt hatte. Lioness war klug und treu, die Sanftheit in Person, aber allein ihre Größe genügte, um Fremde zu erschrecken, und so musste sie natürlich in Alabama bleiben, als Helen ins Perkins-Institut zurückkehrte. Eines Tages wurde sie brutal getötet.

Das war für Helen der erste Schmerz dieser Art, und über den Verlust hinaus quälte sie der Gedanke an das Leiden des Hundes. In ihren Briefen hatte sie Mr. Wade immer auf dem

Laufenden über das Ergehen von Neddy und Lioness gehalten, und jetzt schrieb sie einen traurigen kleinen Brief an seine Kinder.

Mr. Wade schickte den Brief an die Zeitschrift «Forest and Stream», die ihn prompt veröffentlichte. Inzwischen war Helen Keller in der ganzen Englisch sprechenden Welt zu einer derart bekannten und beliebten Persönlichkeit geworden, dass sofort eine überwältigende Reaktion erfolgte. Es war, als ob sie jedermann gehöre, und jedermann entrüstete sich über diesen Vorfall und wollte dem Kind diesen Verlust wieder ersetzen.

Die Leser der Zeitschrift «überschütteten sie mit Angeboten, ihr einen neuen Hundefreund zu beschaffen», wie Mr. Anagnos sich ausdrückte. Diese Angebote kamen nicht nur von Amerikanern, sondern auch aus Kanada und England. Und Helen freute sich. Welches Kind hätte das nicht getan? Und dann plötzlich kam ihr ein Gedanke. Der «Thommy-Fonds!» Sie musste nicht unbedingt einen neuen Hund haben, aber Thommy musste ins Perkins-Institut kommen und brauchte einen eigenen Lehrer!

Sie schrieb persönliche Briefe an all die großzügigen Menschen, die ihr eine neue Dogge schenken wollten. Sie dankte ihnen. «Ich liebe große treue Hunde wie Lioness, aber kleine Jungen und Mädchen liebe ich noch mehr.» Und dann fuhr sie fort, von dem kleinen Thommy zu erzählen, für den das Licht erloschen war, der keine erfreulichen Töne mehr hören konnte, den keine liebevolle Mutter herumführte, und dessen Vater zu arm war, um für seine Erziehung zu bezahlen. Würden sie ihr wohl helfen, für Thommy eine Erziehung zu ermöglichen, anstatt ihr einen neuen Hund zu kaufen?

Und so begann Helen mit zehneinhalb Jahren das, was die Aufgabe ihres Lebens werden sollte: sich einzusetzen für die Besserung der Lebensumstände der Blinden. Am 6. April 1891 brachte eine Krankenschwester den kleinen Thommy Stringer vom Allegheny-Krankenhaus nach Jamaica Plain, wo der

Blinden-Kindergarten von Perkins angesiedelt war. Ein eigener Lehrer für das Kind hatte noch nicht gefunden werden können, und so gingen Annie und Helen nach Jamaica Plain, um seine Pflege zu übernehmen.

Helen jubilierte. Sie tanzte umher und war ständig mit ihm beschäftigt, glücklich und voller Zuversicht. Aber Annie war entsetzt. Sie hatte den Eindruck, dass ein bedauernswerteres, erbärmlicheres kleines Geschöpf schwerlich zu finden gewesen wäre.

Helen war selbst in ihrer Zeit als «kleines Phantom» ein aktives Kind gewesen, selbstbewusst, ansprechbar, das stets Zeichen seiner Intelligenz gezeigt hatte. Diese arme kleine Kreatur war «ein bloßes Klümpchen atmenden Lehms». Er hatte den größten Teil seines Lebens im Krankenhaus verbracht, und die geschäftigen Schwestern hatten es für einfacher befunden, ihn zu versorgen, wenn er in seinem Bettchen blieb. Infolgedessen vermochte er kaum aufrecht zu sitzen, konnte nicht gehen, nicht einmal richtig essen. Er kannte kein Zeichen, um anzudeuten, dass er etwas wollte oder verstand, er reagierte nicht einmal auf eine freundliche Berührung. Den einzigen Schimmer von Intelligenz, den Annie bemerkte – sofern es sich dabei um Intelligenz handelte – war, dass Thommy versuchte, rückwärts zu kriechen, wenn man ihn auf den Fußboden setzte. Vielleicht, dachte sie, hat er entdeckt, dass es weniger schmerzhaft war, mit dem Rücken an Dinge, die man nicht sah, zu stoßen, als mit dem Kopf! Hinzu kam noch seine peinliche Angewohnheit, tagsüber friedlich zu schlafen und dafür in der Nacht unruhig und lästig zu werden!

Während Annie sich mit ihm abgab, überlegte sie, ob die Hilfe wohl zu spät gekommen sei. Hatte man ihn zu lange allein liegen lassen? Hatte seine Intelligenz sich zu weit zurückgezogen? Würde sie sich jetzt wieder hervorlocken lassen, da mitfühlende und verständnisvolle Hände sich ihm entgegenstreckten? Oder – und das wäre das Grausamste – hatte die

Krankheit, die ihn des Gesichts und Gehörs beraubt hatte, auch sein Gehirn beschädigt?

Selbst Helen, trotz all ihrer Begeisterung, ihn nun bei Perkins zu haben, war bedrückt und bekümmert.«Ich hatte mir nicht vorgestellt, dass er gar so klein und hilflos sei», gestand sie, um tapfer hinzuzufügen: «Aber wegen seiner Hilflosigkeit liebe ich ihn nur um so mehr! Und Teacher wird sehr lieb und geduldig mit ihm sein, und sein Geist wird bald aus seinem Gefängnis erlöst werden!»

Geduld, so dachte Annie schmerzlich, war nicht gerade eine ihrer größten Vorzüge. Aber sie muss eine besondere Begabung gehabt haben, solche Kinder wie Helen und Thommy zu erreichen, denn in den drei Wochen, in denen sie sich um «Klein-Thommy» kümmerte, machte er bemerkenswerte Fortschritte. Es war Annie gelungen, ihm beizubringen, ordentlich zu essen und ein wenig zu laufen. Er wurde tatsächlich zu einem hübschen kleinen Kerlchen, in dem allmählich ein Interesse an dem ihn umgebenden Leben aufdämmerte. Er begann auf Zuneigung zu reagieren, und streckte seine dicken Patschhändchen aus, um sich in ein jedes Paar freundlicher Arme zu schmiegen, in denen er sich mit einem Seufzer der Zufriedenheit zusammenkuschelte.

Trotzdem atmete Annie erleichtert auf, als Miss Bull ankam, um den kleinen Burschen zu übernehmen, und sie und Helen wieder zu ihrem normalen Alltag in der Mutterschule in Süd-Boston zurückkehren konnten.

Kaum war Helen wieder in der vertrauten Umgebung bei Mrs. Hopkins, als sie begann, Briefe an alle diejenigen zu schreiben, die zu ihrem «Thommy-Fonds» beigetragen hatten. Sie füllte einen Bogen nach dem anderen, und Annie bemerkte zu ihrem Erstaunen, dass jeder Brief individuell abgefasst war und jeweils andere Nachrichten über Thommy und seine Fortschritte enthielt. In einem Brief sprach sie von seiner Hilflosigkeit, ein anderer erwähnte die Grübchen in seinen Händen, in einem nächsten beschrieb sie sein zärtliches Verhalten. Auch an alle Bostoner Zeitungen schrieb sie, bedankte sich für deren Hilfe und bat sie, eine Liste der Spender zu veröffentlichen.

Kein Wunder, dass ihre Finger sich verkrampften, und sie Schwielen an ihrem Daumen bekam! Aber diese Briefe bedeuteten ihr keine Mühe, sie floss einfach über in ihrer Begeisterung für Thommy.

Eines aber enttäuschte sie. In heftiger Ungeduld erwartete sie den Tag, an dem er sein erstes Wort buchstabieren würde, aber Thommy zeigte keinerlei Bedürfnis, sich mit so etwas wie Fingersprache abzugeben. Er brauchte viel mehr Zeit, ehe er irgendetwas lernte, und sei es auch nur, seine Hände zu gebrauchen, als es bei Helen oder den anderen beiden taub-blinden Kindern im Perkins-Institut, Edith Thomas oder Willie Elisabeth Robin, gedauert hatte. Annie vermutete, dass es für diese Langsamkeit zwei gute Gründe geben mochte: der kleine Kerl war reichlich zwei Jahre jünger, als es die Mädchen bei Beginn ihrer Erziehung gewesen waren; und während diese von ihrer kleinen Umwelt erforschen durften, was immer sie konnten, war der arme Thommy in seinem Krankenhausbett praktisch ein Gefangener gewesen, ungeliebt und im Stich gelassen. Kein Wunder, dass sein kleiner Geist wie von Schlaf umfangen war. Jetzt musste er erst einmal aus dem Instinkt heraus die einfachsten Dinge lernen, ehe Sprache oder sonst etwas ihn erreichen würde!

Nachdenklich nickte Helen zu Annies Erklärung. «Ich erinnere mich, dass ich überhaupt nichts wusste und wohl auch nicht oft gelächelt habe, ehe du zu mir kamst, Teacher!»

«Er ist wirklich sehr glücklich im Kindergarten», schrieb sie an den Herausgeber des «Boston Herald», «und jeden Tag lernt er etwas Neues. Er hat entdeckt, dass Türen Schlösser haben, und dass man ganz leicht kleine Stöckchen in das Schlüsselloch schieben kann; aber es scheint ihm nicht viel daran zu liegen, sie wieder herauszuziehen, wenn sie erst einmal darin sind. Mit Vorliebe klettert er an Bettpfosten hoch, und er schraubt lieber Dampfventile auf als dass er buchstabiert!

Ich denke, er wird mit der Zeit noch schnell genug lernen!», schloss sie zuversichtlich.

Sie hatte Recht. Liebe, Geduld und Geschick bauten allmählich die Barrieren ab, die trennend zwischen Thommy Stringer und der Welt standen. Helen war stolz auf den Jungen, den sie errettet hatte, und dank ihres eifrig betriebenen Feldzuges besaß das kleine Geschöpf, das einem öden, unwissenden Dasein in einem trübseligen Armenhaus entgegengesehen hatte, nun ein eigenes Vermögen von dreizehnhundert Dollar.

«Es ist mir ein tröstlicher Gedanke, dass der Tod meiner lieben, tapferen und sanften Lioness der Anlass gewesen war, die Lebensumstände des kleinen Thommy so viel glücklicher zu gestalten», schrieb Helen an den Herausgeber von «Forest and Stream», als sie ihm die Empfangsbestätigung für seinen Scheck schickte.

Später wurde sie von der Idee befeuert, «Mr. Anagnos zu Geld für den Kindergarten zu verhelfen». Als sie diesen Plan mit ihren jungen Freundinnen Caroline Derby und Mrs. Howe's Enkelin Rosy Richards besprach, beschlossen sie, einen «Tea and Fair» zu veranstalten (eine Art Teegesellschaft, kombiniert mit einem Bazar). Mrs. Mahlon D. Spaulding stellte ihnen ihr Haus zur Verfügung und, angeregt durch die vielen spritzigen Briefe, die Helen schrieb, erschienen all die berühmten, bekannten und wohlhabenden Bostoner – mit Bischof Phillips Brooks, Dr. Oliver Wendell Holmes und Helens Vetter Dr. Edward Everett Hale an der Spitze. Als die Sache vorüber war, konnte ein strahlendes Mädchentrio Mr. Anagnos die wirklich bemerkenswerte Summe von zweitausend Dollar überreichen.

«Boston ist wirklich die Stadt der gütigen Herzen!», stellte Helen glückselig fest.

König Frost

Nachdem Thommy Stringer sich im Kindergarten eingelebt hatte und auf dem Wege war, ein freundliches, glückliches Kind zu werden, Mr. Anagnos seine Zufriedenheit über Helens Fortschritte in diesem Jahr bekundet hatte und jedermann ihre immer besser werdende Sprache lobte, fuhr Helen gesund und vergnügt Ende Juni nach Hause.

Selbst Annie fühlte sich entspannter und zuversichtlicher.

Doch bald nach ihrer Ankunft in Tuscumbia merkte sie, dass etwas in der Luft lag. Kate Keller war niedergeschlagen, der Captain nervös und bedrückt. Einige Tage später schickte Mrs. Keller alle Kinder hinaus und machte Annie ein trauriges Geständnis. Die Kellerschen Finanzen waren am Zusammenbrechen. Weitere Reisen nach Boston kämen nicht mehr in Frage, nicht einmal als «Gäste» der Schule. Das war ein Schlag, Annie konnte es nicht leugnen. Helen war so schnell vorangekommen, und ein blinder Schüler brauchte unbedingt die teuren Bücher in Blindenschrift sowie anderes spezielles Arbeitsmaterial, aber – sie zuckte mit den Achseln – irgendwie würde es schon gehen.

Ehe sie noch ein Wort des Trostes äußern konnte, schluchzte Mrs. Keller: «Es ist noch schlimmer, Miss Annie!» Mit nervösen Fingern zerknüllte sie ihr Taschentuch, und unaufhaltsam rannen die Tränen über ihr Gesicht. «Miss Annie – es – ist nicht einmal – mehr Geld da – um Ihr Gehalt zu bezahlen!»

Und als Annie sie anstarrte, senkte Helens Mutter den Kopf und weinte bitterlich.

Vielleicht war Annie im ersten Moment erschrocken, aber dann warf sie den Kopf in die Höhe. Ihr ganzes Leben hindurch hatte Annie der Anschauung gehuldigt, dass man in Unglück, Verzweiflung und Niederlage nur eines tun konnte: den Dingen ins Gesicht zu sehen und unverzagt weiterzuschreiten. Auf diese Weise hatte sie in ihrem Leben manche «unmögliche» Situation gemeistert. Sie beugte sich über Mrs. Keller – was sie zu ihr sagte, wissen wir nicht. Wir wissen nur, dass sie bei den Kellers blieb, dass sie mit Helen unbeirrt weiter arbeitete und Mrs. Keller auch noch half, Früchte einzukochen und den kleinen Philipp zu betreuen.

Wieder verbrachte die Familie den Sommer in Fern Quarry und blieb bis in den Herbst hinein dort, bis die Berge in der Pracht ihres herbstlichen Laubes wie in Flammen standen. Voller Ehrfurcht bestaunte Annie diese Schönheit und gab Helen tagtäglich die lebhaftesten Beschreibungen davon. Helen hatte seit jeher ein intensives Interesse an Farben, und Annie wusste aus den Tagen ihres eigenen Blindseins, mit welch verzweifelter und unbefriedigter Sehnsucht die Blinden zu erfahren trachten, was ihre Freunde sehen.

Und so begehrte Helen – wo immer sie auch hingingen – unaufhörlich, mitgeteilt zu bekommen, was zu sehen war. Welche Farbe hatten die Pferde? Von welcher Farbe waren die Kleider, die ihre Freunde trugen? Wie viele Babys waren im Zug? Doch nichts hatte sie so stark beeindruckt wie Annies Beschreibung der herbstlichen Farben in Fern Quarry. So gepackt und begeistert war sie, dass sie – wieder zu Hause in Tuscumbia – erklärte, sie wolle eine Geschichte schreiben.

Sie setzte sich an ihre Braille-Tafel und schrieb so schnell, wie es der Griffel, mit dem sie die Buchstaben stanzte, zuließ. Atemlos und glückselig war sie in ihre Arbeit vertieft, die Worte schienen aus ihren Fingern wie herauszufließen. Sie kamen ihr leicht und schnell, während sie die Geschichte vom mächtigen König Frost erzählte, der in seinem prachtvollen

Eispalast lebte, bewacht von «zwölf kriegerisch aussehenden weißen Bären», und wie er dazu kam, das Laub des Sommers in kostbare Edelsteine zu verwandeln, in Rubine, Smaragde und Gold.

Ergriffen von der freudigen Erregung, die alle Schriftsteller instinktiv verspüren, wenn sie glauben, etwas Gutes geschrieben zu haben, ließ sie sich eifrig bei Annie nieder, um ihr die Geschichte laut vorzulesen. Und wenn Annie unterbrach, um ihre Aussprache zu verbessern, wurde sie ungeduldig. Annie war überrascht von der wirklichen Schönheit und Gewandtheit der kleinen Geschichte. Helen hatte schon früher Geschichten geschrieben, von denen eine, «Sister Mabel», sogar im «St. Nicholas» veröffentlicht worden war. Auch viele kleine Essays hatte sie geschrieben, die alle erstaunlich gut waren. Aber diese, «Herbstlaub», war eindeutig die beste von allen. Wie konnte ein taub-blindes Kind von elf Jahren nur ein solch wunderschönes Bild erschaffen?

Stolz nahm Helen die Geschichte mit zu Tisch und las sie der Familie laut vor. Ihr Vater, der Zeitungsherausgeber, war ganz außer sich vor Freude. Ihre Mutter fragte nachdenklich: «Hast du etwas Derartiges in irgendeinem Buch gelesen?»

Die Frage überraschte Helen. Mit Entschiedenheit schüttelte sie den Kopf. «Oh, nein! Das ist meine Geschichte, und ich habe sie für Mr. Anagnos als Geburtstagsgeschenk geschrieben!»

Sorgfältig schrieb sie die Geschichte in Druckschrift ab und bestand darauf, sie selbst zur Post zu bringen und eigenhändig abzuschicken. Sie hüpfte und schwatzte den ganzen Weg lang und hatte das Gefühl, wie sie selbst später schrieb, als ob sie auf Wolken wandele!

Zehn Tage später verursachte Annie einige Angst und Aufregung, weil ein Hund sie gebissen hatte, den man für tollwütig hielt. Das Pasteur-Serum war im Süden noch nicht zu haben, nicht einmal in Boston. Als Mr. Anagnos von der Wunde hörte, drängte er Annie, schnellstens das Pasteur-Institut in New York City aufzusuchen und veranlasste den dortigen Arzt, alle Rechnungen an ihn zu schicken.

Inzwischen hatte man ihm auch mitgeteilt, dass Helen und Annie seiner Einladung, ein drittes Jahr im Perkins-Institut zu verbringen, nicht Folge leisten konnten. Sofort sandte er eine weitere, dringlichere Aufforderung und bestand darauf, dass sie kämen. Dann schrieb er noch einen vertraulichen Brief an Annie und bat sie, sich keine Sorgen zu machen:

«Bitte seien Sie nicht im geringsten beunruhigt wegen der Zukunft. Wie immer auch Captain Kellers Verhältnisse sein mögen, Sie und Helen werden auf keinen Fall darunter zu leiden haben.»

Mr. Anagnos arbeitete gerade an seinem Jahresbericht für 1891, als Helens Geschichte ihn erreichte. Er war entzückt davon und beschloss auf der Stelle, sie in dem Bericht zu veröffentlichen. Diesen Jahresbericht hätte man eher einen Helen-Keller-Bericht als einen Perkins-Bericht nennen können, denn einhundertsechsundvierzig von dreihundertfünfzig Seiten enthielten ausschließlich Lobpreisungen von Helen. Mr. Anagnos hatte Annie gegenüber geäußert, dass es seiner Meinung nach nun nach einer Pause von drei Jahren an der Zeit sei, den Bericht über Helens Fortschritte auch offiziell auf den gegenwärtigen Stand zu bringen und hatte sie gebeten, eine schriftliche Darstellung von Helens Leben seit 1888 zu geben. Wenn er sich damit begnügt hätte, diese Darstellung zu lassen, wie sie war, es wäre ein aufrichtiger, lebendiger und genauer Bericht gewesen, aber Mr. Anagnos hatte nie begriffen, dass Einfachheit die beste Taktik ist. Er fügte von sich aus so viele lyrische Ausschmückungen hinzu, dass Annie, als sie den Bericht las, sich fragte, ob diesem Labyrinth von Übertreibungen wirklich Helens Geschichte zugrunde lag!

«Helens Fantasie bringt wunderbare Blüten hervor. Sie ist

nicht zu beschränken, nicht zu begrenzen. Sie gleicht dem gewaltigen Spiegel eines Geistes, in dem das Geschaute sich in vollendeter Form und erstaunlicher Lebendigkeit abbildet …»

«Helens schriftliche Arbeiten bezeugen die Fruchtbarkeit ihrer Vorstellungskraft. Vollendete Kristalle, den Blüten ihrer Fantasie entsprungen, funkeln wie Sterne auf den strahlenden Seiten.»

«Helens Gedanken entstammen einer Welt der Schönheit und Majestät … Sie leuchtet wie ein prangendes Geschmeide im Schatzkästlein der Menschheit. Sie ist frisch und rein wie ein Veilchen ... Sie ist vollständig durchdrungen vom Geiste der Aufrichtigkeit. Sie kämpft heldenhafte Schlachten für Gerechtigkeit und Gleichheit.»

Das war entsetzlich. Annie krümmte sich bei jedem weiteren Satz. Helen war ein außergewöhnlich kluges, strebsames und liebenswertes Kind, aber nichts von diesen Übelkeit erregenden Dingen. Sie war sehr menschlich! War denn die einfache Wahrheit nicht Wunder genug?

Mr. Anagnos' Rhapsodien füllten Seite auf Seite, bis Annie das Buch fallen ließ, hin- und hergerissen zwischen halb hysterischem Gelächter über diesen durch und durch törichten Bericht einerseits und andererseits Zorn und Entrüstung darüber, dass ihre kostbare Helen zu einer solch unerträglich heiligen Gipsfigur gemacht wurde!

«Sie kennt nicht die Unfreundlichkeit, Engstirnigkeit, Feindseligkeit und Bösartigkeit der sie umgebenden Welt!», begeisterte sich Mr. Anagnos.

Was keineswegs zutraf, aber selbst wenn es der Fall gewesen wäre, so sollte das arme Kind das alles sehr bald kennen lernen; sehr bald, nachdem der Jahresbericht erschienen war.

Sie hatte ihre kleine Geschichte «Herbstlaub» geliebt, die Mr. Anagnos unter dem Titel «König Frost» veröffentlicht hatte. Sie wusste, dass sie gut war und freute sich, wenn die Menschen sie lobten. Und dann schlug das Schicksal zu. An einem Morgen im Januar, als Annie zu Helen ging, um ihr langes Haar zu kämmen, sah sie sich genötigt, dem Kind die schreckliche Nachricht mitzuteilen.

«Helen, jemand hat an Mr. Anagnos geschrieben, dass deine Geschichte ‹König Frost› überhaupt nicht von dir stammt. Dass sie schon vor langer Zeit in einem Buch ‹Frost Fairies› erschienen ist. Jetzt denk mal ganz scharf nach. Ich habe dir eine solche Geschichte nie vorgelesen. Aber hat das vielleicht jemand anderes getan?»

«Oh, nein, nein!», protestierte Helen. «Ich bin ganz sicher, dass ich sie nie gehört habe. Ich weiß genau, dass ich die Geschichte selbst ausgedacht habe!

Oh, wie kann nur solch ein Irrtum entstehen? Und nun werden die Leute denken, ich bin verlogen und schlecht.»

Annie versuchte, sie zu trösten, aber Helen war zutiefst verletzt und gekränkt. Und als sie Mr. Anagnos begegnete, merkte sie, dass er äußerst bestürzt war.

Es hatte sich die unglückselige Tatsache herausgestellt, dass Helens «König Frost» nahezu Satz für Satz gleich lautend war mit der Geschichte «Frost Fairies», einem Kapitel in dem Buch «Birdie and His Friends» von Margaret T. Canby, erschienen sieben Jahre vor Helens Geburt.

Das große Rätsel war aber, wie oder wo Helen davon gehört hatte. Annie kannte nicht einmal den Titel des Buches, auch Mrs. Keller nicht. Alle Verwandten und Freunde von Helen schüttelten den Kopf. Das Buch – oder die einzelne Geschichte – war nicht in Blindenschrift gedruckt. Wie hatte das geschehen können? Aber geschehen war es, das ließ sich nicht leugnen. Und Helens tränenerstickte Beteuerungen, dass sie sich nicht erinnern könne, die Geschichte jemals gehört zu haben, halfen auch nicht weiter. Das Kind spürte, wie eine feindselige Stimmung ihr gegenüber sich ausbreitete. «Mein Herz ist voller Tränen», schrieb sie in ihrem Tagebuch, «denn ich liebe die schöne Wahrheit von ganzem Herzen. Mr. Anagnos ist sehr bestürzt, und es bekümmert mich, dass ich ihm solchen Schmerz bereitet habe.»

Schließlich war es Mrs. Hopkins, die das Rätsel zum Teil wenigstens löste. Immer wieder hatte sie sich den Kopf zerbrochen, bis ihr schließlich einfiel, dass ihre Tochter Florence ein Exemplar von «Birdie and His Friends» besessen hatte. Sie erinnerte sich auch, dass Annie während des Sommers 1888 wegen einer Augenbehandlung einige Tage hatte abwesend sein müssen, und dass sie, Mrs. Hopkins, während dieser Zeit die kleine Helen damit unterhalten hatte, ihr einzelne Geschichten aus den Büchern ihrer Tochter vorzulesen. «Frost Fairies» muss eine von diesen gewesen sein. Kurz danach hatte sie alle Bücher ihrer Tochter weggegeben.

Das bedeutete, dass Helen die Geschichte gehört hatte, als sie acht Jahre alt war. Und nicht einmal so viel Eindruck hatte ihr diese Geschichte gemacht, dass sie sie Annie nach deren Rückkehr wieder erzählt hätte. Dies kleine Märchen war einfach in ihr Unterbewusstsein gesunken und hatte dort geruht, bis es durch Annies Beschreibung des Herbstlaubs in Fern Quarry wieder zum Leben erweckt wurde.

Annie stieß einen Seufzer der Erleichterung und Dankbarkeit aus. Es war nun leicht zu begreifen, was geschehen war, vor allem, wenn man Helens Fähigkeit kannte, alles, was sie hörte, bis in die Einzelheiten hinein genau zu behalten. Mr. Anagnos würde das sicher verstehen. Hatte er doch selbst ihre bemerkenswerte Gedächtniskraft in seinem letzten Jahresbericht so lobend hervorgehoben!

Doch dann brach der Sturm erst richtig los. In einem Festspiel, das von der Mädchen-Abteilung an Washingtons Geburtstag aufgeführt werden sollte, hatte Helen die Göttin Ceres zu spielen. Während der Probe am Vorabend der Feier begegnete einer der Lehrer dem Kind und begann es mit Fragen zu bombardieren, woher ihm denn die Gedanken für den «König Frost» gekommen seien. In aller Unschuld antwortete

Helen bereitwillig: «Teacher hatte mir von Jack Frost und seinen wunderbaren Taten erzählt, und wie er die Blätter rot und smaragdfarben, purpurn, golden und braun gefärbt habe, und auf einmal fing die Geschichte in mir zu wachsen an.»

Sie hatte genug gesagt! Der Lehrer stürzte mit der Nachricht von Helens «Geständnis» zu Mr. Anagnos: Sie erinnere sich tatsächlich, dass Annie ihr die Geschichte «Frost Fairies» erzählt habe.

Entsetzt und ungläubig vernahm Annie, dass Mr. Anagnos ein «Untersuchungs-Komitee», bestehend aus acht Lehrern – vier blinden und vier sehenden – zusammengerufen habe, um über das elfjährige Kind unter der Anklage, ein Plagiat begangen zu haben, zu Gericht zu sitzen!

Eine sehr verängstigte Helen wurde vorgeladen, Annie aus dem Zimmer geschickt, und dann beschuldigte man das Kind, Mr. Anagnos eine bereits gedruckte Geschichte als seine eigene geschickt zu haben in der vorsätzlichen Absicht, ihn zu betrügen, und dann noch versucht zu haben, sich herauszulügen! In Mr. Anagnos' eigenem Bericht über diese Angelegenheit heißt es: «Es war eine zweistündige Untersuchung von unnachgiebiger Strenge, während der alle Arten von Fragen in völliger Offenheit gestellt wurden, die aber nicht den geringsten Beweis für den Tatbestand vorsätzlich begangenen Betruges seitens der Lehrerin oder einer sonstigen Person erbracht hätten.»

Zwei Stunden lang hämmerte das Komitee auf Helen ein, bis das Blut in ihren Ohren dröhnte, und das Herz ihren Körper auseinanderzureißen schien. Verängstigt, verzweifelt – und allein – fühlte sie all die Feindseligkeit um sich herum und hatte den Eindruck, dass Mr. Anagnos sie vorwurfsvoll anblickte. Am Ende wusste sie nicht mehr, was sie sagte.

Aber man konnte ihre Aussagen nicht erschüttern und ließ sie schließlich gehen, ein zitterndes, schluchzendes, betäubtes kleines Mädchen, das nicht mehr im Stande war, den Sinn der

Worte zu begreifen, die ihm jemand wiederholt in die Hand buchstabierte: «Du bist ein sehr tapferes kleines Mädchen, und wir sind alle so stolz auf dich!» Sie war auch nicht mehr in der Lage, Annies Liebkosungen zu erwidern, sondern lag völlig benommen auf ihrem Bett. Aber während der Nacht wurde sie aufs Neue von den Erinnerungen an diese ganze hässliche Angelegenheit überfallen und gepeinigt. Sie weinte und schluchzte derart herzzerbrechend, dass Annie, die sie im Arm hielt, und Mrs. Hopkins, die sich über sie beugte, Angst bekamen. Noch nie hatten sie ein Kind mit solchem Herzeleid erlebt.

Sie konnte vor Schluchzen nicht sprechen, aber immer wieder formten ihre Finger die Worte: «Ich wusste doch wirklich nicht, dass ich die Geschichte schon gehört hatte. Ich liebe die Wahrheit! Ich liebe die schöne Wahrheit!»

Sie fühlte sich so kalt, dass sie glaubte, sie würde sterben.

Trotz aller Standhaftigkeit Helens stimmten vier Mitglieder des Komitees dafür, dass sie vorsätzlichen Betrug begangen hatte, vier hielten sie für unschuldig, und Mr. Anagnos gab seine Stimme zu Helens Gunsten ab.

Wo lagen die Wurzeln von alledem? Hatte der Sturm sich schon seit geraumer Zeit zusammengebraut? Hatte es vor zwei Jahren mit Annies unglücklicher Bemerkung angefangen, dass sie die alleinige und gesamte Verantwortung für Helen trüge? Man muss zugeben, dass ihre eigenartige Stellung in der Schule der Grund für voreingenommene Empfindungen gewesen sein mag. Da war die frühere Wohlfahrtsschülerin mit einer Freistelle im Perkins-Institut, nun Lehrerin einer genialen Schülerin, und beide waren seit mehr als zwei Jahren Gäste des Instituts. Außerdem ist nicht zu leugnen, dass Helen in ihren Klassen in hohem Ansehen stand und mehr Aufsehen erregte, als alle anderen Schüler zusammen. Und schließlich war da noch Mr. Anagnos' übertriebene Schilderung von ihr in seinem Jahresbericht. Hatte er mit seinen Lobpreisungen zu hoch gegriffen?

Trotz Mr. Anagnos' schriftlicher Aussage, er sei vollkommen überzeugt, dass Helen keine Ahnung gehabt habe, Miss Canbys Geschichte jemals gehört zu haben, und dass sie in der Tat «die schöne Wahrheit liebe», hatte sich die Atmosphäre in der Schule vollständig geändert, und Helen war sich dessen nur allzu deutlich bewusst. Selbst wenn sie Mr. Anagnos' Amtszimmer betrat, lag etwas Bedrohliches in der Luft. Sie fühlte, dass eine Wand aus Misstrauen und Zweifel zwischen ihnen stand. Zwar war Mr. Anagnos noch da, aber der alte Freund war verschwunden.

Zwei Dinge dieser «König-Frost»-Episode haben Helen Keller ihr ganzes Leben hindurch belastet. Das eine war, dass einige Menschen öffentlich Zweifel an Annies Ehrlichkeit geäußert hatten; das andere war der Verlust von Mr. Anagnos' Freundschaft. «Er hat uns aus seinem Herzen ausgeschlossen!», sagte sie später.

Und so machte sie im Perkins-Institut, für sie «ein Ort der Wunder, ein wahrhaft verzauberter Ort», zum ersten Mal die Erfahrung von der «Unfreundlichkeit, Feindseligkeit und Engstirnigkeit der sie umgebenden Welt».

Sehr seltsam in der ganzen Angelegenheit war die Haltung Captain Kellers: Er schrieb zwei Briefe an Mr. Anagnos, in denen er Helens Unschuld beteuerte und zugleich überschwängliche Entschuldigungen aussprach für den Kummer, den Helen ihm verursacht hatte!

Aber treue und wohlwollende Freunde scharten sich um Helen und Annie. Dr. Bell, der in Boston zu jener Zeit in Prozesse wegen einiger seiner Telefon-Patente verwickelt war, nahm sich trotz seiner geschäftlichen Sorgen die Zeit, zu ihnen zu kommen und sie zu trösten.

«Wir alle tun das, was Helen tat!», rief er aus.

«Unsere ureigensten Aussagen bestehen aus Ausdrücken, die von anderen stammen!»

Aber die verständnisvollsten Worte kamen von Miss Canby:

«Wenn sie eine Short Story sogleich nach dem Hören genau erinnert und niedergeschrieben hätte, so wäre das allein schon ein Wunder. Aber eine Geschichte einmal gehört zu haben, vor drei Jahren, auf solch eine Art ... und sie dann so lebendig wiederzugeben und sogar noch eigene Züge hinzuzufügen, die völlig im Einklang mit dem Rest stehen und eigentlich das Original noch verbessern, ist etwas, das nur sehr wenige Mädchen, auch wenn sie an Jahren reifer, hörend und sehend wären, fertig gebracht hätten. Unter diesen Umständen kann ich nicht verstehen, wie jemand so herzlos sein kann, von einem Plagiat zu sprechen. Sie steht *allein*! ... Bitte richten Sie ihr meine wärmsten Grüße aus und sagen Sie ihr, sie möge sich nicht mehr beunruhigen. Niemand darf denken, dass das Unrecht war, und eines Tages wird sie eine große schöne Geschichte schreiben.»

Aber vielleicht hat Mark Twain, als er Jahre später Helens Bericht über diese bittere Affäre las, die «Plagiat-Gerichts»-Episode am besten zusammengefasst, indem er in einem Brief an Helen von einer «Anhäufung verrotteter menschlicher Kohlköpfe» sprach!

Nicht brechen, nicht biegen

Helen wurde von einem Zustand matter Gleichgültigkeit ergriffen, den sie fast den ganzen Sommer hindurch nicht abschütteln konnte. Sie wagte nicht mehr, etwas zu schreiben, nicht einmal Briefe an ihre Familie oder nahe Freunde brachte sie zustande. «Angenommen, es stellt sich heraus, dass alles, was ich sage, schon von jemand anderem vor langer Zeit niedergeschrieben worden ist?», sagte sie voller Verzweiflung zu Annie.

Selbst wenn sie mit jemandem sprach und ihr ein plötzlicher Einfall kam, pflegte sie zu stocken und zögernd zu buchstabieren: «Ich bin nicht sicher, ob dies mein eigener Gedanke ist!» Sie wurde von der Vorstellung gequält, dass sie ein Dieb sein und die Gedanken eines anderen stehlen könnte!

Und Annie kämpfte mit ihren eigenen Ängsten. Sie fürchtete Helens Depression, fürchtete, dass das Gleiche noch einmal passieren könnte – und es gab keine Möglichkeit, sie davor zu schützen, denn bei Helens wachsenden Fähigkeiten konnte sie unmöglich alles kontrollieren, was ihre Schülerin las oder hörte! Doch sie wehrte ihre eigenen Sorgen ab und bemühte sich, das Mädchen aus den dunklen Schatten ihrer Erfahrung herauszuholen.

«Du musst an das denken, was Dr. Bell und Miss Canby gesagt haben, Helen. Ich weiß, dass du einen vorzüglichen Verstand hast, und viele eigene Gedanken. Du kannst ruhig dieselben Dinge sagen wie die anderen Menschen, das tun wir alle; du kannst sie ja in einer neuen Art sagen.»

In ihrem verstörten Zustand war es Helen nicht möglich, zu lernen und zu arbeiten. Sie hatte Schande über sich gebracht. Sie hatte ihre liebsten Freunde Verdächtigungen ausgesetzt und ihnen Kummer bereitet. «Kein Kind hat jemals tiefer aus dem Becher der Bitternis getrunken als ich», bekannte sie später. Einst hatte sie Phillips Brooks erklärt: «Ich bin immer glücklich!» Nie wieder würde sie das von sich sagen können. Sie brauchte jetzt alle Liebe, alles Verständnis und alle Hilfe, die ihre Freunde ihr zu geben vermochten.

Was Annie anbelangte, so versuchte sie, ihre seelischen Spannungen «durch wilde und gefahrvolle Ritte in den Wäldern» zu lösen. Mitten in dieser schwierigen Zeit bat «The Youth's Companion» Helen, einen Lebensabriss für sie zu schreiben. Vor diesem Gedanken schreckte sie unwillkürlich zurück, aber Annie und ihre Mutter redeten ihr gut zu, wenigstens darüber nachzudenken. Sie wussten, dass das das Beste wäre, was Helen tun könnte, vielleicht sogar das einzige Mittel, sie von ihren Ängsten und quälenden Zweifeln zu befreien. Um ihnen einen Gefallen zu tun, setzte Helen sich schließlich hin und schrieb ihre kleine Biografie, gerade ein Jahr, nachdem sie so voller Freude den «König Frost» niedergeschrieben hatte, als das Herbstlaub unter ihren Füßen raschelte und die duftenden Trauben an der Veranda reiften.

Diesmal schrieb sie nicht schnell und freudig, sondern zaghaft und ängstlich. Nie wieder würde sie mit der unbekümmerten Hingabe schreiben, aus der heraus der «König Frost» entstanden war. Manchmal, mitten in einem Satz, kam es vor, dass ein Angstteufelchen ihre Hand fest hielt, sie den Kopf senkte und ausrief: «Ich kann nicht! Bitte, zwingt mich nicht!»

Aber mit Entschiedenheit spornte Annie sie immer wieder an. Wenn es Helen gelang, mit dieser Skizze zu Rande zu kommen, so dachte sie, würde sie ihr seelisches Gleichgewicht wieder erlangen. Und sie sollte Recht behalten. Der kleinen Skizze wurde von Seiten des «Youth's Companion» eine herzliche Aufnahme zuteil, und man merkte ihr nichts von der Zaghaftigkeit an, die Helen während ihrer Arbeit daran empfunden hatte. Das Schreiben hatte Helen wirklich gut getan. Sie war nun wieder in der Lage, ihren Unterricht aufzunehmen, obwohl Annie persönlich von den Aussichten für Helens weitere Erziehung recht unbefriedigt war: Es schien kein bestimmtes Ziel mehr zu geben, das man hätte ansteuern können.

Das nächste Jahr jedoch, Helen war dreizehn, gestaltete sich dank Dr. Bells Hilfe glücklicher. Zunächst lud er Annie und Helen zu sich nach Washington ein, um an Präsident Clevelands zweiter Amtseinführung teilzunehmen. Danach plante er mit Helen eine Überraschung für Annie, und sie fuhren mit ihr zu den Niagarafällen. Helen war überwältigt, als sie auf der die amerikanischen Fälle überragenden Plattform stand und die Luft erzittern und die Erde erbeben fühlte. Sie ging zur kanadischen Seite hinüber und rief: «God Save the Queen!»

«Höre, du kleine Verräterin!», rief Annie.

Ihr Hotel war so nahe an den Fällen gelegen, dass Helen, indem sie ihre Hand an das Fenster legte, fühlen konnte, wie das Wasser vorbeirauschte. Sie erzählte später ihrer Mutter: «Ich konnte kaum glauben, dass es Wasser sei, was ich mit solch ungestümer Wucht vor meinen Füßen vorbeidonnern und stürzen fühlte! Es schien vielmehr, als sei es irgendein Lebewesen, das einem schrecklichen Schicksal entgegeneilte.»

Einige Menschen, die sie trafen, stellten Helen ziemlich törichte Fragen. Eine Dame zeigte sich überrascht, dass sie Blumen liebte, «wenn du doch ihre herrlichen Farben nicht sehen kannst – aber zweifellos fühlst du die Farben mit den Fingern!» Und dann der Herr, der fragte, was Schönheit ihr bedeuten könne. Helen war verdutzt, aber nach kurzem Nachdenken sagte sie ihm, sie stelle sich vor, Schönheit sei eine Form der Güte. «Und dann», erzählte Helen ihrer Mutter, «ging er weg!»

Helen Keller als Studentin

Helen Keller, Anne Sullivan und der Schauspieler Jefferson

Anne Sullivan liest Helen Keller vor

Helen Keller. Um 1940

Im August nahm Dr. Bell sie zur Weltausstellung nach Chicago mit. Der Präsident der Ausstellung gab ihr die Erlaubnis, alle Gegenstände zu berühren, sofern das möglich war. Und die Menschen, die sie beobachteten, riefen Annie zu: «Sie sieht mit ihren Fingern mehr als wir mit unseren Augen!»

Alles faszinierte sie. Sie liebte den Indischen Basar «mit seinen Schiwas und Elefantengöttern», und das Modell von Kairo ließ Ägypten für sie lebendig werden; sie ging an Bord eines Wikingerschiffes und fuhr jeden Abend auf den Lagunen von Venedig herum. Im «Haus der Elektrizität» untersuchte sie die Telephone, Autophone und Phonographen, und Dr. Bell erklärte ihr, wie Botschaften über Drähte gesendet werden, so dass der Mensch «des Raumes spottet und die Zeit überwindet». Eine besondere Vorliebe hatte sie für die französischen Bronzen. Auf der Ausstellung des Kaps der Guten Hoffnung begeisterte sie sich für das Schürfen von Diamanten. Sie befühlte die laufenden Maschinen, um zu lernen, wie Diamanten gewogen, geschnitten und geschliffen werden. In der Waschanlage suchte sie nach Diamanten und fand auch wirklich einen, den einzigen echten Diamanten, so sagte man ihr, der je in den Vereinigten Staaten gefunden worden war!

Diese Reise – für Helen ein Quell ungetrübter Freude – zeigte Annie deutlich, wie viel es für Helen auf der Welt zu entdecken und zu lernen gab, und wie unzulänglich ihre eigene Hilfe dabei war. Das muss sie Dr. Bell anvertraut und ihn um seinen Beistand gebeten haben. Sie klagte, dass sie Helen «nur das Zerrbild einer Erziehung» zuteil werden ließe, und er beruhigte sie: «Sie waren wenigstens nicht durch vorgefasste Meinungen belastet, was ich für einen Vorteil halte. Sie sind an Ihre Aufgabe ohne die üblichen Standard-Vorstellungen herangetreten, und Ihre eigene Persönlichkeit ist so in sich ruhend, dass Sie nicht versucht haben, diejenige Helens zu unterdrücken. Sie dürfen der Tatsache, dass Sie keine eigentliche Ausbildung durch andere erfahren haben, nicht so viel

Bedeutung beilegen. Was wir von anderen lernen, hat weniger Wert, als das, was wir uns selber lehren!»

Aber er verstand und teilte Annies Ansicht über Helens weitere Ausbildung, und er sah auch, welchen Gewinn es für Helens ungewöhnlich regen Geist bedeuten würde, wenn sie mit den in Boston lebenden literarischen Kreisen in Verbindung bliebe. Sie brauchte nun mehr, als Annie ihr geben konnte. Dr. Bell wusste zwar, dass Captain Keller nicht weiter für Helens Ausbildung aufkommen konnte, aber irgendetwas musste sich arrangieren lassen; für Helen Keller war nur das Beste gut genug.

Ob das, was sich als Nächstes ereignete, Dr. Bell zu verdanken ist, ist nicht klar; aber Helen und Annie wurden von Mr. William Wade, der ihr Lioness und Neddy geschenkt hatte, eingeladen, einige Monate bei ihm und seiner Familie in Hulton, Pennsylvania, zu verbringen. Helen war entzückt. Sie hatte das Haus der Wades von Perkins aus schon zweimal besucht und fand es dort herrlich, mit lebhaften Kindern, vielen Hunden und dreizehn Eseln! Aus irgendeinem Grund hatte Mr. Wade besonderes Interesse für blinde Kinder, und Helens Fall lag ihm vor allem am Herzen. Er ergriff sofort die Initiative.

«Wir haben hier einen Nachbarn, einen Dr. John Irons, einen presbyterianischen Geistlichen», sagte er zu Annie, «der einen hervorragenden Lehrer für Helen abgeben würde, wenn man ihn dafür gewinnen könnte.»

Dr. Irons wurde zu einer Besprechung gebeten, und er und Helen freundeten sich auf der Stelle an. Er übernahm die Aufgabe sofort, und Helen war glücklich. Der Besuch der Weltausstellung hatte ihr ursprüngliches Bedürfnis, «viele Dinge» zu lernen, wieder aufleben lassen.

«Liebes Tagebuch», schrieb Helen, «heute ist der 13. Oktober 1893, und ich habe erfreuliche Nachrichten für dich. Heute habe ich mit meinem Unterricht begonnen und bin sehr, sehr glücklich. Ich lerne Arithmetik, Latein, Geschichte, Geographie und Literatur. Ich bin so glücklich, weil ich immer mehr über diese herrliche, wunderschöne Welt wissen möchte ... Früher sagte ich, dass ich Arithmetik nicht mag, aber jetzt sehe ich ein, wie gut und nützlich es ist, sie zu lernen. Ich versuche, sehr ruhig und geduldig zu sein, wenn die Aufgaben sehr schwer zu sein scheinen. Aber trotz meiner Anstrengungen, meinen Verstand an der Kandare zu halten, flattert er herum wie ein kleiner Vogel im Käfig und versucht zu entkommen.»

Trotz aller Bemühungen war es ihr niemals gelungen, irgendwelche mathematischen Disziplinen wirklich zu mögen. Auch an lateinischer Grammatik war sie nicht interessiert. Französisch zu sprechen hatte sie wie im Spiel gelernt, so dass es ihr eine reine Zeitverschwendung zu sein schien, jedes vorkommende Wort zu analysieren.

«Ebenso gut könnte ich meine Katze analysieren!», sagte sie gequält.

«Stamm: Wirbeltier; Klasse: Säugetier; Ordnung: Raubtier; Familie: Katze; Gattung: Katze; Art: Hauskatze; Individuum: Tabby! Warum nicht einfach lateinisch lesen?» Aber Latein wurde schließlich zu ihrem Lieblingsfach. Sie genoss die Stunden mit Dr. Irons, und er war begeistert von ihr. Als Mr. Wade ihn zu seiner Arbeit mit Helen beglückwünschte, antwortete er: «Der wäre ein trauriger Stümper, der bei solchem Material keinen Erfolg hätte!»

Annies Anteil an dieser Zusammenarbeit war der anstrengendste. Dr. Irons konnte natürlich das Fingeralphabet nicht, und Helens Lippenlesen war ein zu langsamer und mühseliger Prozess, besonders mit einem Fremden, so dass Annie in jeder Stunde neben ihr saß und alles, was Dr. Irons sagte, ihr in die Hand buchstabierte. Sie musste genau zuhören, das Gehörte Helen wiedergeben, sehr oft das, was Helen sagte, für Dr. Irons übersetzen und Helen dann ihre Aufgaben vorlesen. Das war wahrhaftig keine leichte Arbeit, besonders für jemanden, dessen Augen sich verschleierten und brannten, aber Helen machte riesige Fortschritte, und das allein zählte für Annie.

Im Februar dann ließ Captain Keller sie aus einem uns nicht bekannten Grund nach Tuscumbia zurückkehren. In einer sehr düsteren Gemütsverfassung fuhr Annie wieder in den Süden.

Den Süden hatte Annie in Wahrheit nie gemocht. Einmal beklagte sie sich Helen gegenüber, dass «das Leben in Tuscumbia so eintönig sei wie der Gesang des Tagschläfers!»

Annie fühlte sich jetzt, nachdem sie drei Monate lang erlebt hatte, welche Art Ausbildung Helen haben und was sie alles erreichen könnte, «wie ein Schiff ohne Ruder».

Wieder zurück in Alabama, fuhren Helen und Annie in ihrer Arbeit fort, so gut sie es vermochten. Annie wandte jetzt vor allem viel Zeit an Helens Stimmbildung und Lippenlesen und wünschte sich sehnlichst fachkundige Hilfe. Einmal rief sie voller Verzweiflung aus: «Ich würde alle Seligkeit in dieser und jener Welt dafür geben, wenn dir das die natürliche Sprache verleihen könnte!»

«Oh, nein, Teacher, das darfst du nicht sagen!», rief Helen erschrocken.

Ein anderes Mal, als Helen ihre Stimmübungen so weit getrieben hatte, dass sich vor Müdigkeit ihre Gesichtsmuskeln, Zunge und Kehle alle gleichzeitig verkrampften, brach Annie in nervöses Weinen aus. «Oh, Helen, hör auf!», bat sie. «Du siehst ganz versteinert aus!»

Sie brauchte unbedingt Hilfe – unbedingt –, wenn Helen ein unabhängiger und für die Welt nützlicher Mensch werden sollte, der nicht ständig auf die Nachsicht anderer angewiesen war. Einer sehr viel intensiveren Ausbildung bedurfte es, um Helen in den Stand zu versetzen, ein nützliches Leben führen zu können.

Nach und nach unterzog sie sich der schwierigen Aufgabe, Helen klarzumachen, dass sie physisch immer auf die Hilfe anderer angewiesen sein würde, sich aber darauf vorbereiten müsse, geistig und finanziell unabhängig zu werden. Wie würde sie diese Seite ihres Lebens meistern können?

«Ich kann lesen!», erklärte Helen zuversichtlich. «Ich kann lesen und werde jedes Buch verschlingen, das ich finde!»

«Auf diese Weise kannst du viel lernen», erwiderte Annie, «aber das genügt nicht. Was könntest du der Welt nützen, wenn du nur zu einem Bücherwurm heranwächst? Du musst dir noch mehr einfallen lassen.»

Auch Annie musste sich noch mehr einfallen lassen. Und diese Sorge ließ sie nachts keinen Schlaf finden. Helen brauchte Hilfe. Wahrscheinlich vor allem für ihre Sprache und ihr Lippenlesen, denn schließlich beherrschten nur verhältnismäßig wenige Menschen das Fingeralphabet. Aber wo sollten sie diese Hilfe finden? Und wie?

Wieder war es Dr. Bell, der als Retter auftrat. Im Juli 1894 wurde Annie aufgefordert, auf dem Kongress der «Amerikanischen Vereinigung zur Verbesserung des Sprachunterrichts für Taubstumme» zu sprechen, der in Chautauqua, New York, stattfand. Helen begleitete sie natürlich. Im letzten Augenblick wurde Annie von einer derartigen Schüchternheit und Nervosität ergriffen, dass ihr Vortrag über Helens Erziehung von Dr. Bell verlesen werden musste. Darin machte Annie eine überraschende Feststellung: Sie erklärte, dass ihrer Meinung nach viel zu viel über Helen Keller veröffentlicht worden sei. Sie wäre froh, wenn sie ihre Zuhörer davon überzeugen könnte, dass Helen kein «außergewöhnliches Genie» sei, sondern einfach ein sehr kluges und prächtiges Kind, und dass ihre sogenannten wunderbaren Leistungen nur darin bestünden, ihre Muttersprache leichter und flüssiger zu sprechen und zu schreiben als das durchschnittliche Kind ihres Alters.

Damit hatte Annie gewiss Unrecht. Außer ihrer Begabung für das Englische besaß Helen eine natürliche Veranlagung für eine jegliche Sprache und darüber hinaus ein außergewöhnliches Gedächtnis und starke Zielstrebigkeit. Aber vielleicht hatte ihr größter Vorzug immer in ihrer gewinnenden und unwiderstehlichen Persönlichkeit bestanden.

Dr. Bell hatte Annies Methoden, Helen zu unterrichten, stets ausgesprochen bewundert und war der Meinung, dass ihre Ideen jedem Lehrer für Gehörlose zur Verfügung stehen sollten. Aber vielleicht verfolgte er noch ein anderes Ziel, als er sie und Helen zu diesem Kongress einlud. Hier begegneten sie nämlich John Wright und Dr. Thomas Humanson, die sich mit dem Plan trugen, eine neue Sprachschule für Gehörlose in New York City zu eröffnen. Die beiden Männer hörten Helen sprechen, beobachteten ihr Lippenlesen und erklärten Annie: «Wir glauben, dass Helens Stimme mit Hilfe unserer neuartigen Methoden natürlich werden könnte.»

Reise zu den Sternen

Oktober 1894: Helen und Annie befanden sich in der Wright-Humanson-Sprachschule für Gehörlose in New York City. Die wohlwollenden Paten, die dieses Unternehmen in die Wege geleitet hatten, scheuten die Öffentlichkeit, aber Helens treuer Freund, «König John» Spaulding aus Boston, war zweifellos einer von ihnen, und Helen vermutete, dass auch Dr. Bell die Hand im Spiele hatte. Wie dem auch sei – sie waren jedenfalls da!

«Die Schule ist sehr angenehm», schrieb Helen an eine Freundin, «und, stell dir vor, richtig modern! ... An meinen Gesangsstunden bei Dr. Humanson habe ich mehr Freude, als ich sagen kann!» Dr. Humanson versuchte es mit Stimmübungen, um ihr zu einer Kontrolle über ihre Stimme und zu einer höheren und klareren Stimmlage zu verhelfen. Die meisten Schwierigkeiten bereitete ihr das Lippenlesen. Einzelne Wörter hatte sie immer verstehen können, aber zusammenhängender Rede zu folgen, bedeutete eine unvorstellbare Anstrengung. Es bedurfte der ganzen geduldigen Hilfe von Dr. Humanson, des Zuspruchs von Annie und Helens unerschütterlichem Mut, trotz Misserfolg und äußerster Erschöpfung nicht aufzugeben. Eine derart anstrengende und nervenaufreibende Aufgabe hatte Helen bisher noch nie zu bewältigen gehabt. Nur langsam und unter größten Schwierigkeiten kam sie voran, und zeitweise schien es hoffnungslos. Oft war Helen den Tränen nahe.

Doch Widerstände waren Helen und Annie nicht unbekannt, waren nichts, was sie fürchteten. Vor langer Zeit schon hatten sie herausgefunden, dass man sie erkennen und akzeptieren muss, um sie dann entweder zu überwinden oder zu umgehen. Wie enttäuscht Helen über ihre langsamen Fortschritte auch gewesen sein mag, abschrecken ließ sie sich nicht. Und nach einem halben Jahr konnte Dr. Humanson berichten, dass sie nun in der Lage war, ihre Lehrer und Mitschüler genau zu verstehen, obwohl das Lippenlesen noch immer langsam und mühselig vor sich ging.

Auch ihre eigene Sprache war besser geworden. Sie war deutlicher, die Stimmlage höher und im Ton geschmeidiger. Wenn sie die Kehle eines Sängers berührte, konnte sie sogar bis zu einem Halbton genau die Veränderungen in der Tonhöhe wahrnehmen und selbst nachahmen.

Es war eine gute Schule, und das Leben dort muss angenehm gewesen sein. Die Schüler unternahmen Ausflüge zur Freiheitsstatue, zu Hunde-Ausstellungen im Madison Square Garden und besuchten das Theater. Zwei Jahre war Helen dort als Schülerin – wobei Annie während der Unterrichtsstunden immer neben ihr saß – und nahm unter den tauben Schülern eine ebenso hervorragende Stellung ein wie seinerzeit unter den Blinden des Perkins-Instituts.

Auch gesellschaftlich zeigte New York sich so entgegenkommend wie Boston. Auf irgendeine Weise befreundeten Helen und Annie sich mit dem Literaturkritiker Lawrence Hutton und seiner schönen Frau Eleanor und wurden oft in ihr Haus geladen. Und bei den Huttons machten sie die Bekanntschaft von Mark Twain, Henry van Dyke, Woodrow Wilson, Kate Douglas Wiggin Riggs, Joseph Jefferson, Ellen Terry und Sir Henry Irving.

Auf einer ihrer ersten Gesellschaften im Hause Hutton wollte einer der Gäste feststellen, ob Helen die Menschen, die sie an jenem Nachmittag zum ersten Mal getroffen hatte, an ihrem Händedruck wieder erkennen würde. Als Mark Twain auf sie zutrat, beschloss er es anders zu versuchen und anstatt ihre fragende Hand zu ergreifen tätschelte er ihren Kopf.

«Oh!», rief sie sogleich aus, «das ist Mr. Clemens!»

Freudig erregt beschrieb sie diesen Nachmittag in einem Brief an ihre Mutter:

New York, 31. März 1895

«Teacher und ich verbrachten den Nachmittag bei den Huttons und hatten es dort wunderschön! ... Wir trafen dort Mr. Clemens und Mr. Howells! Ich hatte nie gedacht, dass ich sie kennen lernen und mit ihnen sprechen würde und kann es kaum glauben, diese große Freude gehabt zu haben! ... Ich staune nur, dass ich, ein kleines Mädchen von vierzehn Jahren, so vielen bedeutenden Menschen begegne. Es ist mir klar, dass ich ein sehr glückliches Kind bin. Die beiden bedeutenden Schriftsteller waren sehr freundlich und gütig ... Mr. Clemens hat uns viele amüsante Geschichten erzählt, über die wir Tränen lachten. Ich wünschte nur, du hättest ihn sehen und hören können! Ich glaube, er sieht auch sehr gut aus. Mr. Hutton schenkte mir zur Erinnerung an diesen reizenden Besuch ein entzückendes kleines Glas, in der Form einer Distel, das seiner lieben Mutter gehört hatte.»

Ganz spontan entstand zwischen Mark Twain, Helen und Annie eine Freundschaft, die ein Leben lang bestehen blieb. So zynisch und sarkastisch er sein konnte, Samuel Clemens hatte ein Herz, das immer leicht und schnell von allem Ergreifenden gerührt wurde, und sowohl in Helen als auch in Annie entdeckte er etwas Reines und Schönes. Viele Menschen hatten nur Augen für Helen, Samuel Clemens war einer der wenigen, die Annie als eigenständige Persönlichkeit bedeutend und liebenswert fanden. Helen liebte er, Annie würdigte er, wie es nur wenig andere taten.

Unter denen, die Annie würdigten, war Ellen Terry. Wenn

sie einander begegneten, küsste sie Annie und sagte leise: «Ich weiß nicht, ob ich mich freue, Sie zu sehen oder nicht – ich schäme mich meiner, wenn ich denke, was Sie alles getan haben!»

Sie verbrachten zwei sehr glückliche Jahre in der Wright-Humanson-Schule. Dann wurde Helen von einem erstaunlichen und atemberaubenden Ehrgeiz ergriffen. Sie wollte ein College besuchen! Schon vor Jahren, als kleines Mädchen, hatte sie voller Zuversicht erklärt: «Eines Tages werde ich ein College besuchen. Ich werde nach Harvard gehen!»

Darüber vermochte sie jetzt zu lachen. Harvard würde ihr kaum seine Tore öffnen, aber vielleicht Radcliffe, Harvards Schwester-College?

Zunächst hielt das jeder für eine Unmöglichkeit, selbst Annie mit ihrem Löwenherzen. Helen hatte noch nie irgendwelche ein College vorbereitende Kurse besucht, noch hatte sie je am Schulunterricht normaler Mädchen teilgenommen. Würde sie – würde Annie – das schaffen können? Und überdies – das war vielleicht das größte Hindernis – war kein Geld vorhanden. Und ihr guter, großzügiger Bostoner Freund, John Spaulding, lebte nicht mehr. Aber eines hat Helen Keller immer besessen: einflussreiche Freunde, die in der Stunde der Not zu Hilfe kamen. Der erste war Alexander Graham Bell gewesen, der erklärt hatte, sie sei lernfähig; dann folgten Michael Anagnos und John Spaulding. Jetzt war es Mrs. Hutton, die in die Bresche trat und einen Fonds begründete, der Helens College-Besuche gewährleisten und ihr sowie ihrer «unentbehrlichen Gefährtin, Miss Sullivan» die finanzielle Grundlage sichern sollte.

Wahrscheinlich sind viele, auch bedeutende Persönlichkeiten nur deswegen zu den Gesellschaften und Tee-Einladungen gegangen, bei denen Helen anwesend war, weil sie von ihrer Lebensgeschichte beeindruckt waren und das Wunderkind sehen wollten. Die meisten aber hingen ihr um ihrer selbst willen an, nachdem sie sie erst einmal kennen gelernt hatten und vergaßen, dass sie ein Wunderkind war, aus dem einfachen Grund, weil sie ein fröhliches, natürliches, kluges Mädchen vor sich sahen, voller lebhaften Interesses an allem und jedem. Als es dann so weit war, befanden sich mehrere hervorragende Persönlichkeiten in Eleanor Huttons Komitee! Dr. Bell natürlich, William Dean Howells, Bischof Greer und andere, die der Meinung waren, Helens Ausbildung stelle eine gute Investition für Amerika dar.

Annie hingegen wurde das Herz schwer bei dem Gedanken an einen weiteren Schulbesuch. Starre Routine und festgelegten Arbeitsablauf hatte sie stets verabscheut. Außerdem konnte sie sich der Tatsache nicht verschließen, dass ihre Augen schlechter wurden.

«Manchmal», sagte sie zu Mr. Hitz, dem Vorsitzenden des Volta-Büros für Gehörlose in Washington, «scheint es mir, als könne ich den Gedanken, noch einmal eine Schule zu besuchen, nicht ertragen, und glaube dann, es wäre besser, ein anderer würde an meine Stelle treten.»

Einen anderen schien es jedoch nicht zu geben, und so begann sie, einige Schulen näher in Augenschein zu nehmen. Das Cambridge-Mädchengymnasium war ihr von Elizabeth Cary Agassiz, der ehemaligen Präsidentin von Radcliffe, empfohlen worden, und so suchte sie Arthur Gilman auf, den Direktor, der seine Zweifel ganz offen aussprach. Ja, es sei ihm bekannt, dass Helen ein außergewöhnliches Mädchen sei, aber College für eine taub-blinde Schülerin? Er sei jedoch bereit, Helen zu empfangen, wenn Miss Sullivan das wünschte – und nachdem diese Begegnung stattgefunden hatte, nannte er Helen «dieses wunderbare Mädchen» und hieß sie im September 1896 im Cambridge-Gymnasium willkommen.

Und nun lebten und arbeiteten Helen und Annie zum ersten Mal in ihrem Leben mit normalen Mädchen in Helens Alter zusammen. Helen befand sich in freudig gehobener Stimmung, weil das zu bedeuten schien, dass sie nun «wie andere Menschen» wurde! Doch solch gehobene Stimmung pflegt nicht anzuhalten und zwei Monate später bekannte Helen, welche Hindernisse sich ihr entgegenstellten:

«Ich brauche sehr viel Zeit, um meine Stunden vorzubereiten, weil mir jedes einzelne Wort in die Hand buchstabiert werden muss. Nicht eines meiner Lehrbücher ist in Blindenschrift gedruckt, und deshalb ist die Arbeit natürlich schwieriger als sie sein würde, wenn ich die Bücher selbst lesen könnte. Aber für Teacher ist es noch mühsamer als für mich, weil die Anstrengung für ihre armen Augen so groß ist, dass ich sehr beunruhigt bin. Manchmal will es mir scheinen, als seien die Aufgaben, die wir uns gesetzt haben, zu groß, als dass wir sie bewältigen könnten!»

Mehr als einmal, wenn Annie abends zu Bett ging, fragte sie sich, ob sie wohl am nächsten Morgen erblindet aufwachen würde. Aber sie arbeiteten weiter, und allmählich wurden die Umstände etwas leichter. Aus Philadelphia und England kamen dank der Bemühungen von Mr. Wade Bücher in Braille; die freundliche Frau Grote, die Deutschlehrerin, erlernte das Fingeralphabet, so dass sie Helen zusätzliche Stunden in Deutsch geben konnte; auch einige der Mitschülerinnen lernten es, und die übrigen Lehrer und Schüler begannen bald, mit Helens unvollkommener Sprache vertraut zu werden. Mr. Gilman entwickelte mit der Zeit einen solchen Enthusiasmus, dass auch er das Fingeralphabet lernte, um mit Helen sprechen und ihr Unterricht in Englisch geben zu können. In der Weihnachtszeit kamen Mrs. Keller und Mildred nach Cambridge, um die Feiertage mit Helen und Annie zu verbringen. Captain Keller war im September gestorben. Von der zehnjährigen Mildred muss Mr. Gilman so beeindruckt gewesen sein, dass er Mrs. Keller bat, sie zusammen mit Helen in der Schule zu lassen. Helens glückstrahlendes Gesicht dürfte seine Belohnung gewesen sein, denn Helen hegte eine leidenschaftliche

Liebe zu ihrer kleinen Schwester und hatte während der erzwungenen Trennungen immer Sehnsucht nach ihr gehabt. Und Annie betete das Kind geradezu an.

Glückliche Monate folgten. Helens Studien schienen leichter, sie hatte ihre geliebte kleine Schwester bei sich, und es gelang ihr, mit den sehenden und hörenden Mädchen mitzuhalten, wenn diese rodelten oder wanderten, ja selbst Tandem fahren lernte sie!

Aber der glücklichste Tag in Cambridge war wohl der Nachmittag, als man Thommy Stringer zu einem Besuch zu ihr brachte. Mrs. Hopkins und andere alte Freunde im Perkins-Institut hatten sie über seine Fortschritte auf dem Laufenden gehalten, und schließlich schickte sie Thommy und seinen Lehrern eine Einladung, nach Cambridge zu kommen.

In freudiger Erregung, atemlos, küsste sie die Lehrer, während ihre Hände ungeduldig umhertasteten, bis sie den Kopf des kleinen Jungen mit seinem kurz geschnittenen Haar fanden. Ihr Gesicht strahlte vor Freude, und freudestrahlend blieb es, wie man bemerken konnte, während des ganzen Besuches. «Was für ein prächtiger Junge er geworden ist! Der liebe kleine Kerl!», rief sie aufgeregt aus, als sie endlich wieder genug Luft bekam und die Stimme ihr wieder gehorchte. Die forschenden Hände berührten sein Gesicht, seine Schultern und fanden ein dickes Händchen, in das sie aufgeregt ihre Begrüßung buchstabierte. Tom antwortete, wollte aber auch selber «sehen», und während er mit der einen Hand buchstabierte, «betrachtete» er Helen mit der anderen!

Als er ihr Haar erreichte, hielten seine Finger inne. «Weich», bemerkte er. «Hübsch. Schön.»

So vertieft war Helen in diesen raschen Austausch von Worten und Berührungen, dass sie Annies mahnender Hand erst beim zweiten Mal gewahr wurde. «Du kannst dich mit Thommy genau so gut unterhalten, wenn ihr euch hinsetzt, Helen!»

Annie lachte mit den anderen, aber Tränen traten ihr in die

Augen, als Helen ihre Bemerkung wiederholte und Thommy dann zu einer breiten Fensterbank geleitete, wo sie ungestört miteinander «reden» konnten. Auch sie dachte daran, was für ein schwaches, hilfloses Würmchen Thommy vor sechs Jahren gewesen war! War das wirklich derselbe Thommy Stringer, der jetzt so rasch und sicher in Helens Hand sprach?

Thommy erzählte Helen von seinem Lieblingsspiel. Wie viele einsame oder behinderte Kinder hatte er sich seine eigene Welt geschaffen. «Der neue Garten» nannte er sie.

«Was für ein romantischer Name!», rief Helen. «Erzähle mir alles darüber!»

Irgendwie spürte das Kind, dass hier jemand war, der ihn verstehen und nicht auslachen würde. Zappelnd vor Wonne vertraute er die ganze Geschichte Helens Hand an. «Der neue Garten» war ein Haus mit vierundneunzig Zimmern, die er mit seinen Fantasiegestalten bevölkert hatte.

Miss Bull erzählte Helen von Thommys seltsamer Angewohnheit, seinen Lehrern und Freunden Spitznamen aus der Tier- und Insektenwelt zu geben. Eine Lehrerin hieß «Fliege», eine andere «Kuh», ein dritter «Pferd». Belustigt fragte Helen ihn, ob er auch einen Spitznamen für sie habe? Nachdrücklich nickte das Kind und buchstabierte «Amsel». Niemand wusste, warum, bis Helen auf eine Brosche an ihrem Ausschnitt deutete, die die Form eines Vogels hatte.

Zum Abschied schenkte Helen ihm ein kleines, holzgeschnitztes Schweizer Chalet und war entzückt, als er ihr mitteilte, dass das ein Haus mit einer Scheune sei, mit winzig kleinen Treppen und einem Zaun!

Seinen rasch buchstabierten Worten folgend muss Helen Stolz und Freude über das Resultat ihres «Thommy-Fonds» empfunden haben.

Der Juni kam und mit ihm die Examensprüfungen. Die Zulassungsprüfungen für Harvard und Radcliffe bestanden aus zwei Teilen: den «Vorprüfungen» und den «Schlussprüfungen». Helen hatte jetzt die Vorprüfungen abzulegen, und dabei konnte Annie nun nicht helfen. Die College-Behörde hatte bestimmt, dass es jemand anderes sein müsse. So fiel Mr. Gilman mit seinem langsameren Buchstabieren die Aufgabe zu, ihr die Prüfungstexte vorzulesen.

Da sie eine Schreibmaschine benutzen musste, wies man ihr am Morgen des 29. Juni 1897 (zwei Tage nach ihrem siebzehnten Geburtstag) ein besonderes, kleines Zimmer zu. Vor ihrer Schreibmaschine sitzend, Mr. Gilman neben ihr, wartete sie. Um neun Uhr wurden die versiegelten Prüfungsarbeiten in Harvard ausgegeben und zum Cambridge-Gymnasium gebracht. Mr. Gilman hatte vor die Tür einen Mann postiert mit dem strikten Befehl, niemanden außer den College-Angestellten einzulassen. Nachdem er die Papiere in Empfang genommen hatte, setzte sich Mr. Gilman und fing an, die Aufgaben «Deutsch für Fortgeschrittene» in Helens Hand zu buchstabieren – ihr Lippenlesen war zu langsam und unsicher, als dass sie darauf hätte vertrauen können. Er las die Aufgaben erst im Zusammenhang vor, dann noch einmal Satz für Satz, wobei Helen die Worte laut wiederholte, um sicher zu sein, dass sie alles richtig verstanden hatte.

Ihre Nerven waren auf das Äußerste gespannt, feine Schweißtropfen sammelten sich auf ihrer Stirn; ihre linke Hand öffnete und schloss sich, als wolle sie die Gedanken festhalten. Das war es nun. Das war die Prüfung, die darüber entscheiden würde, ob Annies Methoden die richtigen gewesen waren, ob ein taub-blindes Mädchen überhaupt das Recht hatte, ein College zu besuchen.

Deutsch war zu ihrem Lieblingsfach geworden, es fiel ihr auch am leichtesten, aber die Aufgaben waren schwer, und Helen wusste das. Nach einem kurzen Stoßgebet «Hilf mir – hilf mir, mein Bestes zu leisten!» begann sie zu schreiben. Ihr Atem ging stoßweise, aber die Finger auf der Schreibmaschine stockten nicht. Mr. Gilman bemühte sich, so gleichmäßig wie möglich zu buchstabieren, Helen schrieb, und endlich war die zweieinhalbstündige Qual vorüber.

Einen Tag hatten sie Pause, dann folgte die Prüfung in Latein. Leicht war auch diese nicht, aber nicht zu vergleichen mit der in Deutsch, und außerdem erhielten sie an jenem Morgen eine gute Nachricht. Einer der Professoren hatte Mr. Gilman aufgesucht, um ihm mitzuteilen, dass Helen in Deutsch bestanden habe. Die weiteren Prüfungen bereiteten ihr keine Schwierigkeiten, obwohl es Fragen in einigen Gebieten der englischen Geschichte gab, mit denen sie nicht vertraut war. Aber als ihre neun Stunden um waren, hatte Helen in allen Fächern bestanden, in Englisch und Deutsch sogar mit Auszeichnung.

Helen hatte bewiesen, dass sie sich mit sehenden und hörenden Mädchen messen konnte! Sie hatte sich das Recht erkämpft, ein College zu besuchen. Und Annies ungewöhnliche Unterrichtsmethoden hatten sie in der schönsten Weise gerechtfertigt!

Der 8. Dezember

Zuversichtlich und glücklich kehrte Helen in die Schule zurück. Die Prüfungen lagen hinter ihr, und sie hatte gut abgeschnitten. Mildred war bei ihr, und Teachers Augen hatten sich in der Sommerpause erholt.

Aber mit Beginn des neuen Schuljahres stellten sich für Helen Schwierigkeiten mit der Schule ein. Zunächst verzögerte sich der Druck einiger Braille-Bücher in London, dann brauchte sie für ihre Schreibmaschine einen speziellen Zylinder in Griechisch. Außerdem musste sie mit einer neuen Maschine umgehen lernen, die Algebra in Reliefdruck herstellte, und sich Annies geniale Methode zu Eigen machen, geometrische Figuren mit Hilfe von Draht auf einem Kissen zu konstruieren. Später lernte ihre Physiklehrerin, Miss Hall, die Brailleschrift und bereitete die Figuren und Konstruktionen in Physik und Astronomie für sie vor.

So war es vielleicht nicht verwunderlich, dass Helens Leistungen nicht so beeindruckend waren wie im ersten Jahr. Dennoch war es ein unerwarteter Schlag für Annie, als Mr. Gilman ihr mitteilte, dass er zu der Überzeugung gekommen sei, Helen werde völlig überanstrengt, und er beabsichtige, sie weitere drei Jahre im Cambridge-Gymnasium zu behalten.

Annie protestierte, aber Mr. Gilman wurde sehr kühl und entließ sie mit einer Handbewegung. Damit war die Angelegenheit erledigt, für jeden.

Annie war außer sich und verzweifelt, denn sie verspürte

nicht den geringsten Wunsch, den Rest ihres Lebens in Schulen zu verbringen. Sie begab sich wieder in ihr gemeinsames Zimmer, um Helen bei ihren Geschichtsaufgaben zu helfen. Einige Tage danach wurde Helen von einer leichten Erkrankung ergriffen und hatte, da sie auch in guten Zeiten kein Freund von Mathematik war, große Mühe mit ihrer Geometriestunde. Das spielte sich an einem Freitag ab, und über das Wochenende ließ Annie sie das Bett hüten. Als Mr. Gilman davon hörte, bestellte er Annie zu sich und erklärte schroff: «Miss Sullivan, ich bin mehr denn je davon überzeugt, dass Helen überfordert wird, und dem kann ich nicht zustimmen. Geometrie und Astronomie waren zu schwierig für sie. Sie werden aus ihrem Arbeitsprogramm herausgenommen.» Annies Versuch, etwas zu entgegnen wurde von dem Direktor barsch unterbrochen. «Dabei bleibt es, Miss Sullivan!»

Von nun an war die Atmosphäre gespannt. Helen und Annie spürten das beide. Es machte sie unglücklich und bedrückt. Vierzehn Tage später, am 8. Dezember 1897 – ein Datum, das keine von ihnen je vergaß, und das sie selbst in der Erinnerung noch schaudern ließ –, wurde Annie wieder zu Mr. Gilman gerufen. Als sie erschien, begrüßte er sie kalt.

«Nehmen Sie Platz, Miss Sullivan. Ich habe Ihnen etwas sehr Unangenehmes mitzuteilen. Es muss jedoch ausgesprochen werden. Ich habe an Mrs. Keller geschrieben, und zwar, das wollen Sie bitte beachten, erst nach langem Überlegen. Doch ich hielt es für meine Pflicht, ihr mitzuteilen, dass Sie Helen grausam behandeln, ihr Leben zu einer einzigen Schinderei machen, und dass die Gesundheit des Kindes in einem bedenklichen Zustand ist.»

Annies ganzes heftiges irisches Temperament flammte auf.

«Mr. Gilman – Mr. Gilman, wie konnten Sie derartig lügen? Ich werde Helen und Mildred noch heute aus Ihrer Schule nehmen, sie nach Hause zu ihrer Mutter bringen und ihr die Wahrheit sagen –» Sie sprang auf, doch er machte eine abwehrende Bewegung mit der Hand und nahm ein gelbes Blatt Papier von seinem Schreibtisch.

«Ich glaube, das werden Sie nicht, Miss Sullivan. Nein, ich bin sogar sicher, dass Sie das nicht tun werden. Und wenn Sie dies lesen, werden Sie auch verstehen, warum ich so sicher bin.»

Zitternd wartete Annie, bis ihre Augen, die sich bei heftigen Erregungen immer verschleierten, wieder einigermaßen klar wurden und starrte dann auf bittere und unglaubliche Worte, die vor ihr auf und ab zu tanzen schienen. Das Telegramm war von Kate Keller unterzeichnet und übertrug Arthur Gilman die alleinige Vollmacht über ihre Tochter Helen.

«Und nun, Miss Sullivan, möchte ich Ihnen mitteilen, dass Sie diese Schule sofort zu verlassen haben.» Mr. Gilmans Stimme konnte sehr verbindlich klingen. «Sie können Ihre Sachen nach Belieben abholen lassen, aber Sie werden sofort das Haus verlassen.»

Irgendwie gehorchte Annie; gebrochen, taumelnd verließ sie das Zimmer. Wie gelähmt, keiner Empfindungen und Gedanken mehr fähig, betäubt und elend, irrte sie auf den Straßen umher. Was war geschehen? Und warum? Sie gelangte zum Ufer des Charles River, und wie von selbst trugen ihre Füße sie bis an den Rand des Wassers. Annie Sullivan war Zeit ihres Lebens kein besonders religiöser Mensch, aber sie erzählte später, dass ihr war, als habe ein Engel plötzlich zwischen ihr und dem Fluss gestanden, eine Hand habe sie zurückgewiesen, und deutlich hätte sie eine Stimme sagen hören: «Nein, noch nicht. Gib nicht auf!»

Und sie gab nicht auf. Einem nahezu blinden Instinkt folgend, erreichte sie das Haus ihrer Freunde, Mr. und Mrs. Richard Derby Fuller. Sie halfen ihr und schickten Telegramme an Mrs. Keller, Dr. Bell, Mrs. Hutton und Mr. Joseph Chamberlin, den «Briefkastenonkel» des Boston Transcript. Am nächsten Morgen nahm sie all ihren Mut zusammen, kehrte zu dem Gymnasium zurück und verlangte die beiden Kellers zu sprechen.

«Ich werde nicht weggehen, ehe ich sie gesehen habe. Es sei denn, Sie wollten mich unter Anwendung von Gewalt hinaustragen.» Vor dem Feuer in ihren Augen und dem stählernen Klang ihrer Stimme verlor das Hausmädchen, das ihr den Eingang verwehrte, den Mut und führte sie zu den beiden Kindern.

Inzwischen hatte Mr. Gilman versucht, Helen und Mildred dazu zu bewegen, mit ihm in seine Wohnung zu kommen, aber sie hatten Angst und weigerten sich.

«Nicht ohne Teacher!», beharrte Helen.

Annie fand Mildred in Tränen aufgelöst, von Schluchzen geschüttelt. Helen war bleich und starr, sie hatte weder gegessen noch geschlafen. Sie hatte sich nicht von der Stelle gerührt. In diesem Zustand traf Mr. Chamberlin sie am Nachmittag an. Als er sah, wie verstört sie waren, gelang es ihm, Mr. Gilman dazu zu bewegen, ihm die Verantwortung für die Mädchen zu übertragen. Er nahm sie mit sich nach Hause, zur Red Farm in Wrentham. Dort fand Mrs. Keller sie vor, die den ersten Zug nach Norden genommen hatte; ebenso Mr. Hitz, der auf Dr. Bells Veranlassung von Washington gekommen war.

Mrs. Keller weinte; sie war entsetzt über sich, und es war ihr unbegreiflich, wie sie aufgrund von Mr. Gilmans Brief einen derart voreiligen Schluss habe ziehen können. Nachdem der erste Schrecken, der sie veranlasst hatte, das Telegramm zu schicken, abgeklungen war, wurde sie von der Erkenntnis überwältigt, «ungerecht und grausam» gehandelt zu haben. Sie traf gerade ihre Vorbereitungen für die Reise nach Cambridge, als sie Annies dringliches Telegramm erhielt: «Wir brauchen Sie.»

«Ich weiß genau, dass Sie, wenn Sie Helen in Gefahr wüssten, Ihre rechte Hand geben würden, um sie zu beschützen!», sagte Kate Keller zu Annie. «Für mein Empfinden ist Helen ja auch zum Teil Ihr Kind. Sie wissen, wie weitgehend ich sie immer Ihnen überlassen habe und was für ein unerschütterliches Vertrauen ich zu Ihnen habe. Glauben Sie mir, ich habe keine anderen Gefühle Ihnen gegenüber als die der Liebe.»

Helen selbst, so fand ihre Mutter, sei «in ausgezeichneter gesundheitlicher Verfassung. Irgendwelche Anzeichen nervöser Erschöpfung oder Überarbeitung kann ich nicht feststellen.»

Ihre Unterredung mit Mr. Gilman muss diesen Herrn leicht schwindlig zurückgelassen haben. Sie erklärte ihm in unmissverständlichen Worten, dass er ihr viel unnötigen Kummer bereitet und die ihm übertragene Vollmacht in schrecklicher Weise missbraucht habe; dass sie auch nicht im Traum daran gedacht hätte, Helen und Annie zu trennen. Und dann erhob sie sich mit der vollen Würde der Südstaaten-Aristokratin.

«Ich danke Ihnen für alles, was Sie für meine Kinder während Helens erstem Jahr hier getan haben. Das werde ich immer zu schätzen wissen. Doch bitte ich Sie, zur Kenntnis zu nehmen, dass ich jeden Versuch, Helen von Miss Sullivan zu trennen, auf das Schärfste verurteilen werde! Hiermit nehme ich meine Kinder von Ihrer Schule. Guten Tag, Sir!»

Sie nahm Mildred mit sich und fuhr zurück nach Tuscumbia. Die Chamberlins hatten sie gebeten, Helen und Annie zunächst bei ihnen auf der Red Farm zu lassen, während ihre Freunde die günstigsten Möglichkeiten für Helens weitere College-Vorbereitung ausfindig machten.

Es kam in Annies Leben nicht oft vor, dass sie – wie jetzt – das schöne Gefühl haben konnte, viele Menschen als treue Freunde zu besitzen, die zuverlässig hinter ihr standen. Mr. Hitz, Vorsitzender des Gehörlosenbüros in Washington, billigte ihre Handlungsweise von Herzen. Ebenso Kate Keller und die Chamberlins. Mrs. Hutton schrieb an Mr. Gilman, «es wäre verhängnisvoll für Helen und eine ungerechtfertigte Härte gegenüber Miss Sullivan, wenn man sie trennen wollte», und außerdem wurden die Beiträge zu ihrem Fonds «unter der ausdrücklichen Voraussetzung geleistet, dass sie für ihren gemeinsamen Unterhalt bestimmt seien». Sie teilte Annie und Helen mit, dass sie einen Privatlehrer engagieren wolle, der Helens weitere Vorbereitung übernehmen sollte. Und Dr. Bell fand für Annie geradezu leidenschaftliche Worte des Lobes.

Helen und Annie hatten es gut auf der Red Farm. Die Chamberlins waren eine fröhliche, warmherzige und verständnisvolle Familie. Jeder von ihnen sprach so deutlich, dass Helen mit Leichtigkeit von ihren Lippen lesen konnte, und sie ihrerseits verstanden Helen. Betty, die älteste Tochter, erlangte große Geschicklichkeit darin, sie herumzuführen und beschrieb ihr die Hügel und den King-Philip-See. Sie half Helen bei gemeinsamen Spielen und ging mit ihr Schlittenfahren. Jeden Tag zogen Betty, Helen und Annie sich warm an und trafen sich mit einer Gruppe von Bettys Freundinnen auf dem Gipfel des steilen Hügels, der in der Nähe des Chamberlin-Hauses gelegen war. Während eine von ihnen den Schlitten an der steilsten Stelle fest hielt, kletterten die anderen auf ihre Plätze.

Helen war wie berauscht von dem Erlebnis dieser herrlichen, atemberaubenden Abfahrt, wenn der Schlitten über den festgestampften Schnee sauste, über eine kleine Erhebung flog und dann weit auf die Eisdecke des zugefrorenen Sees hinausglitt. Selbst das mühselige Bergaufstapfen machte ihr Spaß, wenn sie den scharfen, reinen Wind auf ihren Wangen spürte und ihre Finger vor Kälte brannten. Das war etwas, was sie in den Schulen entbehrt hatte – diese aktive Teilnahme an herrlicher sportlicher Betätigung in frischer Luft. Hinterher war es dann sehr vergnüglich, sich vor den Kamin mit seinem großen Feuer zu setzen, sich von der Wärme einhüllen zu lassen und für die anderen Mais zu rösten.

Annies Begeisterung war nicht geringer. Sie fühlte sich bei den Chamberlins vollkommen zu Hause; es war das erste Mal nach mehr als drei Jahren, dass sie und Helen wieder in einem privaten Haushalt lebten. Bei den Chamberlins durfte sie sich den Luxus leisten, ganz sie selbst zu sein und ihr Herz ausschütten zu können. Sie hatte sich immer wund gerieben an den notwendigen Einschränkungen, den starren Regeln, sowohl der Wright-Humanson- wie der Gilman-Schule und zu den Lehrern hatte sie nie ein zwangloses Verhältnis gewinnen können.

«Ihr mögt sagen, was ihr wollt», sagte sie und zog eine Grimasse, «zur Paukerin bin ich nicht geschaffen!»

Unter dem anregenden und verständnisvollen Einfluss der Familie Chamberlin milderte sich auch die kämpferische Haltung, die sie jahrelang nötig gehabt hatte, und als das Frühjahr kam, war sie ein froher, lebensvoller Mensch, dessen sprühender Charme jeden überraschte. Helen stellte fest, dass es wunderbar sei, wie ein wenig Takt und Verständnis «die Seelen-Falten von Teacher zu glätten vermochten!»

Mrs. Huttons Ratschlägen folgend, hatte Annie inzwischen in Boston einen bestens empfohlenen Privatlehrer ausfindig gemacht, Merton S. Keith, der versprach, Helen bei ihrer Vorbereitung für die Aufnahme in Radcliffe zu helfen. Während die beiden weiterhin auf der Red Farm blieben, kam er jede Woche einmal für drei Stunden und konzentrierte sich in der Arbeit mit Helen auf Griechisch und Mathematik. Er stellte fest, dass sie in Griechisch außerordentlich schnell vorankam. «Wenn es zutrifft, dass die Geige das vollkommenste Musikinstrument ist», bemerkte Helen, «dann muss Griechisch die Geige für das menschliche Denken sein.» Aber ihre mathematischen Leistungen waren einfach erbärmlich, und das wusste sie auch.

«Ich begreife nicht, warum es wichtig sein soll zu wissen, dass die Höhen im gleichseitigen Dreieck alle gleich lang sind! Dieses Wissen macht doch das Leben weder angenehmer noch glücklicher!» Allmählich brachte Mr. Keith es fertig, dass

Algebra und Geometrie ihrem Hirn zugänglich wurden, aber niemals bereiteten sie ihr das gleiche Vergnügen wie Sprachen. «Abscheuliche Kobolde!» waren es für sie.

Die dreistündigen Sitzungen erwiesen sich als zu lang. Mr. Keith erlernte nie das Fingeralphabet, und Annie musste sich wieder als Dolmetscher betätigen. Nach dem jeweils dreistündigen Unterricht war sie immer am Ende ihrer Kraft. Erschwerend kam zu der eigentlichen Arbeit des Buchstabierens noch die Tatsache hinzu, dass Annie von Mathematik wenig verstand und ihr nichts daran lag. Und Griechisch war für sie wie ein Labyrinth von Wörtern ohne jede Bedeutung. Außerdem musste sie noch Hunderte von Wörtern in griechischen Lexika nachschlagen!

Selbst Helen, die so intensiv auf Radcliffe hinarbeitete, war froh, als der Juni kam, und sie sich den ganzen Tag über im Freien vergnügen konnten. In jenem Sommer lernte sie zu schwimmen und zu tauchen und mit einem eigenen Boot auf dem See zu rudern. Sie liebte Bootfahren, «insbesondere in mondhellen Nächten», wie sie einer erstaunten Freundin erzählte.

Noch etwas, das jeden überraschte, war ihr Radfahren! Charles Dudley Warner fragte sie, ob sie gern ein eigenes Rad besitzen würde, was sie sofort bejahte. Daraufhin schenkte er ihr ein Tandem, auf dem sie mit Annie zusammen fahren konnte. Und wie jeder andere auch, fiel sie manchmal herunter.

Nur ungern verließen sie die Red Farm nach den Ferien und siedelten in eine kleine Wohnung in Boston über, um in erreichbarer Nähe von Mr. Keith zu sein. Dieser kam nun fünf Mal die Woche und fügte englische Geschichte, Literatur, Französisch und Latein zu Helens Unterrichtsfächern hinzu. Und dann im Juni 1899 kam die Zeit für ihre Aufnahmeprüfung.

Aber Radcliffe machte Schwierigkeiten, indem sie verlangten, «dass ein völlig Fremder die Prüfungsaufgaben für Miss Keller lesen sollte».

Jemand schlug einen Lehrer vom Perkins-Institut vor, Mr. Eugene Vining, einen Lehrer, der Helen noch nie begegnet war, und so wurde Mr. Vining engagiert, Helen an den Prüfungstagen nach Radcliffe zu begleiten. Da er das Fingeralphabet nicht kannte, übertrug er die Aufgaben in Braille, und Helen schrieb ihre Antworten auf der Maschine. Das war ein unangenehmes, schwerfälliges und lästiges Vorgehen, aber angesichts der unerbittlichen Haltung von Radcliffe gab es keine andere Möglichkeit.

Dann, zwei Tage vor der ersten Prüfung, tauchte eine weitere, für Helen niederschmetternde Komplikation auf. Mr. Vining kannte nur das amerikanische Braille-System! Helen selbst konnte Bücher in fünf verschiedenen Braille-Systemen lesen; New York Point, Englisches und Amerikanisches Braille, Moon und Boston Line, doch für ihre ganze mathematische Arbeit war zufällig nur das Englische Braille benützt worden – dessen Zeichen und Symbole vollkommen verschieden von denen des amerikanischen Systems sind.

Bestürzt und verzweifelt schrieb sie einen Eilbrief an Mr. Vining mit der Bitte um Hilfe und bekam von ihm postwendend eine Tabelle mit den amerikanischen Zeichen zugeschickt. In rasender Eile versuchte Helen, sie in jener Nacht auswendig zu lernen. Angstvoll und besorgt betrat sie am nächsten Morgen das College. Mr. Vinings Braille in Sprachen und Geschichte zu lesen, bereitete ihr keine Schwierigkeiten, aber in Mathematik hatte sie es nicht nur mit ihrem alten Schreckgespenst zu tun, sondern auch noch mit einem für sie neuartigen System, und das war quälend und verwirrend. Letzte Nacht hatte sie geglaubt, die neuen Zeichen vollständig zu beherrschen; jetzt aber suchte sie fieberhaft nach deren Bedeutung, die ihr immer wieder zu entschlüpfen drohte. Ihre Arbeit ging entsetzlich langsam vonstatten. Wieder und wieder musste sie jede Aufgabe durchlesen, ehe diese einen Sinn ergab. Ihre Finger versteiften und verkrampften sich, benommen suchte sie nach Antworten, die sich nicht einstellen wollten.

Als es endlich vorbei war, sanken ihre Hände kraftlos herab, und sie war völlig verzagt – wie schlecht mochte sie wohl abgeschnitten haben?

Einige Tage später öffnete eine zitternde Annie den steifen Umschlag vom Radcliffe College.

RADCLIFFE COLLEGE
ZULASSUNGS-ZERTIFIKAT

HELEN ADAMS KELLER
WIRD IN DAS RADCLIFFE COLLEGE
AUFGENOMMEN

Miss Keller hat in Latein für Fortgeschrittene
mit Auszeichnung bestanden.

AGNES IRWIN
DEKAN DES RADCLIFFE COLLEGE
CAMBRIDGE, 4. JULI 1899

Geschichte meines Lebens

Annies Finger zitterten derart, dass sie die Siegesbotschaft kaum buchstabieren konnte. Schließlich drückte sie Helen das kostbare Papier in die Hand und führte ihren Zeigefinger über die glorreichen Worte.

Sie wurden beide von einem überwältigenden Triumphgefühl ergriffen, als sie einander in die Arme sanken. Es war wahr! Zusammen hatten sie gegen jedes erdenkliche Hindernis angekämpft – Zurückweisungen, nahezu unüberwindliche physische Schwierigkeiten, Plackerei, die einen Taglöhner entmutigt hätte, Erschöpfung, Unglück. Dadurch, dass sie Helen zu ihrem Sieg verholfen hatte, hatte Annie ihren Augen, wie sie tief im Innern wusste, unermesslichen Schaden zugefügt, doch sie schob diesen Gedanken beiseite. Heute konnte man an nichts anderes denken, als nur an die eine wunderbare Tatsache, dass Helen das «Öffne dich, Sesam» zur Universität in der Hand hielt!

Heute konnte sie, ohne auch nur mit der Wimper zu zucken, an die Aussicht auf vier weitere eingeengte Jahre denken. Heute war ein Siegestag, und vor ihnen lag ein langer, herrlicher Sommer am Wollomonapoag-See, der lieblichen Waldlandschaft, wo Annie ein Häuschen gemietet und Kate Keller mit ihren drei Kindern eingeladen hatte, ihre Gäste zu sein.

Alle waren bezaubert von Wollomonapoag, der schönen Lage des Sees, eingebettet in Berge und von duftenden Wäldern umgeben. Helen hatte ein eigenes Boot zur Verfügung, die «Najade», und es bereitete ihr das größte Vergnügen, ihre Schwester und ihren Bruder um den See zu rudern. Mit der dreizehnjährigen Mildred am Steuer konnte sie das leicht und ohne jede Gefahr tun. Auch Annie hatte ein Kanu und ein Floß, außerdem Schwimmkissen für ihre Gäste – und deren gab es viele! Die Chamberlins kamen sowie Freunde aus Wrentham und Cambridge. Sie badeten, schwammen, spielten Wasser-Polo und veranstalteten Kanu-Wettfahrten. Besonders Annie war eine geborene Wassernixe. Aber einmal jagte sie den Kellers einen gehörigen Schrecken ein. Sie schwamm eines Nachmittags mit Helen und Philipps im See, als plötzlich der kleine Philipps die Hand seiner Schwester ergriff und an seine Lippen führte. Sie fühlte, wie sich sein Gesicht vor Angst verzerrte, als er die Worte hervorstieß: «Sis Helen! Ich – sehe Teacher nicht!»

«Wir müssen Mutter holen!», keuchte Helen. Hand in Hand rasten sie den Bootssteg entlang und riefen nach ihrer Mutter. Glücklicherweise befand diese sich in Hörweite und konnte sofort Hilfe herbeiholen. Mehrere Männer stießen mit der «Najade» ab und ruderten so rasch sie konnten um den See. Als sie Annie endlich fanden, war sie vor Erschöpfung dem Ertrinken nahe. Doch unerschrocken schwamm sie bereits am nächsten Tag von neuem.

Es war ein glücklicher Sommer. Wenn Annie und Kate Keller die neunzehnjährige Helen beobachteten, groß und schlank, selbstbewusst und strahlend, dann geschah es mehr als einmal, dass ihre Blicke sich verständnisinnig trafen und ihre Hände sich fanden. Sie dachten dann beide an das verwirrte und zerzauste kleine Phantom, welches vor zwölf Jahren auf der Veranda der Kellers gestanden hatte. Und nun stand sie – und das war nur Annie zu verdanken, ihrem unerschütterlichen Mut, ihrer Intelligenz, ihrer Liebe – vor dem Tor der Universität! Die Schlacht schien gewonnen!

Aber ein endgültiger Sieg war es noch nicht. Es stellte sich heraus, dass Radcliffe – unglaublich aber wahr – Helen Keller als Studentin nicht aufnehmen wollte und das mit schmerzhafter Deutlichkeit zum Ausdruck brachte! Dekan Irwin hatte zwar das Zulassungs-Zertifikat unterzeichnet, gewiss, aber sie bestellte Helen zu einem Gespräch, und mit geschickten, überzeugenden Argumenten versuchte sie, Helen vom Studium abzuraten.

«Mit Ihren erfolgreichen Prüfungen haben Sie der Welt doch bereits bewiesen, dass Sie in der Lage sind, ein Studium zu absolvieren. Wäre es nicht viel wünschenswerter, Sie pflegten Ihre schriftstellerische Arbeit und leisteten etwas Schöpferisches, anstatt Ihre Kräfte für das Erlangen eines akademischen Grades zu vergeuden?»

Zum ersten Mal war Helen nahe daran zu kapitulieren. «Ich wollte doch so sehr, sehr gern auf die Universität», sagte sie mit zitternden Lippen zu Annie. «War das alles nur Torheit?»

Sowohl von Cornell wie von der Universität Chicago bekam sie eine Einladung, deren Campus zu beziehen. Aber Helen hatte sich nun einmal Radcliffe in den Kopf gesetzt. Als Jahre später Präsident Woodrow Wilson sie fragte, warum, erwiderte sie ohne zu zögern: «Weil sie mich nicht wollten!» Im Herbst 1900 öffnete ihr Radcliffe, wenn auch widerwillig, endlich seine Tore. Die Stimmung ihr gegenüber war kühl. Zwar wählten die Studentinnen des ersten Semesters sie zu ihrer Vize-Präsidentin, aber sie hatte wenig Kontakt mit den Mädchen. Auch zu ihren Lehrern stellte sich keine nähere Beziehung ein. Der berühmte Charles Copeland, ihr Professor für Englisch, äußerte sich sarkastisch über ihre Aufsätze. Wenn sie aufhören wollte, so zu tun, als sei sie wie jeder andere, sagte er, und über das Leben von *ihrer* Sicht aus schreiben wollte, dann könnte sie vielleicht – aber nur vielleicht – etwas zustande bringen, was seiner näheren Beachtung wert sei. Sie nahm ihn beim Wort und lieferte ihm Arbeiten ab, die von ihrer Kindheit handelten. «Copeys» Kritik war streng, und sie wurde sich nicht klar, ob sie seiner Meinung nach Fortschritte machte oder nicht.

Eines Tages, sie saßen in einer Latein-Vorlesung, kam jemand und flüsterte Annie zu, dass ein Besucher für Miss Keller da sei, der sie sofort zu sprechen wünschte. Überrascht und leicht beunruhigt, worum es sich handeln könnte, folgten Helen und Annie der Aufforderung. Ihr Besucher erhob sich und lächelte ihnen beruhigend zu.

«Guten Morgen, Miss Sullivan. Würden Sie bitte Miss Keller übermitteln, dass ich William Alexander bin, Mitarbeiter des ‹Ladies' Home Journal›, und dass ich im Auftrag von Mr. Bok, unserem Herausgeber, komme, um mit ihr zu sprechen?»

Wieder ein Interview! Noch während sie für Helen übersetzte, protestierte Annie bereits. Miss Keller habe sehr viel zu arbeiten, sie seien aus der Vorlesung herausgerufen worden.

Aber Mr. Alexander lachte und schüttelte den Kopf. Es handle sich keineswegs um ein Interview. Mr. Bok hatte ihn beauftragt, Miss Keller zu fragen, ob sie bereit sei, ihre Lebensgeschichte in einer Reihe von Fortsetzungen für die Zeitschrift zu schreiben.

Überrascht verdolmetschte Annie Mr. Alexanders Antwort. Helen war überwältigt, aber nun schüttelte sie ihrerseits den Kopf.

«Ich fürchte, das kommt nicht in Frage, Mr. Alexander. Die Arbeit für mein Studium beansprucht mich zur Zeit voll und ganz.»

Helen hatte noch keine Erfahrung mit Herausgebern. Wenn diese eine Geschichte haben wollen, sind sie gegen jede abschlägige Antwort gewappnet. «In Ihren Seminar-Arbeiten haben Sie bereits einen beträchtlichen Teil davon geschrieben», erwiderte Mr. Alexander.

Ihre Seminar-Arbeiten! In fassungslosem Staunen packten Annie und Helen einander bei der Hand. Wer außer Professor Copeland konnte von diesen Arbeiten Kenntnis haben? «Wie um alles in der Welt sind Sie meinen Arbeiten auf die Spur gekommen?», verlangte Helen zu wissen. Mr. Alexander machte eine Handbewegung. «Private Information.» Es gehöre zum Beruf eines Herausgebers, solche Dinge ausfindig zu machen.

«Aber im Ernst, Miss Keller. Mr. Bok möchte diese Geschichte von Ihnen haben. Ihre Seminar-Arbeiten liegen ihm bereits vor. Können Sie nicht sehen, dass sie sich leicht zu Artikeln für die Zeitschrift verbinden lassen? Und natürlich werden Sie noch weitere Aufsätze schreiben. Sie brauchen Ihre Geschichte nur bis zur Gegenwart fortzuführen. Und wenn Sie den Vertrag unterschreiben wollen, den ich mitgebracht habe, wird die Zeitschrift Ihnen dreitausend Dollar bezahlen.»

Drei – tausend – Dollar! *Dreitausend Dollar*? Drei …

Wie ein Karussell drehten diese Worte sich in Helens Kopf. Ihre Aufsätze – diese bekannte Zeitschrift wollte ihre Aufsätze? Und was sagte Mr. Alexander weiter? «Natürlich erwirbt das ‹Ladies' Home Journal› nur das Copyright für die Artikel-Reihe, die Buch-Rechte verbleiben bei Ihnen.»

Benommen wandte sich das Mädchen an Annie. «Was hältst du davon, Teacher?»

Annie sah ihren Traum – Helen unter den besten Schriftstellern ihrer Zeit – Wirklichkeit werden und antwortete unverzüglich und voller Stolz: «Das kannst du leisten!»

Papiere raschelten. Annie geleitete Helen zu einem Tisch und führte ihre Hand mit dem Stift zu der Stelle, wo sie mit ihrer Unterschrift ihren ersten Vertrag besiegeln sollte.

Während der nächsten ein oder zwei Wochen lebte Helen in einem Taumel der Begeisterung dahin. Ihre Fantasie gaukelte ihr vor, dass die Artikel im Handumdrehen geschrieben, veröffentlicht und gelobt werden würden! Später erzählte sie, dass sie ungeahnte Höhen der Überheblichkeit wie des Glücks erklommen habe! Annie wurde durch den bloßen Gedanken an den Vertrag in Entzücken versetzt. Ihr Geschick hatte sich wirklich gewendet – Helens Talent und Ausbildung fingen tatsächlich an, Früchte zu tragen!

Natürlich hatte Helen schon seit Jahren Skizzen, Aufsätze und kurze Geschichten geschrieben, auch unterhaltsame Briefe seit der Zeit, da sie über einen gewissen Wortschatz verfügte. Nun konnte sie Beobachtungen schildern, die im Urteil ihrer Freunde lebhaft, originell, spritzig und rührend waren. So machte sie sich munter an die Arbeit, ihre bisherigen Aufsätze für das «Ladies' Home Journal» umzuarbeiten. Mr. Alexander hatte ihr doch versichert, dass es leicht sei! Sie würde Spaß daran haben! Die erste Fortsetzung ging ihr leicht von der Hand, sie las sich auch gut. Mr. Bok war durchaus zufrieden. Er veröffentlichte sie sofort.

Aber dann brach eine Sturzflut von Schwierigkeiten über sie herein. Um ein flüssiges zusammenhängendes Manuskript zu verfassen, musste weiteres Material in die Aufsätze hineingearbeitet werden. Einiges davon hatte sie für ihre ersten Entwürfe verwendet und dann verworfen; jetzt musste sie danach alle ihre Braille-Notizen durchsuchen. Manches fand sich wieder, anderes hatte sie weggeworfen und musste es aus der Erinnerung noch einmal schreiben. Auch neue Skizzen mussten geschrieben werden, erst in Braille und dann auf der Maschine. Danach musste alles Geschriebene ihr wieder in die Hand zurückbuchstabiert werden. Und gleichzeitig musste sie mit der laufenden College-Arbeit Schritt halten!

So geriet sie mit ihren Artikeln für das «Journal» in Rückstand und überlegte fieberhaft, was sie in ihrem nächsten Kapitel schreiben sollte. In alles dieses Elend hinein hagelte es von Telegrammen aus Philadelphia: «Wir brauchen sofort das nächste Kapitel!» «Zwischen Seite sechs und sieben besteht kein Zusammenhang. Drahtet umgehend fehlenden Teil.»

Kein Wunder, dass Helen und Annie den Eindruck hatten, sie lebten inmitten eines wüsten Durcheinanders von Notizen, die sich auf alles und jedes bezogen, nur nicht auf das Kapitel, an dem sie gerade arbeiteten; und ihrer Überzeugung nach handelte es sich um die verworrenste und hoffnungsloseste Schriftstellerei, die je unternommen worden war!

Auch für Edward Bok in Philadelphia waren das keine heiteren Tage.

«Junge Dame», sagte er Jahre später einmal zu Helen, «den Bewohnern von Dantes Inferno ging es geradezu gut verglichen mit dem, was ich durchmachte, als ich auf Ihre Lieferungen wartete!»

Als die Lage für das «Journal» wie auch für Helen hoffnungslos zu werden drohte, spazierte eines Nachmittags, als Helen gerade mit einem Kapitel kämpfte, eine Freundin aus Wrentham herein.

«Ich glaube, ich weiß jemanden, der euch dabei helfen könnte», sagte sie nachdenklich. «Er würde das sogar sehr gut können. Er ist Lehrer in Harvard. Er schreibt selbst und ist außerdem Mitarbeiter des ‹Youth's Companion›. Sein Name ist John Macy. Ich würde ihn gern einmal zu euch bringen.»

Annie bezweifelte mittlerweile, dass es noch jemanden geben könnte, der in der Lage wäre, ihnen zu helfen. Aber John Macy kam, hörte nachdenklich zu und zeigte sofort Verständnis für Helens missliche Lage: den Versuch, ihre Notizen, Erinnerungen und Skizzen in eine Reihe zusammenhängender Artikel umzuarbeiten, und ihre Verzweiflung darüber, das «Ladies' Home Journal» in solch abscheuliche Verlegenheit zu bringen. Seine Kompetenz, seine Vertrauen einflößende Haltung verliehen Helen neuen Auftrieb und verhalfen Annie zu Entspannung.

Offensichtlich wusste er genau, wie man vorgehen musste, was es auszuwählen, zu ordnen, vorzuschlagen galt, und alles ging ihm ruhig und leicht von der Hand. Er las laut vor, stellte Helen eingehende Fragen, aber freundlich und ruhig, und als er sich nach drei Stunden Arbeit erhob, um zu gehen, lag eine komplette neue Fortsetzung für das «Journal» fertig auf dem

Tisch. Zu Helens und Annies Erstaunen war es ein verhältnismäßig schmerzloses Verfahren gewesen.

An der Tür hielt Mr. Macy inne und sagte nachdenklich: «Ich glaube, Miss Sullivan, es wäre gut, wenn Sie mir dieses Fingeralphabet beibringen würden. Ich werde Miss Keller besser helfen können, wenn ich in der Lage bin, mich direkt mit ihr zu verständigen.»

Er lernte es schnell und handhabte es bald mit großer Geschicklichkeit. Mr. Bok frohlockte. Er fand das Manuskript ausgezeichnet, und so vermochte Helen in dieser Hinsicht wieder freier zu atmen. Die abgeschlossene Serie für das «Journal» ließ Mr. Wade in Braille drucken, und dann konnte Helen zum ersten Mal selbst ihre eigene Geschichte im Zusammenhang lesen!

Aber die Arbeit war damit noch nicht beendet. Die Century Company wollte Helens Artikel als Buch herausgeben, und so benützte sie ihre Sommerferien dazu, die ganze Geschichte umzuschreiben. Die Verleger hatten den Eindruck, dass Helens Biografie die Geschichte ihres Lebens nicht vollständig wiedergab, nicht wiedergeben konnte, so geistreich, lebendig und ausgezeichnet sie auch geschrieben war. So wurde John Macy aufgefordert, eine Einführung und Ergänzung zu verfassen. Er traf eine Auswahl aus Helens Briefen und fügte einige Kapitel über ihre Persönlichkeit, ihre Sprache und ihren literarischen Stil hinzu. Vor allem gelang es ihm, die zögernde Annie dazu zu bewegen, ihm Auszüge aus ihren Briefen an Mrs. Hopkins und den Berichten für Mr. Anagnos zu überlassen.

Diese erweiterte Ausgabe, das erste Exemplar ihres Buches, wurde am 21. März 1903 einer freudig erregten Helen in die Hände gelegt. Sie war nun eine Schriftstellerin.

Das alles spielte sich ab, während sie gleichzeitig mit ihren Vorlesungen zu kämpfen hatte. Eine Schriftstellerin mochte sie geworden sein, aber noch studierte sie, und das Studium erwies sich keineswegs als das unterhaltsame Abenteuer, das sie sich darunter vorgestellt hatte. Nie hatte sie alle die notwendigen Bücher zur Verfügung, und Annie musste unaufhörlich in ihre Hand buchstabieren. Es gab keine Erholung für sie, keine entspannenden Abende, nichts als buchstabieren und lernen, lernen und buchstabieren. Zeitweise bekam Helen solch heftige Kopfschmerzen, dass das Lernen zur Qual wurde, doch sie erwähnte das nie und sprach erst Jahre später davon.

Dann brach ein neues und unerwartetes Missgeschick über sie herein. Während Helens letztem Jahr in Radcliffe fing Annie an, stark zu hinken, so dass ihre Freunde sich große Sorgen machten, und John Macy sie endlich dazu bewegen konnte, einen Orthopäden zu konsultieren. Nur widerstrebend suchte Annie ihn auf. Als dieser ihr mitteilte: «Miss Sullivan, Ihre Füße sind erheblich geschädigt! Wahrscheinlich rührt das daher, dass Sie als Kind und junges Mädchen Schuhe getragen haben, die Ihnen zu klein waren», überraschte sie das nicht. In Tewkesbury hatte sich niemand um Schuhe gekümmert. Sie hatte getragen, was man ihr gab. Aber als Dr. Goldthwaite hinzufügte: «Sie müssen sofort operiert werden», antwortete Annie kurz angebunden, dass das unmöglich sei; jedenfalls solange Helen noch das College besuche.

Dr. Goldthwaite blickte sie ernst an: «Miss Sullivan, Ihre Gesundheit ist für Helen Keller wichtiger als ihre Ausbildung!»

Als Helen von dieser Bemerkung erfuhr, sagte sie, dafür hätte sie dem Arzt auf der Stelle einen Kuss geben mögen.

Doch hartnäckig weigerte sich Annie auch weiterhin. «Wir haben nicht das Geld für ein Krankenhaus.»

«Nun gut», lächelte der Arzt ihr zu, «dann werde ich Sie zu Hause operieren.» Und das tat er, auf dem Küchentisch, und rettete Annie dadurch vor lebenslänglicher Lahmheit. Während dieser Zeit las John Macy Helen so weit als möglich ihre

Aufgaben vor, und Leonore Smith, die Freundin, die John Macy bei ihnen eingeführt hatte, geleitete sie zu ihren Vorlesungen.

Helen befand sich jetzt in einem Zustand ständiger innerer Atemlosigkeit. «Die Wörter stürzen durch meine Hand wie Jagdhunde auf der Spur eines Hasen, den sie immer wieder verlieren», klagte sie.

Aber im Juni 1904 wurde Helen ihr kostbarer akademischer Grad verliehen. Während der Abschlussfeier wurde sie namentlich nicht weiter erwähnt. Als die Absolventinnen ihre Kappen und Gewänder ablegten, rief eines der Mädchen entrüstet aus: «Nicht nur Helen, auch Miss Sullivan hätte die Promotion gebührt!»

Von niemandem wurden sie beachtet, als sie Radcliffe College zum letzten Mal verließen, und keiner von beiden fühlte sich zum Reden aufgelegt, während sie mit der Bahn zum Wollomonapoag-See hinausfuhren.

Aber in ihrem Gepäck befand sich die Urkunde, die Helen Adams Keller bescheinigte, «cum laude» promoviert zu haben, mit Auszeichnung in englischer Literatur.

Während der vier Jahre in Radcliffe hatten sich drei Ereignisse abgespielt, die dem Leben sowohl von Helen Keller als auch von Annie Sullivan ihren untilgbaren Stempel aufprägten:

Weil Helen Keller nach Radcliffe kam, hatte sie Aufsätze geschrieben, und weil Edward Bok von den Aufsätzen hörte, schrieb sie die «Geschichte meines Lebens»; weil sie für das Buch Hilfe brauchte, war John Macy in ihrer beider Leben getreten.

Und John Macy hatte sich in Annie verliebt.

Trio in Wrentham

Annie war fassungslos, sie konnte das nicht glauben. Nie war sie in der Lage gewesen, auch nur die flüchtigsten eigenen Freundschaften zu schließen. Die Menschen, denen sie begegnete, waren in erster Linie an Helen interessiert, und selbst wenn sich eine Gelegenheit geboten hätte, sie hätte nie die nötige Zeit gehabt. Atemlos hatte sie alle Kräfte einsetzen müssen, um mit Helens Erziehung und Ausbildung Schritt zu halten. Vor Jahren hatte Annie ihr Schicksal mit dem von Helen verbunden – und dabei blieb es. Mehrmals hätte sie die Gelegenheit gehabt, eine andere Aufgabe zu übernehmen, einige davon auch finanziell verlockend, doch sie hatte sie nie in Betracht gezogen. Im Grunde ihres Herzens war sie der Überzeugung, dass sie und Helen zusammengehörten. Sie hatte John Macy, den jungen Lehrer von Harvard, von Anfang an gern gehabt; zunächst wegen des Verständnisses, das er für Helen aufbrachte, wegen seiner unschätzbaren Hilfe für das Buch, danach aber um seiner selbst willen. Sein Geschmack, seine Anschauungen sagten ihr zu. Er hatte einen lebhaften Verstand und verfügte über köstlichen Humor, am meisten aber schätzte sie die Kraft seines gelassenen, sanften Wesens. Annie, die so stark unter Minderwertigkeitsgefühlen litt, wurde leicht aggressiv, starr und abweisend, aber irgendwie entwirrte er alle diese verschlungenen Fäden in ihr, so wie er sie in Helens Manuskript entwirrt hatte. Das war neu für Annie.

Als aber John anfing, ihr von Liebe und Heirat zu sprechen,

erschrak sie. Es war ihr unvorstellbar, dass jemand sie lieben, begehren sollte, sie für wichtiger hielt als Helen! Sie konnte John Macy nur fassungslos anstarren. Annie Sullivan hatte in ihrem Leben viele Erfahrungen gemacht, diese aber niemals erwartet.

In den folgenden Monaten versuchte sie, alle ihre Argumente gegen eine Heirat ins Feld zu führen. Sie hielt sich ihrer Veranlagung nach für ungeeignet. Sie sei älter als John. Ja, das gab er zu, aber es störe ihn nicht. Sie und Helen hätten gerade ein Haus in Wrentham gekauft. Ihr Heim müsse auch immer das von Helen sein, und eine Heirat könne nichts an ihrer Liebe und Fürsorge für das Mädchen ändern. Ja, das sah John ein. Und dann käme noch etwas hinzu, eine Vorstellung, die sie manchmal quälte, die Furcht, vielleicht zu erblinden.

John Macy küsste sie ernst. «Dem werden wir gemeinsam begegnen, Anne.»

«Anne!» Aus dem einfachen Annie hatte er das vornehmere Anne gemacht. Selbst mit ihrem Namen ging er anders um!

Es war wahrhaftig ein neues Leben, das sie begannen. Da war zunächst einmal das neue Haus in Wrentham. Annie hatte noch nie in einem Haus gelebt, das sie ihr eigen nennen konnte, und Helen hatte sich seit ihrem neunten Jahr immer nur für kürzere Zeit in Tuscumbia aufgehalten.

Durch den Verkauf einiger Aktien, die John Spaulding ihnen vor Jahren geschenkt hatte, waren sie in der Lage gewesen, ein freundliches Farmhaus zu kaufen, umgeben von mehreren Morgen Land, die weit verstreut und fast ganz von Unkraut überwuchert waren. «Der liebe Mr. Spaulding scheint uns heute sehr nahe», meinte Helen, als sie dort an einem lieblichen Junitag einzogen.

Wrentham bot ihnen alles, was sie zu ihrem Glück brauchten. Nur sechsundzwanzig Meilen von Boston entfernt, lag es in der reinen, unverdorbenen Landschaft, die sie beide so liebten. Da zogen kleine, gewundene Straßen, von Bäumen beschattet, durch das Land, Wälder gab es, die man erforschen konnte, Seen zum Rudern und Schwimmen, und die zehn Morgen Farm- und Gartenland. Das Haus war bequem und einladend. Aus zwei Vorratsräumen und der Milchkammer ließ Annie einen großen Raum als Studio für Helen bauen, und vor ihrem Schlafzimmer einen Balkon, so dass Helen auch für sich allein im Freien sein konnte.

Hier, in ihrem ersten eigenen Heim, versuchte Annie, ihre Zukunft zu überdenken. Sollte sie John Macys Liebe, das Zusammenleben mit ihm annehmen, sollte sie ihr Leben mit dem seinen verbinden oder sich für den Rest ihrer Tage voll und ganz Helen widmen?

Als sie Helen gegenüber einmal mit Entschiedenheit erklärte: «Ich will niemals heiraten!», rief diese aus, «Oh, Teacher, wenn du John liebst und ihn gehen lässt, werde ich mich immer als ein abscheuliches Hindernis empfinden!»

Selbst nachdem sie ihre Verlobung bekannt gegeben und den Tag der Hochzeit festgesetzt hatten, änderte Annie ihre Meinung so oft, dass John Macy lachend drohte, auf die Hochzeitseinladungen «Änderungen vorbehalten!» drucken zu lassen.

Aber schließlich stand Annie an einem Morgen im Mai, ein Jahr, nachdem Helen promoviert hatte, in ihrem Zimmer, und Mrs. Hopkins half ihr beim Ankleiden, so wie diese mütterliche Seele sie damals für ihre Abschlussfeier im Perkins-Institut angekleidet hatte.

«Oje, oje, oh, meine Güte!», murmelte Mrs. Hopkins leise vor sich hin, als sie mit zitternden Fingern über das Brautkleid strich. Dabei zogen vergangene Tage aus Annies Leben durch ihren Sinn – der Tag, an dem sie Annie zum ersten Mal gesehen hatte, ein unruhiges, scheues Mädchen mit trotziger Miene; dann der Tag, als sie sich mit den Briefen von Mr. Anagnos und Captain Keller in ihre Arme stürzte. Und jetzt war ihre Annie eine Braut, und der berühmte Dr. Edward Everett Hale war bereit, die Trauung zu vollziehen.

Und so wurde Annie Sullivan am 2. Mai 1905 Anne Macy, mit Helen als einziger Brautjungfer. Als Gäste waren Kate Keller, John Hitz, Sophia Hopkins, die Macy-Familie und Leonore Smith anwesend, die Braut und Bräutigam zusammengeführt hatte.

Alle waren glücklich. Mrs. Keller meinte, dass John Macy genau der Mensch sei, den Annie brauche. «Jahrelang haben Sie jede natürliche menschliche Bindung entbehren müssen», rief sie aus. «Jetzt ist jemand da, der Sie liebt und beschützt.» Auch Dr. Bell und Dr. Hale waren zufrieden. Dr. Hale meinte zu Helen, sie habe einen Bruder gewonnen. Mark Twain lud das Trio zu einem Besuch bei sich ein. Er bewunderte John Macy.

Während der ersten Jahre ihrer Ehe mit John Macy war Wrentham eine glückliche Stätte. Annie war nun von den großen Anstrengungen und Belastungen befreit, die Helens Erziehung mit sich gebracht hatte, ihr Gatte gab sich alle Mühe, jede weitere Anstrengung ihrer Augen zu verhindern, und so lebten ihre natürliche Vitalität und ihr sprühendes Temperament wieder auf. Es zeigte sich, dass sie eine «geborene Köchin» und unermüdliche Gastgeberin war. Mrs. Keller und auch Mrs. Hopkins wurden zu monatelangen Aufenthalten eingeladen. Mr. Hitz verbrachte im Sommer mehrere Wochen bei ihnen, und das Trio war glücklich, sie alle bei sich zu haben. Immer stand die Haustür der Macys einladend offen, vor allem vielleicht für Mr. Hitz, der Annie und Helen stets als seine Wahltöchter betrachtet, der immer, solange Helen heranwuchs, ein wachsames Auge auf sie gehabt hatte. Von Annie wurde er «mon père» genannt, und Helen nannte ihn «Pflegevater». Und Mr. Hitz war es, der Helen einen Weg zeigte, auf dem keiner der Macys ihr folgen konnte, als er ihr eine in Braille gedruckte Ausgabe von Swedenborgs «Himmel und Hölle» in die Hände gab.

Zwar hatte Helen als Kind von Phillips Brooks viel über die

christliche Lehre der Liebe gehört, aber in ihrer Studienzeit war sie durch den Widerspruch zwischen Glauben und Wissenschaft in zunehmendem Maße in einen Zustand der Verwirrung und Unzufriedenheit geraten. «Himmel und Hölle» schlug sie auf, weil es ein Buch war, und weil sie alles las, was ihr in die Hände fiel. Noch ehe sie damit zu Ende gekommen war, hatte sie ihren Glauben gefunden. Strahlend verkündete sie Annie ihre Entdeckung, aber in dieser Angelegenheit konnte keiner der Macys mit ihr mitfühlen. Sie waren gänzlich unreligiös.

«Du weißt sehr gut, dass du Unsinn redest», sagte Annie zu ihr.

Doch Helen hatte ihre Religion gefunden, eine Religion, die seither ihr Leben bereichert hat, und als die Macys wahrnahmen, wie überzeugt und glücklich sie damit war, scheuten sie keine Mühe, ihr alles, was sie zu diesem Thema finden konnten, zu beschaffen und vorzulesen.

Der Erwerb des Farmhauses hatte Helen in Entzücken versetzt.

«Jetzt werden wir eine Farm haben wie die von Vater!», erklärte sie, «mit herrlichen Bäumen, Ernten und wundervollen Gärten.» Eines aber hatte sie dabei vergessen. In Tuscumbia hatte ihr Vater die Hilfe mehrerer Schwarzer für die Arbeit gehabt. Sie und Annie besaßen nicht das Geld, Farmarbeiter zu bezahlen, für die Gartenarbeit waren Annies Augen nicht gut genug, und der Literat John Macy besaß keinerlei Begabung zum Farmer!

Nun, dann wollten sie wenigstens Tiere halten. Sie fingen an, die Anzeigen im «Boston Transcript» zu lesen. Eine war darunter, die Helen die Tränen in die Augen trieb. Eine Bostoner Dame, Besitzerin einer Dänischen Dogge, musste ins Ausland übersiedeln und ihren Liebling zurücklassen. Falls jemand, der Tiere verstand und liebte, Nimrod ein liebevolles Heim bieten würde, wollte sie ihn für fünfundsiebzig Dollar hergeben.

Nun, Wrentham war ideal. Sie schrieben sofort an Nimrods Besitzerin, und John Macy holte ihn ab. Als er zurückkam, lag ein eigenartiger Ausdruck auf seinem Gesicht. Helens eifrige Hände befühlten den Hund. Noch nie war ihr ein solch riesiger Hund vorgekommen.

«Hund?», fragte John Macy. «Mir scheint das ist eher ein junger Elefant. Ich schlage vor, wir lassen ihn hier draußen auf der Veranda, bis wir wissen, wie wir mit ihm umgehen sollen.»

Aber Annie und Helen waren entrüstet. Wie konnte er nur so grausam sein! Die Tür wurde weit geöffnet. Nimrod sollte sich zu Hause fühlen! Nimrod stürzte hinein, wobei er einen Tisch und eine Lampe umwarf. Als er ins Esszimmer sprang, stieß er auch dort den Tisch um, und John Macys Abendessen sowie sämtliche Teller und Schüsseln flogen durch die Gegend. Schließlich wurde er eingefangen und in die Scheune gesperrt; die Beziehungen der Macys an jenem Abend waren gespannt.

Am nächsten Tag ließ man Nimrod hinaus, damit er auf den Feldern umherstreifen konnte – dort konnte er sicher keinen Schaden anrichten. Aber dann stellte man fest, dass er Steine fraß! Annie ließ den amtlichen Tierarzt kommen. Seine Diagnose war betrüblich. «Dieser Hund hat keine Zähne mehr und kann kaum noch sehen. Am sichersten wäre es, ihn einzuschläfern. Seine frühere Besitzerin war wahrscheinlich zu zart besaitet, um das zu veranlassen. Aber ich glaube, Sie sollten mir dazu die Genehmigung erteilen.» Helen und Annie waren entsetzt und schockiert – aber es schien das Beste.

In ihrer Harmlosigkeit glaubten und vertrauten sie auch weiterhin den Anzeigen im «Boston Transcript» und beschlossen das nächste Mal, ein Pferd zu erwerben, von dem es hieß «furchtlos, temperamentvoll, als Reit- oder Kutschpferd für eine Dame geeignet.» Es sah bildschön aus, und Helen gab ihm sofort den Namen Whitefoot. Sie bezahlten bar, und ein Junge ritt das Pferd nach Wrentham, unterließ es aber, den

Macys mitzuteilen, dass es ihn unterwegs dreimal abgeworfen hatte! Am nächsten Morgen spannte John es vor einen leichten Wagen, aber sie waren über die Ausfahrt noch nicht hinausgekommen, als Whitefoot schon Zeichen von Halsstarrigkeit zeigte. John stieg aus, um nachzusehen, was los sei. Ausgerechnet in diesem Moment fuhr ein Wagen vorüber, Whitefoot scheute, brach seitlich über den Rasen aus und jagte durch das Tor auf die Straße, wobei der Wagen gegen einen steinernen Pfosten geschmettert wurde, so dass nur noch Brennholz zurückblieb. Es dauerte zwei Tage, ehe Whitefoot wiedergefunden wurde, und der Tierarzt erklärte, er sei verrückt!

Trotz ihres Missgeschicks mit Farm und Tieren umgab John Macy Annie mit dem Verständnis und der Hilfe, deren sie bedurfte und erwies sich für Helen als der vollkommene Gefährte auf literarischem Gebiet. Er war der beste Kritiker und Berater, den sie je hatte, und seine Anerkennung ihrer Arbeit beglückte sie. Jede Neuerscheinung auf dem Buchmarkt machte er ihr zugänglich, indem er entweder in ihre Hand buchstabierte, oder wenn möglich, einen Braille-Druck herstellen ließ. Und er unterhielt sich mit ihr wie mit jedem anderen Menschen. Manchmal zeigte sich Helen ein wenig belustigt. Sie sagte, «er reihe seine Worte so sorgfältig aneinander, wie wenn er einen Roman schriebe.» Aber seine geistreichen Gespräche schlugen sie in Bann und sie lauschte hingebungsvoll, wenn er über Politik, sozialistische Leitartikel (er war auf dem Wege, ein leidenschaftlicher Sozialist zu werden), Weltgeschehen und Literatur zu ihr sprach. Und sie war glücklich und dankbar für die Art, wie er es verstand, sie in das alltägliche Geschehen mit einzubeziehen.

Auch in praktischer Hinsicht sann er auf Hilfe. Er spannte Drähte vom Haus bis in den Wald, so dass Helen nach Belieben allein spazieren gehen konnte. Sie zogen sich eine Viertelmeile weit hin und markierten den längsten Spazierweg, den Helen jemals allein gehen konnte. Und einmal, als sie an einem

Manuskript arbeitete und damit nicht rechtzeitig fertig geworden war, blieb er die ganze Nacht auf und schrieb vierzig Seiten mit der Maschine, damit der Verleger es pünktlich erhielt.

Sie waren beide mit ihrer schriftstellerischen Arbeit stark beschäftigt. Helen schrieb eine Reihe von Artikeln für das «Century Magazine», und John Macy arbeitete an den Essays, durch die er bald zu den besten amerikanischen Kritikern zählen sollte. Er arbeitete weiterhin in der Redaktion des «Youth's Companion» mit und schrieb eine Biografie über Edgar Allan Poe. Helen verfasste ihr einziges großes Gedicht «Lied von der Steinwand» und schrieb ihr nächstes Buch «Die Welt, in der ich lebe». Nach dem Erscheinen von «Die Geschichte meines Lebens» war es zu lächerlichen Vorwürfen gekommen, dass ein taub-blindes Mädchen nicht einmal einen Bruchteil dessen wissen könnte, worüber sie geschrieben hatte, und in dem neuen Buch versuchte Helen auseinander zu setzen, wie sie Gesicht und Gehör durch die Ausbildung anderer Sinne zu ersetzen suchte: Tastsinn, ein Empfinden für Vibrationen, Geschmack und Geruch. Wie sie zum Beispiel ihre Freunde an deren Parfüm oder Tabakgeruch erkannte; wie sie an den Vibrationen erkennen konnte, ob ein Schreiner einen Hobel, eine Säge oder einen Hammer benützte; wie sie fröhliche von trauriger Musik unterscheiden konnte, und wie sie einmal in einem Hotelspeisesaal von Dissonanzen in den Vibrationen, die sie mit den Füßen «hörte», fasziniert und verblüfft war. Sie stellte dann fest, dass eine Kapelle spielte, und sie fühlte die Schwingungen der Musik durch den Fußboden; gleichzeitig aber machten zwei Kellner ihre Runden, «von denen der eine anmutig und leichtfüßig sich beim Gehen dem Rhythmus der Musik anpasste, während der andere von Tisch zu Tisch rannte im Takt irgend eines Missklangs in seinem eigenen Gemüt».

Und als sie einmal mit Dr. Bell im Regen spazieren ging, war er stehen geblieben und hatte sie den Stamm einer jungen Eiche berühren lassen, «und sie fühlte ein zartes Murmeln, ein silbriges Wispern, als ob die Blätter einander viele kleine Dinge erzählten!»

Das wohl reizendste Erlebnis dieser Art, durch Schwingungen vermittelt, hatte sie in Wrentham, als sie sich an einem Tag im Mai allein auf ihrem Balkon befand, dessen Südende von herrlichen Glyzinien überwachsen war. Wenn sie diese befühlte, konnte sie spüren, wie zarte Ranken sich gleich Fingern um ihre eigenen legten. Der Tag war zauberhaft, es duftete nach Apfelblüten, und plötzlich fühlte Helen, deren Hand auf der Balkonbrüstung lag, Schwingungen, die ihr völlig unbekannt waren. Es war ein rhythmisches Pulsieren, das sich immer wiederholte. Plötzlich hörte es auf, und eine Glyzinien-Ranke streifte ihre Wange. Sie wusste, dass ein Vogel sich auf den Ranken wiegte; gleich darauf saß er wieder auf dem Geländer. Sie wagte es nicht, sich zu bewegen oder zu rufen. Plötzlich fühlte sie, wie Annie, die sich aus dem Fenster beugte, sie leise berührte.

«Es ist ein Whippoorwill (Tagschläfer)», buchstabierte sie. «Er sitzt dicht neben dir auf dem Eckpfosten. Du könntest ihn mit der Hand anfassen.»

Als sie nun wusste, was für ein Vogel das war, konnte Helen deutlich seinen rhythmischen Ruf wahrnehmen: «Whippoorwill! Whippoorwill! Whippoorwill!»

«Sein Weibchen antwortet ihm vom Apfelbaum her», erzählten ihr Annies Finger. «Jetzt singen sie ein Duett.»

Um dieses zauberhafte Erlebnis voll auszukosten, blieb Helen unbeweglich stehen, bis endlich das Geländer aufhörte zu vibrieren, und Annie ihr berichtete: «Nun sitzen sie beide im Apfelbaum, in einem rosa-weißen Schaum von Blüten, und singen sich das Herz aus dem Leib.»

Das war die Art, wie allein Annie – und außer ihr John Macy – Helen die detailliertesten Schilderungen von Vorgängen und Farben gab; kein anderer Mensch wäre auf den Gedanken gekommen, Derartiges einem blinden Mädchen zu übermitteln.

Im Jahre 1906 trat an Helen zum ersten Mal die Aufgabe heran, Öffentlichkeitsarbeit für die Blinden zu leisten. Sie wurde aufgefordert, in der Massachusetts-Kommission für Blinde mitzuwirken. Sie war enttäuscht und entrüstet, dass diese Aufforderung nicht an Annie ergangen war, tröstete sich aber damit, dass Annie ja, wie sie wusste, überallhin mit ihr käme.

Von da an wurde sie von allen Seiten von Menschen bestürmt, die meinten, Helen Keller müsse eine Autorität für alle die Blinden betreffenden Probleme sein, und außerdem eine Wundertäterin, die sie alle lösen konnte. Sie wurde mit Briefen überschüttet, und Wrentham wurde eine Art Umschlagplatz für Probleme der Blinden allüberall. Man erbat ihre Hilfe für Blinde jeglicher Altersstufe, bat um Artikel oder ihr persönliches Erscheinen. Selbst vor ihrer Tür drängten sich Menschen, die ihren Rat suchten. Und plötzlich merkte Helen mit Entsetzen, wie wenig sie im Grunde über Blindheit und die Blinden wusste – und wie viel sie wissen müsste, wenn sie wirkliche Hilfe leisten sollte. So fing sie wieder an zu lernen, und das bedeutete Arbeit: nicht nur Briefe zu beantworten, sondern zu studieren und zu lesen. Wieder einmal wurden Annies Augen auf das Äußerste beansprucht, doch diesmal war John Macy mit beteiligt; er half beim Forschen, Sortieren, Zusammenstellen, und er las mit Helen Bücher und Aufsätze, nicht nur in Englisch, sondern auch in Französisch und Deutsch.

Grimmig stellte John Macy einmal fest: «Helen Keller ist weniger ein Mensch, als vielmehr eine Institution geworden!»

Inzwischen wurde John Macy zu einem immer glühenderen Verfechter des Sozialismus. Er brachte Sozialistenführer wie Joe Ettor und Arturo Giovannitti mit nach Hause. Annie hegte zunächst ihre Zweifel in Bezug auf dieses Modell einer neuen, schöneren Welt, aber Helen wurde, nachdem sie «New Worlds for Old» von H.G. Wells gelesen und Johns Darlegungen seiner Ansichten gelauscht hatte, zunächst zu einer begeisterten Anhängerin des Sozialismus. Und zwei oder drei Jahre später, angewidert von der Brutalität, mit der die Behörden einen Streik der Textilarbeiter in Lawrence, Massachusetts, niedergeschlagen hatten, bekannte sich schließlich auch Annie zu dieser Ansicht.

Es interessierte niemanden, was John und Annie glaubten. Als aber Helen sich öffentlich zum Sozialismus bekannte und Artikel darüber schrieb, kamen lautstarke Proteste von Seiten der Zeitungen. Helen Keller, das reine, süße, unschuldige Mädchen, im Bunde mit diesem Abschaum der Menschheit! Wie abscheulich von diesen grässlichen Macys, sie auf die Irrwege des Sozialismus zu locken! Vergeblich protestierte Helen, dass sie Nationalökonomie studiert habe, lese und nachdenke und ihre Entscheidungen selbständig treffe!

Im Jahre 1912 zog Schenectady, New York, die Aufmerksamkeit auf sich, indem es den ersten sozialistischen Bürgermeister, George Richard Lunn, wählte. Bürgermeister Lunn ernannte John Macy zu seinem Sekretär und bot Helen eine Stellung im Amt für öffentliche Fürsorge an. John Macy nahm das Angebot mit Freuden an, Helen aber lehnte ab. Sie war auch von der Massachusetts-Kommission für Blinde zurückgetreten. Sie konnte nicht von Ort zu Ort reisen, um Informationen aus erster Hand zu sammeln, und die Langsamkeit, mit der die Verhandlungen ihr übermittelt wurden, machten es ihr unmöglich, am raschen Fragen und Antworten teilzunehmen, so dass sie den Eindruck gewann, in Ämtern und Ausschüssen nicht am richtigen Platz zu sein. Auch arbeitete sie zum ersten Mal seit ihren Wright-Humanson-Tagen wieder intensiv an ihrer Sprache, an der Verbesserung und Kräftigung ihrer Stimme, und ihr Lehrer, Charles White, kam dreimal wöchentlich zu ihr nach Wrentham. Aber der eigentliche und entscheidende Grund, weswegen sie und Annie nicht in eine fremde Stadt übersiedeln wollten, war Annies Gesundheit. Sie wurde von einer rätselhaften Krankheit heimgesucht, die ihre Kräfte aufzehrte.

Schließlich ging John Macy allein nach Schenectady, während Annie und Helen die nächsten Monate weiterhin in Wrentham wohnen blieben. Im September dann brach ihre Welt zusammen. Wegen einer gefährlichen Operation wurde Annie eiligst ins Krankenhaus gebracht, John gab seine Stellung auf und kehrte nach Hause zurück. Leonore Smith kam und nahm Helen mit zu sich nach Washington.

Vielleicht zum ersten Mal in ihrem Leben wurde Helen von schrecklicher, lähmender Angst überfallen. In ihrer Erinnerung stets gegenwärtig war der Eindruck von Annie, deren Hand zu schwach war, Worte des Abschieds zu buchstabieren. Und sie wusste, dass die Ärzte Zweifel hegten, ob Annie wieder genesen würde. Sie wurde sich plötzlich klar darüber, was für eine Last sie eigentlich war, und dieser Gedanke machte sie ganz krank.

«Ich bin ein ewiger Bremsklotz, ein Handicap, ein Hindernis», rief sie verzweifelt aus, «ein Schmarotzer, der alle Pläne durchkreuzt, eine fürchterliche Last!»

Leonore Smith versuchte, ihr Trost zuzusprechen, aber Helen war untröstlich. Sie schrieb an John Macy: «Teile mir sofort mit, was geschieht ... ALLES!»

Sehr zu schaffen machte Helen ihre völlige Hilflosigkeit in fremder Umgebung. Viele Taube-Blinde besitzen eine geradezu unheimliche Fähigkeit, Richtung und Entfernung wahrzunehmen. Über diese Fähigkeit verfügte Helen nie. In fremder Umgebung war sie verloren.

Aber die Nachrichten aus Wrentham klangen mit der Zeit immer zuversichtlicher, und als eine glückliche Helen heimkehren durfte, fand sie Annie zwar sehr schwach, aber auf dem Wege der Genesung.

Steinige Straßen

Die Ärzte hatten Annie natürlich gewarnt, dass sie ein Jahr lang außerordentlich vorsichtig leben müsse. Aber das konnte Annie nicht. Es gab zwingende Gründe, weswegen sie, abgesehen von dem, was Helens literarische Arbeit einbrachte, mehr Geld verdienen mussten. Und nun war ein Angebot für eine Vortragsreise gekommen. Helen stürzte sich wieder in ihre Stunden mit Mr. White, und kaum vier Monate später standen sie und Annie auf einem Redner-Podium in Montclair, New Jersey, und versuchten einander für diesen ihren ersten öffentlichen Vortrag Mut einzuflößen.

«Furcht und Entsetzen erfüllten mich bis ins Mark», erzählte Helen später, «mein Gehirn war wie eingefroren. Ich wiederholte nur immerzu: Was soll ich tun? Was soll ich tun?» Und dann betete sie, oh, Gott, lass meine Stimme frei erklingen!

Aber stumm und zitternd stand sie da. Schließlich fühlte sie einen Laut aus ihrer Kehle kommen. Es fühlte sich wie eine Explosion an. Später sagte man ihr, es sei nur ein leises Flüstern gewesen. Hin und wieder hob sich ihre Stimme, und sie glaubte dann zu quieken. Wenn sie versuchte tiefer zu sprechen, «fühlte es sich an wie herunterkrachende Ziegelsteine». Als sie das Podium verließ, brach sie in Tränen aus und schluchzte. «Oh, es ist zu schwer! Ich werde den Blinden nie helfen können!» Nie wieder wollte sie eine Redner-Tribüne besteigen!

Aber ihre Zuhörer waren anderer Meinung. Mit aufrichtigem Lob und Interesse scharten sie sich um sie. Und Helen sammelte die kümmerlichen Reste ihres Mutes zusammen und trat ein weiteres Mal auf, und wiederum und wiederum. Das Reden wurde ihr nie leicht, aber schließlich ist ihr nichts von dem, was sie erreicht hat, besonders leicht geworden.

In zweifacher Hinsicht wünschte Helen sehnlichst, sich mit dieser Vortragsarbeit erfolgreich durchzusetzen. Zum einen war sie der Überzeugung, dass es ihre Lebensaufgabe sei, sich für die Blinden einzusetzen – und über dieses Thema konnte sie aus eigener Erfahrung sprechen –, zum anderen bestand die sehr reale Notwendigkeit, mehr Geld zu verdienen. Zu ihrer Enttäuschung und Bestürzung hatte sie feststellen müssen, dass das, was sie durch Schreiben verdiente, zu ihrem Lebensunterhalt nicht ausreichte, und auch von John Macys Gehalt konnten sie zu dritt nicht leben. Außerdem war es in zunehmendem Maße zu Spannungen zwischen Annie und ihrem Gatten gekommen. In dieser Ehe hatten sich zwei geistreiche, unberechenbare Persönlichkeiten zusammengefunden, und es mehrten sich die Anzeichen, dass sie keinen Bestand haben würde. Eine Vortrags-Agentur bot Helen und Annie einen Vertrag an, und trotz Annies zarter Gesundheit schien dies die beste Lösung. So begaben sie sich auf die Reise.

Helen hatte immer eine Abneigung gegen Hotels, die meistens auch schlecht waren, aber sie genoss die Eisenbahnfahrten, diese ruhige Art der Fortbewegung, und die Vorfreude auf den Erfolg in der nächsten Stadt.

Sie pflegte über ihre Erziehung zu berichten und führte mit Annie zusammen das Fingeralphabet und Lippenlesen vor; sie sprach über die Bedürfnisse der Blinden, dann wiederholte Annie ihre Sätze, und zum Schluss wurde Helen vom Publikum befragt. Helen machte, wie sie das nannte, ihr «Berufsgesicht» und ging geduldig auf alle Fragen ein:

«Nein, ich spiele nicht Klavier und singe auch nicht … Ja, ich weiß, dass Tag nicht gleich Nacht ist ... Nein, ich bin nicht immer vergnügt ... Ja, am Feuer verbrennen sich auch Blinde ... Ja, wir essen gern, wenn wir hungrig sind!»

Wann immer sie konnte, besuchte sie die Gehörlosen- oder Blindenschulen. Annies Zustand aber bereitete ihr zunehmend Sorgen. Manchmal zitterte Annie derart, dass Helen fürchtete, sie würde sich während der Veranstaltung nicht auf den Füßen halten können. Doch Annie hielt durch. Bis sie eines Tages in Bath, Maine, fiebrig, erschöpft und zitternd in ihr Hotelbett sank und in einen unruhigen Schlaf fiel. Spät am nächsten Morgen erwachte sie und sah eine erschreckte Helen über sich gebeugt.

«Teacher, Teacher, was ist, bist du krank?»

Annie tastete nach Helens Hand und versuchte, etwas Beruhigendes zu buchstabieren. Aber es gelang ihr nicht. Schüttelfrost überfiel sie, sie konnte nur noch zittern und ächzen. Irgendwie nahm Helen wahr, dass Annie schwer krank war. Sie wurde von Entsetzen gepackt.

«Was soll ich tun?», schluchzte sie. «Was kann ich tun? Oh, hilf mir, Hilfe für Teacher zu bekommen, oh, bitte, lieber Gott, du Hilfe der Hilflosen – hilf mir jetzt!»

Wegen ihrer Taubheit konnte sie das Zimmertelefon nicht benützen; sie konnte ihren Weg die Treppe hinunter nicht finden. Die Furcht schnürte ihr die Kehle zu, so dass sie nicht um Hilfe rufen konnte. Schließlich erschien ein Hotelangestellter, und ein Arzt wurde gerufen. Mehrere Tage später setzte der Hoteldirektor sie in den Zug nach Boston.

Helen wusste nun, was sie tun musste. Vor drei Jahren hatte Andrew Carnegie ihr eine Leibrente angeboten, die sie stolz abgelehnt hatte. Als sie nun wieder in Wrentham war, überwand sie ihren Stolz und schrieb einen kleinlauten Brief an Andrew Carnegie, in dem sie ihre Schwierigkeiten bekannte und ihr Unvermögen, mit ihnen fertig zu werden, zugab. Das war wohl das Schwerste, was sie je getan hat. Zurück kamen ein Scheck und einer der vielleicht zartesten Briefe, die dieser großzügige Schotte in seinem Leben geschrieben hat:

«Es gibt nur wenige Menschen, die die Größe erreichen, anderen zu gestatten, das für sie zu tun, was sie selbst gern anderen täten. Sie haben diese Größe erreicht.»

Trotz der Unterstützung durch Mr. Carnegie setzten sie ihre Vortragsreisen fort. Aber inzwischen war Mrs. Keller zu ihnen gestoßen. Obwohl sie die Begeisterung ihrer Tochter für das Reisen teilte, wurden diese Tourneen dennoch zur Qual, weil Annies Gesundheit immer anfälliger, ihre Sehkraft immer geringer wurde. Doch sie gaben nicht auf. Das Publikum habe nur Augen für Helen, so glaubten sie, aber ohne Annies geschickte Übersetzung von Helens Ansprachen und ohne ihre faszinierende Demonstration von Helens Erziehung würden die Zuhörer wahrscheinlich das Interesse verloren haben. Annie besaß eine wunderbare Stimme und ihr Erscheinen auf der Bühne war von großer Anmut.

Gelegentlich wurden ihre Tourneen durch merkwürdige Begebenheiten gewürzt. Einmal fuhr ihr Zug durch ein Überschwemmungsgebiet in Texas. Helen konnte fühlen, wie das Wasser wütend an die Wagenfenster schlug, und hin und wieder gab es eine Erschütterung, wenn der Zug an eine tote Kuh oder einen entwurzelten Baum stieß. Alles in allem war dies ein recht hektischer Tag. Und dann die Reise, als sie, in Pelze gehüllt, an einem bitter kalten Tag Salt Lake City verließen und mitten in der Nacht durch heftige Erschütterungen geweckt wurden. Der Zug war entgleist. Glücklicherweise wurden sie nicht verletzt. Sie mussten in einen anderen, recht klapprigen Zug umsteigen und ratterten so, sehr unbequem, bis nach Los Angeles. Als die drei in Pelze gehüllten Damen die Stadt erreichten, hatten sie das Gefühl, in einem Treibhaus gesessen zu haben!

1914 war ein bitteres Jahr: John Macy verließ Annie.

«Er hatte viele Gründe, uns zu verlassen», sagte Helen traurig. Und so war es wohl auch. Die meisten von Helens Freunden – abgesehen von Andrew Carnegie – hatten nach Annies Heirat ihre geldlichen Zuwendungen eingestellt, so dass die finanzielle Grundlage des Wrentham-Haushalts recht unsicher war. Annie war elf Jahre älter als John Macy, und obwohl sie ihn ernstlich gewarnt hatte, dass Helen für sie immer an erster Stelle stehen würde, hatte er unmöglich voraussehen können, dass Helen, wie er es selbst ausdrückte, «eine Institution» werden würde; eine Institution, die wie ein Moloch Häuslichkeit und Privatleben zu verschlingen drohte.

Zu einer Scheidung ist es nie gekommen. Er verschwand einfach aus Annies Leben, und als er ging, nahm er auch ihre übersprudelnde Lebhaftigkeit und die Leichtigkeit ihres Schritts mit sich hinweg. Es war eine Zeit tiefen Leidens für Annie, und Helens Kummer war kaum geringer. Aber das Jahr 1914 brachte ihnen auch ein schönes Geschenk, und das war ein neues Mitglied ihres Haushalts. Mrs. Keller hatte zwar viel Freude an den Tourneen, aber es zeigte sich bald, dass sie mit den vielen Einzelheiten von Helens immer umfangreicher werdenden Arbeit für die Blinden nicht fertig wurde; und Annies Sehvermögen ließ mehr und mehr nach, besonders seit den schmerzlichen persönlichen Erfahrungen, die sie durchgemacht hatte. Helen brauchte eine Sekretärin. Polly Thomson war ein frisches, energisches Mädchen, das gerade von Schottland gekommen war und in Amerika eine Stellung suchte. Sie wusste absolut gar nichts über Blinde – sie hatte auch noch nie von Helen Keller gehört. Aber sie brauchte eine Stellung, und Helen brauchte eine Sekretärin.

Polly war nicht im mindesten literarisch gebildet, aber sie war praktisch. Sie konnte ein Kontobuch ebenso wie den täglichen Terminkalender führen, sie konnte am Telefon und an der Haustür «nein» sagen, hartnäckigen Besuchern mit Höflichkeit begegnen und sie gleichzeitig aus der Tür komplimentieren. Sie konnte Helens ständig wachsende Korrespondenz heiter und prompt erledigen. Sie war stark und tatkräftig, hatte aber ein unfehlbares Verständnis für die Welt der Behinderten, das normale und kräftige Menschen durchaus nicht immer besitzen. Auch Helens Fingersprache beherrschte sie bald ausgezeichnet und eroberte sich Annies und Helens Herzen im Sturm.

Vierundzwanzig Jahre lang hatten ihre Freunde sich gefragt: «Was würde Helen ohne Annie tun?» Jetzt fragten sie sich: «Was würden die beiden ohne Polly tun?»

Vielleicht beantwortete Helen diese Frage, als sie äußerte: «Hätte sie nicht diese Hingabe und Anpassungsfähigkeit besessen, diese Bereitwilligkeit, auf alle persönlichen Freuden zu verzichten, wir hätten uns bereits vor langer Zeit in völlige Isolierung zurückziehen müssen.»

Pollys Persönlichkeit wirkte auf beide so belebend wie eine Meeresbrise, erfrischend und anregend für Helen, stärkend und beruhigend für Annie.

Durch John Macys Weggehen hatte sich in ihrer beider Leben eine Tür geschlossen, aber im gleichen Jahr öffnete Polly Thomson ihnen eine andere Tür zu neuen Horizonten, weiter und abwechslungsreicher als alles, was sie je zu finden gehofft hatten.

Vorhang

Seit einiger Zeit war Annie mehr oder weniger krank gewesen, aber sie weigerte sich, diese Tatsache zur Kenntnis zu nehmen, denn Polly wollte im Sommer für einige Wochen ihre Familie in Schottland besuchen – und wer konnte ihr das nach zwei Jahren abschlagen? Annie besaß zwar keine eigene Familie, aber sie wusste, was es heißt, ohne jegliche Unterbrechung zu arbeiten. Für Helen war während der gleichen Zeit eine Rundreise durch Chautauqua geplant, deshalb ignorierte Annie die leichten Schmerzen in ihrer Seite sowie andere Warnsignale und begleitete sie. Diesmal lag nicht die ganze Last allein auf ihren Schultern. Helen hatte einen Ersatz-Sekretär, einen von John Macy empfohlenen Journalisten aus Boston. Helen mochte ihn gern, und auch Annie hielt viel von ihm. Irgendwie brachte sie es fertig, diese Chautauqua-Reise zu überstehen, aber als sie wieder zu Hause in Wrentham war, wurden die Schmerzen in ihrer Seite so stark, dass sie kapitulieren musste. Sie hatte einen heftigen Anfall von Rippenfell-Entzündung. Polly kehrte zurück, aber Annie erholte sich nicht. Husten und Fieber wollten nicht weichen. Ein sonderbarer Husten. In ihrer frühen unglücklichen Kindheit hatte sie zwei Menschen in dieser Art husten hören, ihre Mutter und ihren Bruder Jimmie. So war sie über die Diagnose des Arztes nicht weiter überrascht. Er vermutete Tuberkulose; sie müsse sofort in die Lungenheilstätte am Lake Placid.

Für Helen war das ein Schock, sie war niedergeschmettert.

Ihre Mutter, die von Alabama gekommen war, um den Wrentham-Haushalt zu versorgen, sagte, dass ihr Gesicht wie eine antike Maske des Schmerzes ausgesehen habe.

Und nun nahte der Augenblick, da Annie abreisen musste. Polly brachte ihr den Mantel, und langsam hob Annie ihre müden Arme und schob sie gehorsam in die Ärmel. Sie war froh, dass Polly sie begleiten würde.

Helen trat nahe an sie heran, ergriff ihren Arm, und so gingen sie langsam zusammen zum Wagen. Sie wagten nicht, einander zu küssen, nur einige Worte wurden rasch buchstabiert, und dann schüttelten sie einander krampfhaft die Hände. Am nächsten Tag schrieb Helen an Annie: «Ich weiß nicht, wie ich den Schmerz, dich gehen zu lassen, überstanden habe. Als wir zum Wagen gingen, war ich plötzlich von einer namenlosen Angst erfüllt.»

Während der Tage von Annies heftiger Erkrankung wurde Helen von dem Gefühl ihrer Vereinsamung überwältigt. Nur zwei Menschen, Annie und John Macy, war es jemals gelungen, ihr dieses Empfinden von Isoliertsein völlig zu nehmen. John Macy hatte sie verlassen, und Annie ... Würde ein unerbittliches Schicksal auch sie ihr entreißen? Umbrandet von dem Empfinden völliger Vereinsamung konnte sie weder lesen noch schreiben, nicht einmal denken. Zum ersten Mal in ihrem Leben hatte sie das Gefühl, für einen Menschen wie sie «sei es Torheit, zu leben.»

Und dann, eines Abends, als sie in ihrem Studio saß, fühlte sie, wie sich die Tür öffnete. Sie wusste, es war der junge Journalist-Sekretär. Sie hielt ihm ihre Hände entgegen.

Er setzte sich, ergriff ihre Hand und hielt sie eine Zeit lang in der seinen, Helen durch seinen bloßen Händedruck tröstend. Dann begann er zu ihr zu sprechen. Sie war aufs Äußerste überrascht. Wie zuvor Annie, hatte auch sie es nie für möglich gehalten, dass diese Art Liebe ihr entgegengebracht werden könnte. Sie hatte geglaubt, solche Liebe sei «wie eine schöne

Blume, die ich nicht berühren darf.» Der junge Mann war anderer Ansicht. Sie sei tapfer, reizend und gut. Er liebe sie.

Bebend hörte sie ihm zu. Während der nächsten Zeit wanderten sie durch die herbstlichen Wälder, lasen und sprachen miteinander. Trotz ihrer Sorge um Annie wurde Helen immer glücklicher. Sie schmiedeten Pläne miteinander. Und in alle seine Pläne wurde Annie mit einbezogen. Er liebte Helen. Als er sie bat, ihn zu heiraten, war sie einverstanden.

Sie wusste, dass sie damit das Rechte tat. Vor Jahren hatte Dr. Bell ihr gesagt, dass einmal eine Zeit kommen werde, wenn ein junger Mann an die Tür ihres Herzens klopfen würde. Dann solle sie nicht zögern wegen ihrer Behinderungen. Da weder ihre Blindheit noch ihre Taubheit erblich seien, könne sie sie auch nicht weiter übertragen. Damals hatte sie gemeint, eine Heirat mit ihr würde «wie die Heirat mit einer Statue» sein und hatte dergleichen nie erwartet. Doch die Liebe war gekommen. Und sie erwiderte sie.

Aber sie kamen überein, dass es zunächst am besten sein würde, Stillschweigen zu wahren. Annie sollte es als Erste erfahren, aber vorläufig war sie noch zu krank. Und Mrs. Keller war zu stark mit anderen Dingen beschäftigt. Eines Tages aber gingen sie so weit, ein Aufgebot zu bestellen, und Helen war überglücklich. «Ich werde Mutter und Teacher morgen alles erzählen», sagte sie, als sie sich trennten.

Mit ihren erfreulichen Zukunftsplänen beschäftigt, kleidete sie sich am nächsten Morgen an, als ihre Mutter voller Entrüstung ins Zimmer stürzte.

«Was soll das heißen? In allen Morgenzeitungen steht eine schreckliche Geschichte! Was hast du getan? Sage es mir! Sprich doch!» Mit zitternden Fingern buchstabierte sie ihre zornigen Fragen. «Bist du mit ihm verlobt? Habt ihr wirklich ein Aufgebot bestellt, wie die Zeitungen berichten?»

Irgendein neugieriger Reporter auf der Suche nach Neuigkeiten war auf das Aufgebot gestoßen!

Unter dem zornigen Ausbruch ihrer Mutter und deren Feindseligkeit wahrnehmend, verlor Helen den Kopf. Sie tat etwas, was sie seitdem immer bitter bereut hat. Sie log. Sie sagte ihrer Mutter, sie wisse nichts davon. Sie leugnete und fuhr fort zu leugnen. Zum ersten und vielleicht einzigen Mal in ihrem Leben übte sie Verrat an der «schönen Wahrheit» und an einem Menschen, der sie liebte. Wütend verbot Mrs. Keller dem jungen Mann das Haus. Dieser schickte Helen einen Braille-Brief, teilte ihr mit, wo er sein würde und bat sie, ihm zu schreiben. Sie sahen einander nie wieder, und Mrs. Keller legte Helen dringend nahe, diese Affäre Annie gegenüber nicht zu erwähnen. Während der nächsten Monate war Helen sehr unglücklich – einmal, weil sie den einen Menschen verleugnet hatte, der ihr sein Leben und seine Liebe angetragen hatte, zum andern, weil sie in ständiger Angst um Annie lebte. Überdies befand sie sich in einem ihr fremden Haus, nicht in dem Heim ihrer Kindheit in Tuscumbia, sondern in dem Haus ihrer Schwester in Montgomery. Mildred war jetzt Mrs. Warren Tyson.

Auch Annie, deren Krankheit als Tuberkulose diagnostiziert worden war, verbrachte am Lake Placid eine denkbar unglückliche Zeit. Man hatte ihr gesagt, sie müsse «still liegen, sich entspannen und die Kälte schön finden!»

Annie hasste es, still zu liegen! Sie verabscheute die Kälte! Sie hasste es, krank zu sein! Eines Tages entdeckte sie in der «New York Times» einen kurzen Artikel, der die Herrlichkeiten von Puerto Rico rühmte.

«Polly», erklärte Annie entschieden, «wir gehen nach Puerto Rico! Ich habe es satt, hier mit diesen kranken, schwerfälligen Leuten zusammen eingesperrt zu sein!» Sie lächelte zum ersten Mal seit Wochen. «Bitte, packe unsere Sachen – sofort!»

Und trotz der Proteste und Warnungen der Ärzte fuhren sie ab. Elf Tage dauerte ihre Reise, die sie aus dem grauen, winterlichen Klima, in dem Annie so gefroren hatte, zu einem sonnenüberglänzten Meer und einer Blumeninsel brachte, die von tiefblauen Wassern umgeben war. In einem Brief an Helen schrieb Annie, sie müsse sich zwicken, um sicher zu sein, dass das kein Traum war und dass sie wirklich dort sei!

Es gab Hunderte von Dingen, die sie Helen unbedingt mitteilen wollte, und sie war entsetzt, als sie feststellte, dass sie ihr seit zwanzig Jahren nicht mehr benütztes Braille vergessen hatte.

Selbst nachdem Helen ihr das Alphabet geschickt hatte, war sie ärgerlich, als sie feststellte, was für eine wirklich schwierige Arbeit es bedeutete, einen Braille-Brief zu schreiben.

«Du kannst dir nicht vorstellen», berichtete sie Helen, «was das für eine Arbeit für mich ist. Der Griffel liegt schwer in meiner Hand, es fühlt sich an, als wolle ich mit dieser Spitze ein Loch ins Universum bohren!»

Doch so groß war ihr Bedürfnis, die Herrlichkeiten und Freuden dieses wundersamen Ortes und ihr Entzücken daran Helens eifrigen Händen zu übermitteln, dass sie lange Briefe stanzte, einer immer überschwänglicher als der andere.

«Man kann nicht anders, man muss glücklich sein hier, Helen, glücklich und ziellos, müßig und heidnisch – alle die Sünden, vor denen man uns warnt ... Jeden Abend gehe ich von der Sonne durchglüht und erfüllt von dem Duft der Orangenblüten zu Bett ... Abends sitzen wir auf der Veranda und beobachten, wie der Sonnenuntergang eine Farbe nach der anderen an den Himmel zaubert – rosa und gold, violett und tiefes Purpur. Polly und ich halten den Atem an, wenn die Sterne herauskommen; sie hängen tief am Himmel wie vielfarbige Laternen, und Myriaden von Leuchtkäferchen kommen aus dem Gras hervor und funkeln im Dunkel der Bäume.»

Fast in jedem ihrer Briefe bat sie Helen und ihre Mutter, auch nach Puerto Rico zu kommen. Es habe keinen Sinn, sich wegen der Zukunft Gedanken zu machen, sich aufzuregen oder sich zu beunruhigen. Das alles sei hier unmöglich. Das

Einzige, was sie zu tun habe, sei sich auszuruhen, sich wohl zu fühlen und «die Sonne aufzusaugen.»

Ihre Briefe bereiteten Helen das größte Vergnügen. Sie schrieb an Annie:

«Du würdest lachen, wenn du wüsstest, wie ich von allen Seiten gedrängt werde, zu erzählen, was du schreibst. Und da ich alles erst gern allein lesen möchte, tue ich so, als mache es mir Mühe, dein Braille zu entziffern!»

In einem ihrer Briefe konnte Helen von einem wahrhaft dramatischen Ereignis berichten. Aus irgend einem Grunde hatte sie eines Nachts schlaflos gelegen, nur undeutlich einen leicht rauchigen Geruch wahrnehmend, über den sie sich weiter keine Gedanken machte, da er vertraut war. Plötzlich merkte sie, dass es nach brennendem Teer und Holz roch! Sie sprang auf und stürzte in das Zimmer ihrer Mutter. Kate Keller ging nachsehen und erblickte eine zwei Meter hohe Flamme! Das Feuer war unter Helens Bett ausgebrochen. Sie hatte es gerade noch rechtzeitig gemerkt, um nicht nur sich selbst, sondern sogar das ganze Haus zu retten!

«Ich glaube, ich werde nie mehr schlafen gehen können, ohne mit dem Gesicht dicht über dem Fußboden überall nach versteckten Funken zu suchen», bekannte sie.

Die Kriegsereignisse zogen die Vereinigten Staaten immer stärker in Mitleidenschaft. Helen stand große Angst aus in dem Gedanken, dass Annie durch Gewässer heimfahren müsse, die von Unterseebooten verseucht waren, und bat sie inständig, bald zurückzukehren. Annie fühlte sich so glücklich und vollkommen wohl auf ihrer «Freuden-Insel», dass ihr der Gedanke an Abreise schwerer wurde, als Helen ahnen konnte. Aber sie fügte sich. «Ich weiß, dass du mich noch brauchst», schrieb sie an Helen. Und so kamen sie und Polly im April nach Hause. Die Kellers holten sie im Hafen von New York ab, und die vier Frauen fuhren nach Wrentham, wo die traurige Aufgabe ihrer harrte, den Haushalt aufzulösen und das

Haus zu verkaufen. Als das geschehen war, ließ Annie sich dazu bewegen, zu einer Kontroll-Untersuchung in die Heilstätte am Lake Placid zu fahren. Die Ärzte begrüßten sie lächelnd.

«Also, Mrs. Macy», sagte einer der Ärzte heiter, «wir haben gute Nachricht für Sie.» Er rieb sich die Hände. «Wirklich sehr gute Nachricht!»

«Sie meinen», fragte Annie mit verhaltenem Atem, «dass ich Fortschritte gemacht habe?»

«Oh, nein, noch viel besser.» Der Arzt schüttelte den Kopf. «Ich meine – Sie hatten überhaupt keine Tuberkulose! Sehen Sie», fügte er liebenswürdig hinzu. «Ihre Labor-Berichte wurden mit denen eines anderen Patienten verwechselt.»

Die Ereignisse des Ersten Weltkrieges trafen Helen fast so grausam, als hätte sie sie unmittelbar miterlebt. Sie hatte das Gefühl, dieser Krieg sei ein Verrat am Christentum und der ganzen zivilisierten Menschheit. Und als sie die Einkünfte aus der deutschen Ausgabe der «Geschichte meines Lebens» zum Besten der deutschen kriegsblinden Soldaten spendete, entrüstete man sich, sie sei pro-deutsch. Der einzige Grund, warum die französischen kriegsblinden Soldaten leer ausgingen, war, dass es keine französische Ausgabe gab.

Sie ging mit Annie in die Lazarette, um erblindete Soldaten und Seeleute zu besuchen. «Oh», sagte ein junger Mann, «in der Schule habe ich über Sie gelesen. Aber ich dachte nie, dass ich selbst einmal blind sein würde!»

Jedes Mal von neuem waren sie erschüttert und entsetzt. Aber Helen konnte den Männern sagen, dass das Leben nicht zu Ende sei. Sie erzählte ihnen, was sie noch alles tun könnten. Sie tanzte sogar mit ihnen, aber sie fand keine angemessenen Worte des Trostes.

«Ich habe den plötzlichen, seelenerschütternden Sturz in die Blindheit nie erlebt!», klagte sie. «Ich habe mein Leben niemals in der Finsternis von neuem aufbauen müssen.»

Zu Beginn des Jahres 1918 hatte jemand in Hollywood einen zündenden Einfall: Helen Kellers Leben würde einen wunderbaren Stoff für einen Film abgeben. In feurigen Worten wurde Helen dieser Plan nahe gebracht. Hier bot sich eine großartige Gelegenheit, nicht nur Freunde zu gewinnen und Geldmittel für die Blinden zu bekommen, sondern auch genügend Geld, um Annies Zukunft sicherzustellen, denn das war eine Sorge für Helen. Ihre eigene Pension und der größte Teil ihres Einkommens würden mit ihrem Tod versiegen. Und wenn auch John Macy stürbe, was sollte dann aus Annie werden, falls sie Helen überlebte?

Außerdem war das Herstellen eines Films ein Abenteuer! Und endlich einmal spielte es keine Rolle, dass Helens Stimme nicht normal klang, die Filme im Jahr 1918 waren noch stumm.

Der fertig gestellte Film glich mehr einer Zirkus-Revue als Helens Leben. Kein Wunder, dass er durchfiel.

Aber es gab andere, entschieden lohnenswerte Unternehmungen: zum Beispiel ihre Varieté-Auftritte. Viele Menschen waren schockiert und entrüstet, dass ausgerechnet Helen Keller sich derartig erniedrigen und im Varieté auftreten sollte. Doch diese Varieté-Tourneen gewannen ihr viele dauerhafte Freundschaften; sie verbreiteten das Wissen darüber, was Taubblinde zu leisten vermögen und wie man ihnen helfen könne, viel wirksamer, als es ihre Vorträge getan hatten – und brachten wesentlich mehr Geld ein! Zuerst waren alle etwas nervös. Das war etwas ganz anderes als die Vortragsreisen. Die Vorträge wurden von wohlerzogenen, ernsthaften und höflichen Menschen besucht, aber Varieté-Publikum konnte sich flegelhaft, unruhig und unbarmherzig verhalten, wenn die Auftretenden ihren Erwartungen nicht entsprachen. Wie würde es auf einen taubblinden Star mit seiner Lehrerin reagieren? Selbst Helen und Annie fragten sich das und fürchteten ihren ersten Auftritt.

In dieser Ausgabe meiner
"Lebensgeschichte" grüsse
ich meine Freunde im
deutschen Vaterlande.
Gerne möchte ich glauben,
dass mein Buch etwas
Vergnügen gäbe, um die
grosse geistige Freude
einigermassen zu vergel-
ten, die ich dem Lande
Schillers und Goethes
schuldig bin. Helen Keller.

Widmung von Helen Keller, die der deutschen Ausgabe der «Geschichte meines Lebens» vorangestellt worden war.

Ihre Furcht war unbegründet. Beide besaßen sie die Fähigkeit, Menschen in ihren Bann zu schlagen, wenn sie auf der Bühne standen. «Sie erzählen Helens Geschichte immer so, wie wenn sie sie zum ersten Mal erzählten!», staunten die Menschen; und der New Yorker «Sun and Herald» schrieb, dass «Helen auch das kritischste und zynischste Publikum der Welt innerhalb von zwei Minuten in der Hand habe.»

Immer war Helen sich der wohlwollenden Zuneigung ihres Publikums bewusst. Sie liebte es. Und wenn sie Rot trug – was ihr gut stand – oder irgendeine andere Farbe, und das Publikum protestierte – sie wollten sie in Weiß sehen –, so erheiterte sie das! Auch Polly betrachtete das Varieté-Leben als Abenteuer, aber die arme Annie konnte es nicht ausstehen. Meistens betrat sie die Bühne halb krank, das Rampenlicht peinigte ihre Augen, und ihre Stimme ließ sie im Stich.

Und so zogen sie sich nach vier Jahren in ihr neues Heim in Forest Hills zurück, obwohl sie zum ersten Mal in ihrem Leben außergewöhnlich gut verdient hatten. Aber ihr Schicksal führte sie nie auf ruhigen und leichten Wegen. Als das Jahr 1922 kam, hatten sie sich bereits kopfüber in die Arbeit für die neu begründete amerikanische Blindenstiftung gestürzt. Helen und Annie nahmen aktiven Anteil an den Bemühungen um vorbeugende Behandlung der Gefährdeten, um Ausbildung und Arbeit für Blinde, und vor allem um die Einführung eines einheitlichen Standard-Systems für Braille. Letzteres lag Helen besonders am Herzen.

So grotesk das erscheint, aber es gab fünf verschiedene Alphabete für die Blinden; zwei Systeme erhaben geprägter Buchstaben: Boston Line, von Dr. Howe erfunden, und das Moon-System. Beide waren schwer zu lesen und konnten nicht geschrieben werden. Daneben existierten drei verschiedene Braille-Systeme: New York Point, das Amerikanische und das Englische Braille. «Be» im Englischen Braille war gleich «is» in New York Point, und «to» im Amerikanischen

Braille! Und um alle Bücher lesen zu können, die in erhabenem Druck erhältlich waren, musste ein Blinder alle fünf Alphabete kennen.

Kein Wunder, dass Helen ausrief: «Die Pest über alle diese Typen und Systeme! Ich wünschte, es wäre nie etwas anderes als das Englische Braille erfunden worden!»

Sie und Annie setzten sich tatkräftig für ein einheitliches System ein, und 1932 wurde das Englische Braille zum gültigen Standardsystem. Trotz des Namens ist es paradoxerweise fast Buchstabe für Buchstabe das gleiche Punkt-System, das Louis Braille 1829 entwickelt hatte. Einhundertunddrei Jahre hat die Welt gebraucht, um die Überlegenheit dieses Systems anzuerkennen und es als das universale Alphabet für die Blinden einzuführen!

Zwischen diesen Kampagnen gelang es Helen, zwei weitere Bücher zu schreiben: «Meine Religion» und den zweiten Teil ihrer Autobiografie, «Mitten im Strom». Inzwischen hatte sich Annies Sehvermögen so verschlechtert, dass sie nur noch mit Hilfe von Doppel-Linsen-Gläsern lesen konnte, die wie kleine Teleskope waren, von einem solchen Gewicht, dass man sie nur kurze Zeit tragen konnte. Als Helens Verleger, Mr. Doubleday, von diesen und anderen Schwierigkeiten vernahm, schickte er eine seiner Mitarbeiterinnen, Nella Braddy, nach Forest Hills, um Helen bei ihren Büchern zu helfen. Nella wurde bald zu einer engen Freundin der drei Frauen, und Annies Leben beeindruckte sie derart, dass sie schließlich selber ein Buch schrieb «Anne Sullivan Macy, die Geschichte hinter Helen Keller»! So erfuhr Helen zum ersten Mal die Geschichte von Annies elendem Dasein in Tewksbury.

Mehrere Male reisten Helen, Annie und Polly ins Ausland. Sie versuchten inkognito zu bleiben, doch wohin sie auch kamen, überall wurden sie erkannt, begrüßt, gastlich aufgenommen und gebeten zu sprechen.

Annie liebte England, Frankreich und Schottland. Irland

bedrückte sie. «Niemand lächelt.» Es war in Schottland, dass ihr ein Telegramm ausgehändigt wurde. John Macy war tot. Das Papier flatterte zu Boden.

Bis in die Mitte ihres Lebens war Annie ein außergewöhnlich tatkräftiger, aktiver Mensch gewesen. Sie betonte immer, dass sowohl ihre wie Helens Leistungen nur aufgrund der wunderbaren Vitalität möglich gewesen waren, die sie beide besaßen. Stets hatte sie Krankheit, Schwäche und Blindheit verabscheut. Und nun brachen alle drei über sie herein. Doch ihr Mut hielt sie auch weiterhin aufrecht, bis in den Oktober 1936 hinein. Sie hatte immer behauptet, sie habe keine Religion. «Gegen das Wort Unsterblichkeit wehrt sich etwas in mir», hatte sie sich Helen gegenüber geäußert. Aber nun sagte sie zu ihr: «Ich fühle, dass ich Frieden gefunden habe, da ich zu den Füßen Gottes ruhe.»

Und wenige Tage später, am 20. Oktober, fiel sie in eine barmherzige Bewusstlosigkeit, aus der auch die liebende Hand Helens sie nicht mehr zurückzuholen vermochte.

Ein Neubeginn

«Das tiefste Leid ist zeitlos – wie eine ewige Nacht!», schrieb Helen zehn Tage später in ihr Tagebuch.

Sie und Polly waren einer telegrafischen Einladung von Pollys Bruder, Pfarrer in Bothwell, gefolgt und nach Schottland gefahren. Die Urne mit Annies Asche war in der National Cathedral in Washington beigesetzt worden. Es war nun an der Zeit, sich abzuwenden von dem Schauplatz des Leidens, des Abschieds und des bitteren Verlustes und wieder den Aufstieg zu wagen in die Gefilde der Hoffnung, des Dienens, des Glücks – das Leben wieder neu zu beginnen. Das Pfarrhaus in Bothwell sprudelte über von den Possen vierer Kinder und mehrerer Hunde, und Bert und Isobel Thomson waren, das wusste Helen, gütige Menschen, die ein sicheres Verständnis besaßen. So war dies eine gute Stätte für sie, wieder neu Fuß zu fassen. Es war gut für sie beide, dass sie hierhergekommen waren – gut für Polly, die die Hauptlast der langen, zermürbenden Zeit der Pflege und der Verantwortung getragen hatte, und gut für Helen, die zugab, dass es ihr nahezu unmöglich gewesen wäre, ihr seelisches Gleichgewicht in dem Trauerhaus in Forest Hills wiederzugewinnen. Nur, wenn man so empfindungslos und erstarrt, so vollkommen leer war, würde man sich jemals wieder heil fühlen können?

Das Pfarrhaus der Thomsons war ein wohltuender Ort, und obwohl es weder Helen noch Polly zum Bewusstsein kam, begann ihr «neues Leben» bereits, noch ehe der Pfarrer die

Auffahrt hinaufgefahren war; es begann in dem Augenblick, als der älteste Sohn der Thomsons, David, zum Empfang die Tür des Pfarrhauses weit aufstieß und die anderen Kinder herausgesprungen kamen, um sie zu begrüßen. Ein fröhliches Feuer brannte im Kamin und heißer Tee erwartete sie, aber noch tröstlicher als die bloße Wärme war noch etwas anderes; sie hatten das Empfinden, als streckten sich ihnen liebevolle, verstehende Hände entgegen.

Während der nächsten Wochen schien Helen in einem seltsam gespaltenen Zustand zu leben. Ein Teil von ihr las und schrieb, ermunterte und stützte Polly, die selbst in einen Abgrund von Schmerz versunken war. Sie half mit bei den Weihnachtsvorbereitungen der Thomsons, wechselte sich mit den anderen beim Rühren des großen Plumpuddings ab, lachte über die «dicken, mit Bändern und Zweigen geschmückten Päckchen, die auf meinem Tisch hocken und mit Braille-Manuskripten und Schreibmaschine Weihnachtsgrüße austauschen». Sogar auf eine Leiter stieg sie, um «die Girlanden zu sehen, die quer über die Diele gespannt waren.» Die beiden jüngeren Thomson-Brüder, der vierzehnjährige Robert und der zwölfjährige John, ernannten sich selbst zu ihren Hütern, achteten sorgfältig darauf, dass nichts im Wege stand, worüber sie stolpern könnte, und wenn irgendetwas Interessantes oder Aufregendes vor sich ging, rannten sie zu ihr, um es ihr zu erzählen.

David brachte sein Radio herbei und ließ sie die Membrane befühlen, damit sie «Big Ben» hören könnte, und alle waren immer eifrig darauf bedacht, Helens Aufmerksamkeit auf irgendetwas Besonderes zu lenken.

Helen hatte das Gefühl, dass eine Hälfte von ihr mit der Familie sprach und lachte, während die andere «in tiefstes Leid verstrickt war».

Aber nicht umsonst hatte Teacher ihr Glaubensbekenntnis, liebend zu dienen, an Helen weitergegeben. Drei Tage nach Weihnachten schrieb Helen in ihr Tagebuch:

«Heute schwirrt es in meinem Kopf von einem Brief, der wie ein Ruf des Schicksals scheint … Hier sitze ich mit einem langen Braille-Brief von Mr. Iwahashi, der mich und Polly dringend ersucht, nach Japan zu kommen. Er möchte, dass wir Mitte April dort sind.»

Einige Zeit vor Annies Tod hatte Mr. Takeo Iwahashi, Vorkämpfer der Blinden in Japan und selbst blind, Helen besucht. Nach wenigen Minuten konnte er sie recht gut verstehen, aber da Helen Schwierigkeiten hatte, von seinen Lippen zu lesen, griff er auf Braille zurück. Er hatte eine Einladung mitgebracht. «Würden Sie nach Japan kommen, Miss Keller, um unseren in tiefer Dunkelheit gefangenen Schwestern und Brüdern zu helfen, wenn ich mit der japanischen Regierung vereinbare, diese Reise zu fördern?»

Helen rief aus, sie könne ihren Fingern kaum glauben! Aber sie sagte ihm, dass es wegen Annies Krankheit nicht möglich sei. Mr. Iwahashi verbeugte sich, er hatte volles Verständnis. «Gottes Wunder nehmen kein Ende. Vielleicht wird *Er* Ihrer Lehrerin zum Sehen verhelfen auf Wegen, die unserem Erdenverstand unbegreiflich sind.»

Anfang Dezember hatte sie ein Telegramm von der japanischen Regierung erhalten, die sie bat, im Frühjahr nach Japan zu kommen. Mr. Migel, Vorsitzender der Amerikanischen Blindenstiftung, schrieb ihr einen begeisterten Brief, in dem er sie drängte, dieser Aufforderung Folge zu leisten. Und nun saß sie hier und hielt Mr. Iwahashis Brief in der Hand.

Im Februar reisten sie nach Hause, und Ende März befanden sie sich auf dem Weg nach San Francisco. Bereits auf der Grand Central-Station in New York City begann die japanische Gastfreundschaft, als Helen winzige Finger an ihrem Kragen zittern fühlte und den Duft einer Gardenie einatmete. «Was geht vor?», wollte sie wissen. «Eine Dame von der hiesigen japanischen Legation, die uns verabschiedet, hat dir eine Gardenie überreicht», erwiderte Polly.

Das war der Anfang einer wunderbaren, exotischen, die Seele erhebenden Reise. Japan empfing sie mehr als nur königlich; es empfing sie liebevoll. Der Gesandte, Joseph Grew, und Takeo Iwahashi waren erschienen, ebenso Regierungsbeamte und Abgesandte der Blinden- und Taubenschulen. Ihre Arbeit begann mit einem «Vorwärtsstürmen, das meine Seele über das persönliche Leid hinaushob.» Es gab Besprechungen, wie man behinderte Kinder am besten erziehen und rehabilitieren könne; es gab Presse-Konferenzen, Vorträge und Besuche der Behinderten-Schulen; auf einem Gartenfest im kaiserlichen Palast wurden Helen und Polly sogar vom Kaiser und der Kaiserin empfangen.

Sie besichtigten die Städte ebenso wie malerische, abgelegene Dörfer. Sie aßen japanische Speisen, vorsichtig zuerst, auf japanische Weise, indem sie so anmutig wie möglich auf den Fersen kauerten. Und wie die Japaner schliefen sie auf dem Fußboden. Das gefiel Helen besonders gut, denn wenn sie auf ihrem Tatami lag, konnte sie die Hand auf die fleckenlosen Matten legen und die Vibrationen der Schiebetüren und Fenster «beobachten», wie auch das Klapp-klapp von Füßen, die vorbeigingen. Sie fühlte sich in Japan allem und jedem nahe. Jeder Gegenstand befand sich in Reichweite – Tassen, Fächer, Wandschirme, die schönen seidenen Kimonos der Mädchen und Frauen; die unirdische Lieblichkeit blühender Kirschbäume; die Steine, Teiche und Zwergbäume in den Gärten.

In Nara forderten die Priester sie auf, eine Leiter zu erklimmen, um die Füße des Großen Buddha zu berühren; sie war die erste Frau, der dieses geheiligte Vorrecht gewährt wurde. Sie durfte das Glockenseil anfassen, um die Vibrationen der großen Glocke zu fühlen, wenn diese ihre Stimme zur Lobpreisung des göttlichen Buddha erschallen ließ. Sie berührte Reis- und Teepflanzen, und wo immer sie hinging, wurde sie von einer liebevollen Menschenmenge umgeben, nicht nur von Blinden und Tauben, von jedem. Sie reiste auch durch

Korea und die Mandschurei. Aber von allen fremden Ländern, die Helen besucht hat, war es wohl Japan, das ihrem Herzen am nächsten stand.

Zehn Jahre nach ihrem ersten Besuch kehrte sie dorthin zurück. Inzwischen waren Japan und ihr eigenes Land in einen furchtbaren Krieg verwickelt gewesen. Ihr Land hatte Atombomben auf japanische Städte geworfen. Diesmal kam sie auf das Ersuchen des Oberbefehlshabers der amerikanischen Besatzungstruppen, General Douglas MacArthur, und die Aufnahme, die ihr entgegengebracht wurde, war sogar noch rührender als bei ihrem ersten Besuch! Die Japaner, besonders die Frauen, hegten eine tiefe Verehrung für Helen. Sie füllten die Straßen von Tokio, bloß um sie zu sehen, wenn sie vorüberging.

«Seit langen Zeiten, seit zahllosen Generationen», wandte sich eine Japanerin an eine neben ihr stehende Amerikanerin, «senken wir das Haupt, fügen uns in das Blindsein und betteln. Diese blinde und taube Frau hält ihren Kopf hoch und lehrt uns, uns zu behaupten, mit Arbeit und Lachen. Sie bringt den Herzen Licht und Hoffnung. Das brauchen wir Japanerinnen dringend.»

Manchmal war auch Helen selbst dessen bedürftig. Als der Zweite Weltkrieg Amerika in seinen schrecklichen Fängen hielt, sagte Helen, er presse ihr das Herz in brennenden Schmerzen zusammen. Nur zu gut erinnerte sie sich der blinden und verkrüppelten Soldaten des Ersten Weltkrieges. Konnte denn überhaupt noch jemand helfen? Aber als Nella Braddy vorschlug: «Warum gehst du nicht selbst in die Lazarette und versuchst herauszufinden, was du für sie tun kannst? Du hast deine beiden Hände, dein Herz und deinen Glauben», nahmen sie und Polly alle ihre Kräfte für dieses schwere Unterfangen zusammen und kamen um Erlaubnis ein.

Zweieinhalb Jahre lang besuchten sie mehr als siebzig Lazarette. Helen vergaß ihre schwer verständliche Sprache, ihre

Unbeholfenheit in fremder Umgebung, sie dachte nur noch daran, dass sie in der Schuld dieser Männer stand. Zuerst arbeitete sie nur in Armee-Lazaretten, später erhielt sie auch die Genehmigung, Marine-Lazarette zu besuchen, und als es ihr gelang, einen Matrosen von einem Seesoldaten zu unterscheiden, waren die Männer begeistert, standen aber vor einem Rätsel, bis Helen ihnen erklärte, dass das in Wirklichkeit nicht schwer sei; die Ausbildung des Seesoldaten entwickle seine Arm- und Schultermuskeln; die Arme des Matrosen seien glatt.

Sie vermochte die Männer zu überzeugen – und warum nicht? Sie war ja der lebende Beweis, dass das Leben nicht zu Ende sei für jemanden, der blind, taub oder verkrüppelt ist. Sie bewies ihnen, dass sie, sogar zweier Sinne beraubt, den Freuden des Lebens gegenüber durchaus aufgeschlossen sein konnte und den alltäglichen Anforderungen gewachsen war. Vielleicht erzählte sie ihnen,wie gern sie im Garten arbeitete, das Unkraut auf den Rabatten ihres Rasens selbst jätete und durch Berühren die Blumen vom Unkraut unterschied. Vielleicht zeigte sie ihnen auch, wie weißer von purpurnem Flieder zu unterscheiden ist aufgrund der Verschiedenartigkeit des Duftes und der Beschaffenheit der Blütenblätter – Fertigkeiten, die sie in den Tagen der Hexenverfolgungen wohl auf den Scheiterhaufen gebracht hätten, die aber für Männer, die plötzlich Gehör oder Gesicht verloren hatten, sehr ermutigend waren.

Aus den Lazaretten der Vereinigten Staaten schickte die Blindenstiftung sie nach Europa, um dort über die Situation der Blinden Ermittlungen anzustellen. Sie suchten zunächst die Kriegsblinden in England, Frankreich und Italien auf, dann wurden sie von einem Militärflugzeug von Neapel nach Athen gebracht, um die dortigen Verhältnisse zu studieren. Und hier ereilte sie ein persönlicher Schicksalsschlag. Ein Telegramm, das ihnen eines Nachmittags übergeben wurde, berichtete kurz und lakonisch, dass ihr Haus bis auf die Grundmauern niedergebrannt sei. Es war das nicht mehr das

Haus in Forest Hills, in dem sie beide von zu vielen traurigen Erinnerungen heimgesucht worden waren. Nach ihrer Rückkehr von Japan hatten sie ein hübsches kleines Haus in Westport, Connecticut, gefunden, und es nach dem Haus von Pollys Bruder in Schottland «Arcan Ridge» genannt.

Sie fühlten sich wie gelähmt im Gedanken an ihr kleines Haus, das so viele unersetzliche Schätze barg – alle die Briefe von Teacher, Mrs. Keller, Mildred, Mr. Hitz, Dr. Bell, – alles vernichtet. Vernichtet Helens unschätzbare Braille-Bücherei, die kostbaren Geschenke aus Japan, die Andenken aus aller Welt; der schmerzlichste Verlust aber war das kostbare Manuskript, an dem Helen, von kurzen Unterbrechungen abgesehen, während der letzten zwanzig Jahre gearbeitet hatte, das Buch, das ihr letztes und bestes werden sollte: «Teacher». Helen stöhnte, und dieser Laut schnitt Polly ins Herz.

«Das Teacher-Buch – und alle meine Notizen und Unterlagen …» Diese Worte klangen wie der Aufschrei eines verwundeten Tieres. «Polly, der bloße Gedanke daran ist wie eine Verstümmelung –» Sie hielt inne, errötete. «Oh, Polly, ich schäme mich so, schäme mich so sehr, das gesagt zu haben, wenn ich an die kleinen Kinder denke, die wir hier gesehen haben, und die blind und verstümmelt sind! Dies ist nicht wie die Trennung von Teacher! Und ich habe noch dich und Herbert, und wir sind alle gesund und wohl!»

«Ja, und wir haben dich!», kam Pollys blitzschnelle Antwort.

Sie kehrten nach Paris zurück und trafen dort Herbert Haas, der seit den letzten zwölf Jahren ihr «Mädchen für alles» gewesen war. Zusammen mit ihnen war er nach Europa gefahren und hatte in Holland Freunde besucht. Ein Blick in sein verzweifeltes Gesicht genügte Polly: Auch er wusste Bescheid.

«Ich hätte nicht mitfahren sollen», wiederholte er immer wieder. «Wäre ich zu Hause geblieben, wäre es vielleicht nicht passiert. Und ich habe doch Teacher versprochen, auf euch beide aufzupassen!»

«Wärest du zu Hause geblieben, vielleicht hätten wir dich dann auch verloren!», sagte Polly, und der Druck von Helens Hand auf der seinen verstärkte sich. «Wir haben wundervolle Freunde, weißt du, und auch einige Geldmittel. Und es gibt Millionen von Menschen auf der Erde, die keines von beidem haben!»

Aber es war schwer, Herbert zu trösten.

Und es war schwer, nach Westport zurückzukehren. Am Morgen des Weihnachtstages wanderten sie zu «dem Grab unseres kostbaren Heims, wo wir angesichts des endgültigen Nichts standen», berichtete Helen.

Hochherzige Nachbarn nahmen sie bei sich auf. Man konnte «Arcan Ridge» wieder aufbauen und neu einrichten, und das geschah auch. Selbst eine neue Braille-Bibliothek konnte wieder zusammengestellt werden, aber Helen allein konnte das Teacher-Buch rekonstruieren, und sie musste es rein aus der Erinnerung tun. Außer dem dreiviertel fertigen Manuskript waren auch alle Notizen und Briefe, die sich im Lauf von zwanzig Jahren angesammelt hatten, verloren gegangen. Ein anderer Schriftsteller hätte wohl kapituliert und voller Verzweiflung aufgegeben. Nicht so Annie Sullivans Schülerin. Annie hatte Helen vieles beigebracht, die Bedeutung von «aufgeben» jedoch niemals. Im Heim von Nella Braddy, an Nella Braddys Schreibmaschine, machte sie sich von neuem an die Arbeit. Die einzige Bitte, die sie äußerte, war, die Taste mit dem Punkt gezeigt zu bekommen. Sie arbeitete allein, schweigend, hielt selbst ihren Schreibtisch, ihre Papiere in peinlichster Ordnung und behielt immer das Wort, das sie zuletzt getippt hatte, im Gedächtnis. Sie schrieb so regelmäßig sie konnte, obwohl die Arbeit oftmals unterbrochen werden musste, einmal wegen ihrer Reisen um die Welt zugunsten der Blinden und Taubblinden, zum anderen wegen ihrer Arbeit innerhalb Amerikas im Auftrag der Blindenstiftung. Erst als das Buch vollendet und dann auch in Braille gedruckt war, konnte sie ihr

Werk überprüfen. Aufgrund der häufigen Unterbrechungen erschien «Teacher» erst zehn Jahre, nachdem das Feuer die ersten Manuskripte zerstört hatte.

Es lag in Helens Absicht, dieses Buch ihr letztes sein zu lassen. Es ist ein Buch, auf das Teacher sehr stolz gewesen wäre. Nicht, weil es von ihr selbst handelte, sondern weil Helen Keller sich mit diesem Buch einen Platz unter den wahrhaft bedeutenden Schriftstellern aller Zeiten erobert und auch bewiesen hat, dass Charles Copelands Prophezeiung zutraf, sie habe es in sich, besser zu schreiben als jeder Student, Mann oder Frau, den er je unterrichtet hatte.

Wenigen Erziehern ist eine solche Ehrung zuteil geworden.

Annie Sullivan Macy wäre in ihrer bescheidenen Art stolz auf Teacher gewesen – und die Huldigung, die es darstellt.

Die größte Ehrung

Am 15. November 1956 traten Helen und Polly wieder einmal eine Reise an. Anders als bei ihren bisherigen, weltumspannenden Reisen war ihr Ziel diesmal nur einen Steinwurf weit von zu Hause entfernt. Helen kehrte in die Perkins-Blindenschule zurück, aber nicht nach South Boston, dem Schauplatz ihrer Kindheitsaufenthalte, sondern nach Watertown, wo Perkins seit 1912 auf einem weiträumigen Campus untergebracht war. Sie war auf besondere Einladung hin zu einem sehr besonderen Zweck gekommen.

Als sie durch die große Eingangshalle des Hauptgebäudes schritt, führte jemand ihre Hände, bis diese auf der gerundeten Oberfläche eines vertrauten Gegenstandes ruhen blieben. Ihr aufleuchtendes Gesicht verriet, dass sie ihn sogleich erkannte. «Das ist der Globus!», erzählte sie Polly rasch. «Der Globus, der seit jeher das Wahrzeichen für alle Perkins-Kinder gewesen ist! Er war so ziemlich das Erste, was Teacher mir bei meinem ersten Besuch im Perkins-Institut gezeigt hat.»

Sie blieb in Erinnerungen versunken stehen; die Halle schien sich mit allen den Menschen zu bevölkern, denen sie so wunderbare Tage im Perkins-Institut verdankte – der bärtige Mr. Anagnos, der so großzügig und liebevoll gewesen war bis hin zu der «König Frost»-Episode; die mütterliche Sophia Hopkins; Maria Moulton, die Vorsteherin; Fanny Marrett, die ihre Freizeit nach dem Schulunterricht geopfert hatte, um den Wunsch eines Kindes, Französisch zu lernen, zu erfüllen;

Mary Riley, die geduldig versucht hatte, ihr ein Empfinden für Musik beizubringen; die kraftvolle Edith Thomas und die schöne Willie Elisabeth Robin, ihre Gefährtinnen in Taubheit und Blindheit; ihr eigener Schützling Thomas Stringer – ihr war, als müsse sie die Hände ausstrecken, um sie alle zu berühren. Wie viel ihr Perkins doch bedeutet hatte!

Aber es war keiner aus diesem Kreis von Menschen, dem Helens Gedanken heute im Besonderen galten. Sie dachte vor allem an Teacher. War es doch hier im Perkins-Institut gewesen, wo Teacher selbst studiert hatte, und als der Vater eines kleinen Kindes dem Direktor von Perkins einen verzweifelten Hilferuf geschickt hatte, übertrug dieser dem zwanzigjährigen Mädchen, das gerade die Schule beendet hatte, diese schwierige Aufgabe. Und hier im Perkins-Institut war es, vor siebzig Jahren, wo dieses Mädchen durch vieles Lesen ihre Gesundheit untergraben, ihre armen Augen überanstrengt hatte: durch das Lesen der Berichte von Dr. Howe, um sich das Rüstzeug zu erwerben, in das leere Dasein eines weit entfernt lebenden kleinen Mädchens etwas an Wissen, etwas an Freude zu bringen.

Halb unbewusst streckte Helen ihre Hand aus, und es war Polly Thomson, die sie ergriff. Polly war Helen jetzt das Liebste auf der Welt, aber plötzlich hatte sie das Gefühl, als hätten sich zwanzig Jahre sehnsüchtigen Verlangens nach der Berührung jener anderen Hand in ihr aufgestaut.

Aber sie war ja nicht hierher gekommen, um einfach nur Kindheitserinnerungen nachzuhängen. Sie war gekommen, um an zwei besonderen Ereignissen teilzunehmen. Zunächst einmal war sie Ehrengast beim «Helen Keller Luncheon», zu dem berühmte Erzieher der Blinden und Tauben geladen waren, um sie zu ehren. Danach bewegte die Gesellschaft sich über den Campus, und nach einer kurzen Ansprache von Dr. Augustus Thorndike, Präsident der Perkins Corporation, wurde Helen von Polly einige Schritte weiter geführt. Helens tastende Hände zitterten plötzlich, als sie an einer Schnur zog und dadurch eine Tafel enthüllte, die am Eingang des neuesten Perkinsschen Dienstgebäudes angebracht war.

Sehr behutsam führte Polly Helens Finger über die erhabenen Buchstaben:

KELLER-MACY-COTTAGE
GEWIDMET
HELEN KELLER
UND
ANNE SULLIVAN MACY
mit dem dreifachen Ziel:
taubblinde Mädchen und Knaben zu erziehen,
Lehrer für taubblinde Kinder auszubilden,
Forschungsarbeit zu leisten für die Erziehung
taubblinder Jugendlicher.

Langsam, mit ungewöhnlicher Deutlichkeit wiederholte Helen diese Worte und weihte das Gebäude ein, indem sie davon sprach, wie glücklich sie über dieses Projekt sei, und welch große Freude Annie im Wissen um diese Arbeit gehabt hätte.

Während der Heimfahrt saßen sie und Polly Hand in Hand, in schweigendem Einverständnis. Helens Gedanken weilten bei Annie, wie sehr diese sich über das Haus, das ihrer beider Namen trug, gefreut hätte. Sie wäre entzückt gewesen von den freundlichen, gemütlichen Zimmern. Und da sie der Überzeugung gewesen war, alle Kinder, besonders aber die behinderten, sollten mit Schönheit umgeben werden, würde sie an dem Liebreiz des Ortes großen Gefallen gefunden haben. Sie wäre glücklich gewesen, dass Perkins diese «Kinder der schweigenden Nacht» nicht absondert, sondern dass sie in anderen Häusern wohnen und in dieses nur kommen, um von ihren speziellen Lehrern unterrichtet zu werden. Helen wusste, dass

Annies Herz dem Direktor der Taub-Blinden-Abteilung und seinem Stab von Lehrern, Mitarbeitern und Praktikanten in warmer Dankbarkeit entgegengeschlagen hätte, weil sie für ihre Zöglinge ein so herzliches und tief persönliches Interesse aufbrachten.

Zu wissen, dass der gesamte Mitarbeiterstab mit diesen Kindern genauso wie mit normalen Kindern sprach, dem Weg folgend, den sie als Erste beschritten hatte, das, so überlegte Helen, würde ihr vielleicht die größte Freude bereitet haben. Anne Sullivan Macy war nie eine «Paukerin» gewesen, aber es dürfte nur wenige Menschen geben, die würdiger wären, «Lehrerin» genannt zu werden.

Und Helen selbst, abgesehen von allem Neuen, das sie hier erfahren hatte, war vielleicht am meisten von der Tatsache begeistert, dass man nun auch durch Vibrationen unterrichtete. Die taubblinden Kinder, nicht länger mehr auf die Fingersprache beschränkt, lernen von vornherein, die Worte den Lippen des Sprechenden abzulesen, die Fesseln der eigenen Stummheit zu zerbrechen und mit klarer, verständlicher und angenehm klingender Stimme zu sprechen.

Trotz all ihres Ruhms und der vielen Ehren und Würden, die man ihr verliehen hatte, konnte es keine größere Befriedigung für sie geben als das Wissen, dass durch ihrer beider Leben, Kämpfen und Siegen, und durch die Arbeit, die in der Keller-Macy-Cottage bei Perkins geleistet werden würde, anderen «Kindern der schweigenden Nacht» ein reicheres, helleres und leichteres Leben ermöglicht werden würde.

Helen Keller fühlte, dass niemandem eine größere Ehre widerfahren konnte als diejenige, die an diesem Tage Teacher und ihr zuteil geworden war.

Über die Autorin

Als Kind besuchte Helen Elmira Waite des Öfteren das Büro ihres Vaters. Hatte sie die Tür hinter sich geschlossen, strebte sie geradewegs auf die Schreibmaschine zu. Vielleicht aus dem Grunde, seine Büro-Einrichtung zu schonen, stellte er ihr, als sie vier Jahre alt wurde, eine Schreibmaschine unter den Weihnachtsbaum. Es war eine abgenützte Maschine, mindestens aus dritter Hand, aber nie wurde eine Schreibmaschine inniger geliebt.

Ebenso anziehend für sie wurden die Vorhänge einer Bühne und die Zettelkästen auf dem Tisch eines Bibliothekars. Als sie zehn Jahre alt wurde, beschloss Helen Waite, Theaterstücke auf der Schreibmaschine zu schreiben und die Laufbahn einer Bibliothekarin einzuschlagen. Auf diese Weise konnte sie drei Dinge, die sie am meisten fesselten, vereinen und außerdem noch alle Bücher der Bibliothek lesen! Und als sie die Columbia-Universität besuchte, studierte sie sowohl Bibliothekswissenschaft als auch Jugendliteratur. Viele Jahre lang war Helen Waite Bibliothekarin in der Abteilung Jugendbücher der Oradell Public Library.